新 局
破立之间的产业与制度

信息社会 50 人论坛　编

電子工業出版社
Publishing House of Electronics Industry
北京·BEIJING

未经许可，不得以任何方式复制或抄袭本书之部分或全部内容。
版权所有，侵权必究。

图书在版编目（CIP）数据

新局：破立之间的产业与制度 / 信息社会 50 人论坛编. -- 北京：电子工业出版社，2025. 1. -- ISBN 978-7-121-49305-8

Ⅰ．F49-49

中国国家版本馆 CIP 数据核字第 2024QW6055 号

责任编辑：李筱雅
印　　刷：三河市良远印务有限公司
装　　订：三河市良远印务有限公司
出版发行：电子工业出版社
　　　　　北京市海淀区万寿路 173 信箱　邮编：100036
开　　本：720×1 000　1/16　印张：19.25　字数：377.3 千字
版　　次：2025 年 1 月第 1 版
印　　次：2025 年 1 月第 1 次印刷
定　　价：99.00 元

凡所购买电子工业出版社图书有缺损问题，请向购买书店调换。若书店售缺，请与本社发行部联系，联系及邮购电话：(010) 88254888，88258888。

质量投诉请发邮件至 zlts@phei.com.cn，盗版侵权举报请发邮件至 dbqq@phei.com.cn。

本书咨询联系方式：(010) 88254134 或 lixy@phei.com.cn。

编 委 会

主 任：王俊秀
委 员：刘九如　辛勇飞　段永朝
　　　　王俊秀　林　茜

序言/Preface

辛勇飞
迈入信息社会，我们还需要一次新文化运动

辛勇飞，信息社会50人论坛2024年度轮值主席，中国信息通信研究院政策与经济研究所所长。

以文明的产生为起点，以生产力和生产关系的演进为标志，我们经历了数千年的农业社会和百余年的工业社会，又在21世纪短短20余年的时间里，快速迎来了信息社会。网络几乎无所不在，数据新要素牵引着其他要素的流动配置，数字经济成为下行周期中最可信的增长新引擎，衣食住行被数字技术赋能的同时越来越依附于网络空间。

这一进程如此迅猛，可以用信息社会50人论坛近年来年度书籍的主题词来描述：我们刚刚"预见"信息社会的到来，就马上面临"寻路"选择的迫切需要；刚刚对建设信息社会的路径有所认识，又不得不"狂飙"以迎接智能社会。这一切的驱动主要来自技术创新和产业变革，归属于生产力的进步，自然要求生产关系的适应调整，对建立健全相应制度律法的需求愈加凸显、十分迫切。

信息社会50人论坛2024年度的新书是《新局：破立之间的产业与制度》，这是一部探讨如何面对新局面的论文汇集。21世纪20年代几乎是冷战后全球政治

经济社会最为动荡的阶段，也是人工智能技术革命集中爆发的时期，信息社会发展局势复杂多变。如何充分释放科技产业创新的正能量，如何化解风险、破除挑战，信息社会 50 人论坛的成员努力给出自己的思考。专家们遵循技术判断、产业判断到价值判断的认知范式，从生产力和生产关系的视角，去呈现信息社会的演进逻辑与关键变量。这些论文把培育发展新质生产力作为当下破局立新的关键抓手，把智能经济和银发经济作为可能注入增长动力的新经济形态，认为制度变迁是持续获取并共享创新成果的根本保障，如此构成从生产力到生产关系、从经济基础到上层建筑的闭环体系。特别地，2024 年收录的论文延续了信息社会 50 人论坛人文关怀的底色并加以凸显增亮，如银发经济独立成章，且专题探讨了老年人生命关怀与尊严保护这一关系每个个体的话题。这种人文思想植根于信息社会 50 人论坛的基因，是论坛的特质和亮点，也应使之萌发壮大以筑牢信息社会的基本面。

迈入信息社会将是人类发展史上的一件大事，目前所做的还不足以支撑这个宏伟目标的实现。当今时代，人们每天都在享用着信息社会带来的各种便利，数字技术创新的蓬勃态势更让我们对未来充满信心。然而，网络空间仍存在诸多不和谐的声音甚至极端言行，如对新生事物的敌意、对不同观点的压制、对"非我族类"的猜疑等。算法可形成信息茧房，社交网络可加剧群体极化，这些思潮如果在网络中持续发酵、演化增强，再与现实社会转型期的震荡相叠加，那么其对价值观和社会稳定的冲击，以及其引发的反弹，将可能使理想中的信息社会变得遥不可及。

类似现象存在于人类社会的每一次转型中，经历过 5000 年文明实践的人类已有应对的办法。回溯文明发展，生产力和生产关系跃升、社会形态变革，往往伴随着文化的演进。周公制礼、百家争鸣奠定中国农业社会的辉煌，文艺复兴和启蒙运动开启西方工业化进程，新文化运动则成为中国步入工业社会与现代国家的先声。信息社会像是青春期的孩子，在激素和营养的作用下，短时间内身体长成大人，智力得到跃升，但还需要足够的学思践悟，以确立三观、成熟思想、完备知识，如此才能完成一个智慧生命的成长。我们在持续创新数字技术、建设网络设施、打造万千应用、构建制度体系的同时，还需要更多的人文思想和人文关怀，特别是培育发展与信息社会相匹配的，具有创造性、包容性、全球性的新文化形态，帮助我们的"身"和"心"共同迈入信息社会。

信息社会 50 人论坛汇聚了一群读书人，一群富有人文思想的思考者，他们为信息社会技术、产业、制度的发展完善持续贡献着智慧力量。期望大家基于这些思考与观点的碰撞，进一步关注信息社会的文化演进，为新文化形态的构建，创造星星点点的火花。

目录/Contents

新质生产力

姜奇平　新质生产力的基本意涵、历史演进与实践路径……………… 2

余晓晖　算力互联网对形成新型生产关系的作用逻辑与实践方式…… 13

吕本富　发展新质生产力，提高国际竞争优势…………………………… 21

张华平、谌业林　新质生产力背景下的大模型 AI 分析思考………… 26

吴秀媛　农业新质生产力——空天地一体化与"一图五通"的
　　　　思考和探索………………………………………………………… 36

张永生　加快生态文明建设亟须构建新的知识体系和
　　　　绿色增长叙事………………………………………………………… 44

杨培芳　信息生产力促进生产关系变革…………………………………… 52

段永朝　数字经济与新质生产力…………………………………………… 60

智能经济

何　霞　数字经济发展的新形态、新趋势、新变量与新治理………… 74

胡延平　智能发展21原则：面向超级智能时代的数字治理
　　　　思路索引……………………………………………………………… 81

安筱鹏　关于数据要素的8个基本问题…………………………………… 91

周　涛、李　鑫、周俊临　大模型智能体：概念、前沿和
　　　　产业实践……………………………………………………………… 101

杨冰之、崔永红　数据资产学：初步探索与理论框架………………… 110

刘　伟　跨越学科、领域、文化和文明的智能………………………… 115

张新红　智能时代真的来了……………………………………………… 124

刘九如　把握新型工业化发展机遇……………………………………… 129

邬　焜　人的智能和人工智能的比较研究……………………………… 137

辛勇飞　在法治轨道上推进人工智能高质量发展……………………… 147

银发经济

马旗戟 "银发经济"为中国老龄社会高质量现代化发展提供
　　　　新动力 ……………………………………………………… 160
李　佳　发展银发经济需要构建5种认知 ……………………… 169
左美云、蒋玉娜　智慧技术双层赋能：从助老参与到智慧用老 …… 178
胡　泳、王梦瑶　老龄化与媒介研究：现代社会转型与
　　　　学科未来方向 …………………………………………… 192
盘古智库老龄社会研究院《中国老年人生命关怀与尊严保护社会创新》
研究项目课题组　中国老年人生命关怀与尊严保护社会创新 ……… 205

制度变迁

司　晓　"相变"是下个时代的前情提要 ……………………… 222
王　静　"活"的城市与"被看见"的人——城市大脑的实现逻辑及
　　　　对行政管理和行政法的影响 …………………………… 234
邱泽奇　文科智能的未来图景 ………………………………… 243
陈　禹　从博弈论的改进切入，反思经济学 ………………… 256
张国华　中国式城市化的未来：准确认知人业、城乡、住行、
　　　　政企是关键 ……………………………………………… 263
中国信息通信研究院政策与经济研究所　全球自动驾驶战略与政策
　　　　观察（2024年） ………………………………………… 271
腾讯研究院　AIGC激发企业组织和管理范式转变 ……………… 283

信息社会共识 / 289

延伸阅读 / 291

姜奇平
新质生产力的基本意涵、历史演进与实践路径

姜奇平，信息社会 50 人论坛理事，中国社会科学院信息化研究中心原主任、中国科学院《互联网周刊》主编、中国管理科学学会学术委员会副主任、中国信息化百人会成员，是推动互联网在中国起步的最早的启蒙者之一、中国互联网经济理论的重要奠基人之一。

本文将从生产力与生产关系结合的角度，带领读者认识新质生产力。并将激活数据潜能作为发展新质生产力的主导方向，探索新质生产力与数字时代的结合问题。为此，本文将新质问题划分为生产要素问题、现代产业体系问题和制度环境问题，分别探讨以数据为主要生产要素和以实体（如土地、劳动、资本）为主要生产要素的不同。业界普遍认为，数据作为新质生产力的核心要素，具有通用、复用的独有特征，充分激活其潜能，有利于在高质量发展中提高做优效率，在现代产业体系中优化附加值结构，在生态市场体系中优化发展环境并释放数字化红利。

本文的重点不是比较"旧质"与"新质"的不同，而是区分工业化、数字化两类新质内部的不同。

一、新质生产力新在哪里：基本内涵探析

新质生产力的直接内涵可以从两个方面进行解析：一是新质生产力在生产力上新在哪里；二是新质生产力在生产关系上新在哪里。生产力问题可以进一步分解为两个分支问题：一是在新质生产力的科技背景下，工业技术与信息技术侧重

的"新质"有何不同；二是从新质生产力的产业形态上，发展工业产业与发展数字产业在"新质"的理解上有何不同的侧重。对于生产关系问题，我们要辨析：按工业生产方式发展新质生产力与按信息生产方式发展新质生产力在制度创新上有何不同的要求。数据新质生产力的逻辑分析结构如图1所示。

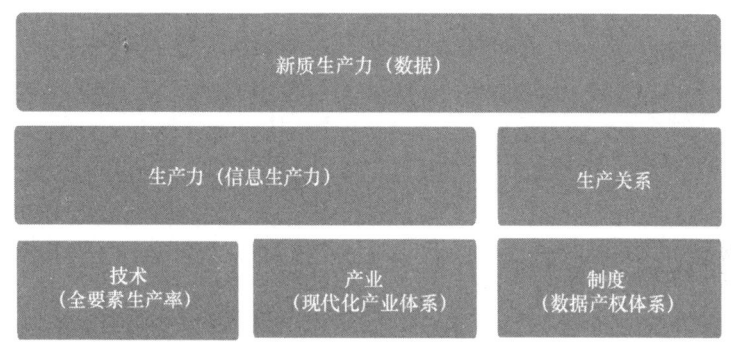

图1　数据新质生产力的逻辑分析结构

从技术角度看，生产力的质主要是指效率的性质。数字时代的新质生产力与工业时代的新质生产力相比，效率的性质有所不同。这是本文提出的一个新知识点。

以往一直认为，全要素生产率中只有一种技术，即工业技术。"效率"这个概念本身也一直被默认为专业化效率，它在现实中构成做大做强的效率基础。本文则认为，在工业技术之外还有另一类效率，即多样化效率（如鲍莫尔曾提出演奏莫扎特音乐四重奏的效率），它是"做优"的效率。因此，如果将"整合科技创新资源"的侧重点放在以数据为主要生产要素的新科技上，那么就需要将"效率"的发力点从"做大做强"升级到"做优"。这样可以充分体现新质生产力在数字时代发展的不同于工业时代的时代特征。

下面从选择、发展新科技的角度来理解新质生产力，分别从政治经济学、制度经济学角度展开解析。

（一）政治经济学视角下的新质生产力：以先进生产力创造新质态价值

在政治经济学领域，研究者通常从使用价值与价值的角度来看待新质生产力。

新质生产力中的"质"具有价值论上的含义。价值本身就是经济意义上的"质"。数据科技创新主导的新质生产力，由于创造了新的价值，因此具有自身"质"的规定性。

发展新质生产力，需要解决 GDP 发展中无法区分高质量与低质量这一工业化问题，使"新质"体现出不同于"旧质"的价值。

1. "新质"使用价值：数据生产力具有新质态价值

第一，数据生产力是支持高质量发展的先进生产力，数据生成体现了生产力的先进性。

新质生产力创造的价值首先是新的使用价值，即新质使用价值。"新质"就是新的使用价值具有的性质。创新就是创造"新质"，即创造新的使用价值的活动。

新质生产力是人类利用物质、能源和信息三大资源创造价值的根本能力。在三大资源（使用价值）中，生产力的"新质"不仅表现在新质材料、新质能源的开发上，更表现在新质数据的意义生成中。

在数字时代，数据生产力是新质生产力的核心，主要在质上提升生产力。它是与质量、创新、体验联系在一起的生产力。

第二，以激活数据潜力为核心发展新质生产力，有利于提高"做优"的效率。

支持高质量发展，在效率上主要体现为"做优"，"做优"是指事物结构的质的变化，是在品质上的优化，本质上是在质上提升生产力。信息与质具有天然的联系，信息能力主要是一种辨析质的能力，不同的信息给人们带来的是不同质的信号。

按照钟义信的定义，本体论层次的信息就是事物运动的状态和状态改变的方式。事物的生成就是质的变化，这种变化的质承载并显现在信息中。

基于从信息中产生的生产力，我们可以得到这样的判断：信息生产力是当今社会发展产生的新质生产力。其根本作用在于：在质上提升生产力，以实现人类需求的多样性、无限性和自然资源使用过程中的有限性。

2. 创造新质价值，离不开数据

第一，新质生产力创造新质价值，这种价值是通过创新创造的。

从价值，如从交换价值的角度来看，新的使用价值带来交换价值上新的附加价值，新质生产力创造的价值是创新劳动价值。赵培兴称新质使用价值为创新劳动价值。创新是产生熊彼特所特指的"新价值"的活动；而由信息、知识、数据创造出的附加值构成了数字经济的价值本体。因此，新质生产力与数字经济在创新附加值上是一致的。

第二，新质生产力的新，离不开数据的新。

新质生产力的发展是新的劳动者利用新的劳动工具作用于新的劳动对象的过程。其中，新的劳动者不同于传统以简单重复劳动为主的体力工人，参与新质生产力的劳动者是能够充分利用信息技术，适应先进数字设备，具有知识快速迭代能力、信息决策能力、自主意识的新型人才。新的劳动工具包括高端智能设备、计算工具，如人工智能、虚拟现实、增强现实、自动化制造相关技术、设备及数据基础设施，也包括数据等新型生产要素。新的劳动对象是与新质生产力相适应的、由数据构成的可以驱动实现对应实体功能的符号存在，如虚拟现实。

新质生产力的发展过程是"三新"（新的劳动者、新的劳动工具、新的劳动对象）的组合过程。例如，在一个数据要素中，数据要素可以与新的劳动要素、资本要素形成具有叠加、放大、倍乘效果的新组合，由此形成具有复用特征的新质生产力。

这"三新"的组合过程离不开数据化，这反映了新质生产力离不开数据。

3. 新质生产力的生产关系

围绕新质生产力调整生产关系涉及许多具体的工作，如激励创新、支持研发、重视人才等。然而，从历史全局来看，需要提前关注的是新质生产力对产权制度和劳资关系的深远影响。

新质生产力中的复用可能引发所有权与使用权分离的改革。在数据要素市场化中，这种改革鲜明地体现为数据持有权、数据使用权和数据经营权的三权分置，对现代产权制度构成了根本性冲击。为了保护生产要素供给的新方式，需要进一步推进不同于西方式现代化的产权改革，为中国式现代化开辟新的道路。

数据要素作为新型生产要素，可以使其他主体要素（资本和劳动力）的作用倍乘。若乘在资本上，则可以让资本价值倍乘；若乘在劳动力上，则可以让劳动力（转化为人力资本）价值倍乘。历史上，增进资本的制度设计较为常见，工业化过程中每一次生产力的发展，总是首先让资本获益；而中国式现代化能否改变这一趋势，让劳动者成为赢家？

通过数据要素倍乘劳动要素的作用，可以将普通的劳动力转化为人力资本，从而使劳动者在获得劳动报酬的同时，也能通过要素收入获取剩余回报，这取决于社会对制度的选择。惯性思维认为数字化发展必然会扩大贫富差距，这种观点需要修正，我们应当看到数字生产资料共享带来的新可能性，这种新可能性能够在不损失效率的前提下提升公平性。

为此，一是应将提高劳动者素质和增加劳动者要素收入放在首位。应按照人力资本的标准来塑造新一代劳动者，并通过合伙制、合作制释放多样性红利，培养适应新质生产力的新型劳动力者。例如，农民工要进城打工，若他们学会使用计算机，则可以在农村电子商务或城市快递服务中成为掌握订单的决策者，从而获得高于打工收入的报酬，并全面提升个人能力。二是需要全面激活科技创新与市场创新，使新质生产力在产业发展中充分发挥作用。要将高度依赖研究投入的创新与高度依赖营商环境的创新结合起来，创造适应异质生产力发展的社会生态环境，把政府与市场的作用有效结合起来。三是应大力投资数据基础设施体系建设，包括构建适应新质生产力发展的数据要素场，建设连接、算力等数字基础设施，并推动传统基础设施的数字化改造，还须加强适应人类更高发展需求的公共服务设施、生态基础设施、应用基础设施和商业基础设施的多层次建设。四是深化以所有权与使用权分离为核心的产权机制改革，探索建立新的生产资料管理制度，培育生产要素供给新方式。五是推动适应数据要素市场化的国内外开放体系建设，尤其是推动央国企平台向集团外开放，通过具有生态交互功能的大前台、对外对内服务的双中台和经营流量的强后台，促进资本、数据等关键生产要素更充分流动，构建国企与民企优势互补、共同发展的网络空间命运共同体。

（二）制度经济学视角下的新质生产力：GPT 为新质生产力提供技术支撑

在制度经济学领域，研究者通常从"专用性""通用性"的角度来理解新质生产力。工业生产力的技术载体具有"专用性"这一根本特征；而信息生产力的技术载体具有通用性这一根本特征，是一种通用目的技术。

通用目的技术（General Purpose Technology，GPT）是一个制度经济学概念。威廉姆森通常将 GPT 与 SPT（Special Purpose Technology）作为一对相对概念来使用，这里的 General 与 Special 分别对应经济学领域中的"通用性"与"专用性"。

将新质生产力转化为市场收益，既可以依赖独有的科技创新，也可以通过差异化的优势实现。小批量、多品种的生产方式能够利用通用目的技术与通用性资产来实现。通用目的技术中的"通用性"确保了用于经济目的的质的差异化成本的合理性。例如，仅通过不同的 0-1 代码组合，就能实现功能上的多样化，与实体产品的相同功能相比，这种方式不污染、不耗油、不耗材，同时显著提高了增值性。

二、新质生产力的历史演进

新质生产力虽然是新提出来的概念，但是其反映的现实内容早已存在，并经历了一个客观的历史演进过程。

（一）对质的认识的不断深化：多样化、创新与音乐四重奏的效率

在经济学中，质与量是一对历史上就已存在的矛盾。虽然工业化主要围绕提升量的效率来展开，这种量通常指的是规模的量，在经济学中特指同质之量（同质性假定），但质从工业化开始，就已经包含在量的对立统一之中了。不同的质可以通过多样化（或"范围"）这一概念来表示。

多样化最早由亚当·斯密提出，与专业化相并列，作为分工的两个相反方向之一。多样化（或"范围"）是亚当·斯密直接使用的术语。杨小凯曾指出：多样

化和专业化的发展是分工发展的两个方面。亚当·斯密认为，专业化推动了市场规模的扩大，而多样化推动了市场范围的扩大，后人分别将其称为规模经济与范围经济。规模的扩张表现为量的扩张；而质的扩张则表现为范围的扩张，这可以理解为人的个性选择范围（体验）和供给选项范围（创新）的扩张。从这个角度来看，新质生产力能够降低人们选择多样化的成本，并提高选择多样化的效率。电子商务则明显增加了用户的选择，这正是这一规律在起作用的例证。

在历史上，最早从效率的角度将质的差异视为经济发展主要问题的有3位著名经济学家。第一位是张伯伦，他发现经济活动中质的差异会导致均衡点发生系统性改变，其规律是均衡点会随着差异化、多样性、异质性程度的提高，按比例由MC（边际成本）向AC（平均成本）移动。AC-MC因此成为测度质的差异的一个不变价值尺度。

第二位是熊彼特，他提出了一套完整的创新理论，即新质生产力理论。他认为，创造新价值就是创造新的、不同于以往的质。工业生产力的质的规定性主要表现为同质化，其价值增加主要是同质价值在量上的增加，这被熊彼特称为物质的"循环流转"。创新理论本质上是一种新质生产力理论，通过新质的不断涌现来创造价值。

新质还具有比创新更全面的含义。创新体现了供给方面的新质，而体验则代表需求方面的新质。在迭代过程中达到供求一致的新质就是抽象意义上的质量。从这个意义上来说，高质量发展一定是新质生产力发展的结果，这要求创新与体验的供求双方达到平衡。

第三位是美国经济学家鲍莫尔，他提出著名的"演奏莫扎特音乐四重奏的效率问题"。他意识到"质的效率"的存在（如莫扎特音乐四重奏中音质、音色的处理效率），这种效率不同于"量的效率"。"质的效率"主要体现在服务业及其服务化过程中，而"量的效率"主要体现在制造业及其产业化过程中。

对全要素生产率来说，数据的作用机理与技术的作用机理类似，是通过作用于主体要素（如资本、劳动力）来提高效率的。传统技术可以理解为专业化效率技术；而数据则可以理解为一种特殊的技术，即多样化效率技术。根据国家数据局等部门推出的《"数据要素×"三年行动计划（2024—2026年）》，实施"数据要素×"行动，就是要发挥我国超大规模市场、海量数据资源、丰富应用场景等多重优势，推动数据要素与劳动力、资本等要素的协同，以数据流引领技术流、资金流、人才流、物资流，突破传统资源要素约束，提高全要素生产率。数据要素的多样化效率体现在其通过多场景应用、多主体复用，创造多样化的价值增量，并在多次使用过程中突破传统资源要素约束条件下的产出极限，如生产可能性边界（Production Possibility Frontier，PPF），从而不断提升数据质量，拓展经济增长的新空间。

需要指出的是，新质生产力并不仅仅与信息生产方式相关。例如，新材料、新能源技术可能只是工业技术的发展结果。这些工业技术创造的是自然科学意义上的新质，而非社会关系意义上的新质。在现实世界中，工业经济与数字经济处于混合状态，因此，规模经济与范围经济应共同发挥作用，结果显示，根据新旧动能投入比例及产业化与服务化产出比例，能够形成它们之间的融合比例，即两化融合比例。

（二）以生产要素供给新方式发展新动能

2004年以来，国内外经济学家认识到，ICT革命主要体现在服务业的发展上。这意味着，鲍莫尔关于以质的效率为导向的服务业的效率猜想，可能与信息业的效率是同一个问题。数字经济展现了不同于工业经济的生产力发展新方向，即从以专业化效率为主转向以多样化效率为主，以及从以规模经济（做大做强）为主转向以范围经济（做优）为主。

质的效率的改变是新质生产力的核心内涵。科技在其中起到了关键作用，使主要生产要素的质从不可复用变为可复用。将数据视为新型生产要素，是中国式现代化经济理论的特色之一。在数字经济中，新质生产力在生产要素上表现出复用这一新型特点。复用是数据独有的新质，数据独具"生产要素供给新方式"，这意味着数据作为新型生产要素，能够多场景应用、多主体复用，从而提高劳动力、资本等其他主体要素的投入产出效率。通过"数据要素×"行动，可以发挥数据要素对于最终应用的倍增作用，优化资源配置与社会分配，从而事半功倍地实现经济增长与人的发展。

新质生产力意味着质的效率的提高,沿着这一新思路展望未来,一个非常现实的问题是:这种生产力需要什么样的不同于工业化的空间与基础设施。经过思考得到的初步结论是数据空间与数据基础设施,它们可能不同于工业空间和工业基础设施,最核心的不同在于它们以"场"为核心原理。从"场"的视角来看世界,中国已有几千年的历史,例如,《周易》是一种场有论,它不同于西方的原子论,旨在为变易(而非实有)搭建世界模型的框架,而不只是静态地提供软硬件这些"东西"。为此,需要使数据场与数据融入当下,数据基础设施也需要为变易(活动、使用、应用、利用)"修路搭桥",即建设生产要素场。

三、新质生产力的实践路径:建设现代化产业体系,优化产业结构

新质生产力不等于科技,而科技只有转化为产业,才能成为现实的生产力。因此,总的来说,新质生产力的实践路径是推动包括新兴产业、未来产业、优势产业和传统产业在内的产业体系现代化。新质生产力的产业载体如图2所示。

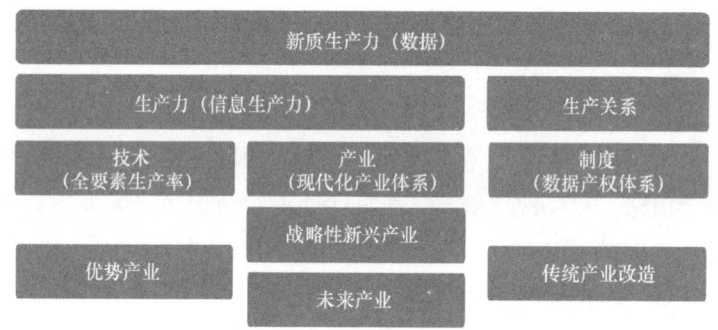

图2　新质生产力的产业载体

观察国际上的战略性新兴产业,如新能源、新材料、先进制造、电子信息等产业,无一不依靠新质生产力的支撑。在战争或地域冲突中,数据能力能够构成战斗力的核心要素,从战略层面改变战场感知、决策与反应的综合态势。因此,在发展新质生产力的过程中,必须高度重视信息生产力对数字产业化与产业数字化的战略性支撑作用。

"十五五"期间,应把数据基础设施摆在各项基础设施的首位,并加紧建设

应在数字基础设施（Digital Infrastructure）的基础上，建设面向应用的数据基础设施，以落实新质生产力。应保障数字化和服务化生产力的发展，进一步发挥战略性新兴产业在现代产业体系建设中的引领带动作用，使其跻身世界领先位置，甚至助推中国成为相关领域最大的经济体，从而服务于未来国际竞争的大局。

《中华人民共和国国民经济和社会发展第十四个五年规划和2035年远景目标纲要》提出，在类脑智能、量子信息、基因技术、未来网络、深海空天开发、氢能与储能等前沿科技和产业变革领域，组织实施未来产业孵化与加速计划，谋划布局一批未来产业。

未来产业是目前尚处于孕育孵化阶段的新兴产业，由探索期的前沿技术推动，旨在满足经济社会不断升级的需求，代表科技和产业的长期发展方向，会在未来发展成熟并实现产业转化，形成对国民经济的重要支撑和巨大带动力。

要转变那些不适应新质生产力发展的传统观念。例如，发展服务业，实现传统产业的服务化和数字化升级，究竟是务虚还是务实，是否具有生产性等，这些都涉及对生产力性质变化的新理解，认为只有大量消耗物质和能源的产业才是实业，才属于实体经济，这种观念已经不适应新质生产力的发展，亟须更新。

新质生产力不仅涵盖科技创新，也涵盖市场创新，如熊彼特所说的生产要素和生产条件的新组合。数据要素的充分发挥不仅可以作用于生产性服务业，还可以促进文化产业与内容产业的繁荣，这些都属于朝阳产业的范畴。

"数据要素×"是新质生产力发展的重要实践形式，应鼓励探索释放新质生产力潜力的实践形式：一是数据要素乘以行业应用，形成"数据×行业"，如"数据×农业""数据×制造业""数据×服务业"等，赋能实体经济，改造传统产业，进一步提升优势产业的竞争力。二是数据要素乘以企业应用，形成"平台×应用"，即"平台企业基础业务×平台企业增值应用"，实行"提供数据要素本身不收费，但按照使用效果收费"的有偿共享模式，数据要素通过流量共享、流量转化等形式直接赋能应用企业，再从有收益的应用中获取会员费或使用费。将数据资产定价从产前转向产后，从而通过应用为数据要素间接定价，在促进数据使用价值复用与充分利用中，消除交易所产前定价中"贝塔值"的不确定性。

参 考 文 献

[1] 左鹏飞，姜奇平. 数字经济学：宏观经济卷[M]. 北京：中国财富出版社，2022.

[2] 周延云，李琪. 生产力的新质态：信息生产力[J]. 生产力研究，2006（7）：90-92.

[3] 赵培兴. 创新劳动价值论：论超常价值[M]. 北京：人民出版社，2010.

[4] 姜奇平. 论数字经济的价值本体[J]. 东北财经大学学报，2021（2）：3-15.

[5] 杨小凯. 经济学原理[M]. 北京：中国社会科学出版社，1998.

[6] 让·梯若尔. 创新、竞争与平台经济：诺贝尔经济学奖得主论文集[M]寇宗来，张艳华，译. 北京：法律出版社，2017.

[7] 戴维·S·埃文斯. 平台经济学：多边平台产业论文集[M]周勤，赵驰，侯赟慧，译. 北京：经济科学出版社，2016.

[8] 斯科特·佩奇. 多样性红利[M]贾拥民，译. 杭州：浙江教育出版社，2018.

[9] 斯科特·佩奇. 多样性红利[M]唐伟，任之光，吕兵，译. 北京：机械工业出版社，2020.

余晓晖
算力互联网对形成新型生产关系的作用逻辑与实践方式

余晓晖，信息社会 50 人论坛理事，第十四届全国政协委员，中国信息通信研究院院长、党委副书记，中国信息化百人会成员，工业互联网产业联盟理事长、国家战略性新兴产业发展专家咨询委员会委员、国家制造强国建设战略咨询委员会智能制造专家委员会委员。研究方向为通信、互联网、新一代信息技术与产业、信息化。

新质生产力是创新起主导作用，摆脱传统经济增长方式、生产力发展路径，具有高科技、高效能、高质量特征，符合新发展理念的先进生产力质态。它由技术革命性突破、生产要素创新性配置、产业深度转型升级而催生。当前，人工智能等颠覆性技术和前沿技术正加速引领科技革命和产业变革，算力成为战略资源和全球科技竞争的焦点，而能够使算力资源实现高效供需匹配、流动互通、迁移计算的算力互联网成为优化要素配置、把握发展先机的关键所在。

算力互联网是面向算力应用与调度需求，通过能力增强和系统升级形成的新型基础设施和技术产业体系，其本质是在互联网体系架构上构建统一算力标识符，以算网云调度操作系统和高性能传输协议为基础，增强异构计算、弹性网络等能力，具备智能感知、实时发现、随需获取能力，形成算力标准化、服务化的大市场和算力相互连接、灵活调用的逻辑网。

算力互联网是优化生产要素创新配置、支撑数字经济高质量发展的新型基础设施，是培育和形成新质生产力的重要抓手。一方面，算力互联网将全国范围内的通用计算、智能计算、超级计算等大型异构算力资源与数据资源互联互通，实现算力资源汇聚共享、高效调度和灵活供给；有效整合和优化利用算力资源，充分释放数据作为新型生产要素的价值潜力，催生新的应用场景和商业模式，牵引算力基础设施持续扩容形成良性循环。另一方面，算力互联网加速推动数字经济和实体经济融合，为产业体系全面升级打好数字技术底座。算力互联网降低数据传输成本，借助地理优势统筹算力资源，打破地域限制，推动产业数字化转型向深向广拓展，助推经济社会高质量发展。中国信息通信研究院测算，算力每投入1元，能够带动3~4元的经济产出，显示出强大的溢出带动赋能作用。

习近平总书记强调："发展新质生产力，必须进一步全面深化改革，形成与之相适应的新型生产关系。"算力互联网不仅是培育发展新质生产力的重要抓手，也能够支撑形成与新质生产力相适应的新型生产关系，让生产要素特别是数据要素向发展新质生产力方向顺畅流动。算力互联网通过高性能算力与互联网相融合，能够实现异构算力和存储的架构互通、高速互联，并通过算力互联互通节点，实现不同算力服务商之间的算力标识感知、算网一体化调度。算力互联网对算力资源优化分配，通过网络效应与规模效应，大幅提升接入各方的连接效率，有效解决算力需求爆发式增长带来的短期供给不足问题。算力互联网能够从宏观层面优化资源配置结构、提高资源配置效率，使算力供需形成更高水平的动态平衡，为人工智能时代的经济社会发展提供数字引擎。

当前，我国算力基础设施建设已达到世界先进水平。中国信息通信研究院测算，我国算力资源规模近年来位居全球第二。但同时，也存在算力资源分散、调用存在壁垒、标准化普惠化算力服务统一大市场尚未形成等问题，亟须推动算力互联互通，进而打造高速弹性、融合先进、安全绿色、泛在普惠的算力互联网。

一、算力互联网对新型生产关系的作用逻辑

（一）算力互联网创新产业经济组织

算力互联网通过促进资源共享，强化数据要素作用，加快催生产业经济组织方式变革。一是丰富产权形式。一方面，算力具有更多公共品属性，与传统的土地、资本等具有排他性的传统生产要素不同，算力和数据、算法的一体化应用更

呈现出正外部性与网络协同效应，产权形式上更加强调共享和融合。另一方面，算力互联网通过科学有序布局数据要素和算力资源，带来分配机制变革，一体化推进算力、数据、算法协同应用、普惠共享，有利于数据等基础制度的完善。二是优化市场结构。算力不再集中于企业内部的数据中心，而是根据云、边、端深度融合方案，形成分布式算力基础架构，使计算、存储的各类多维异构资源能够在网络中实时交互、动态调度，为建立全国一体化算力大市场打下基础。算力互联网通过构建统一开放、竞争有序的市场体系，健全生产要素"由市场评价贡献、按贡献决定报酬"的机制，使新型生产关系持续向市场化、法治化、国际化演进。

（二）算力互联网降低企业交易成本

在数字经济时代，算力资源供给和需求同步增加。但由于信息搜寻成本、合同履约成本等外部交易成本较高，所以市场交易方式的灵活性受到限制。算力互联网在保障算力可靠性和稳定性的基础上，通过对算力资源进行感知汇聚和一体化调度，实现规模化应用，从而带来网络和算力的边际成本递减，实现低成本运用。一是提升算力资源易用性。算力互联网通过将不同主体、架构、地域的算力资源标准化互联，打破计算的"孤岛"状态；通过多元算力的互联互通和统一服务，促进算力供给、调度、使用及结算智能化，逐步建立随取随用、灵活配置、按需收费的算力服务新模式，降低算力资源的使用成本和门槛，推动算力像水一样提供社会基础性服务，可以"一点接入、即取即用"，满足多元化市场需求。二是优化算力资源利用效率。随着数字化进程的加速，人工智能等技术的广泛应用催生海量数据计算需求，算力供给增速难以满足全行业计算需求，特别是对偶发性算力需求激增的场景缺乏弹性应对措施。算力互联网对分散、异构的算力进行感知、连接和统筹调度，匹配终端计算需求，大幅强化市场供需对接，加速算力资源的交易流通，大大提升算力资源的配置和利用效率，有利于解决信息不对称导致的市场失灵问题，以更低成本实现算力共享，从而更高效地服务生产生活。三是降低制度性交易成本。算力互联网通过建立统一的算力服务市场准入标准、监管机制和规范，打通规则、规制、管理、标准等，实现运行公共算力的标准化互联互通，降低制度性交易成本，提高社会总福利。

（三）算力互联网推进产业分工形态变革

算力互联网推动数据要素加速进入社会化大生产，在各产业部门中发挥乘数效应，使新型的分工协同形式加速涌现。一方面，算力互联网推动产业链专业化分工。算力同技术革命史上的蒸汽动力、电力等关键技术一样，将在几乎所有产业中得到应用，并且改变产业生产组织方式、价值创造和分配规律、产业分工基础和过程。算力专业化分工将深化数据要素在各行业中的应用，大大降低数据作为关键投入要素的使用成本，提升整个产业链效率，通过生产关系的优化塑造竞争优势。目前，我国算力产业链已经初步形成，涵盖由设备、芯片、软件供应商等构成的上游产业，由基础电信企业、第三方数据中心服务商、云计算厂商构成的中游产业，由互联网、工业、政府、金融、电力等各行业用户构成的下游产业。另一方面，算力互联网助力形成竞合生态。算力互联网为企业搭建算力资源互联互通平台，各节点算力资源通过算力互联网广泛集聚，破除了企业间、产业间的壁垒，实现了跨组织边界的资源互补与共享，推动形成了资源自主有序流动的生态体系，使得企业间关系由单向线性的链状模式向网状模式发展，产生新的价值创造路径与协作关系。算力互联网的共享模式允许多元主体同时分享算力资源，协作参与生产过程，竞合关系的构建大幅延伸了企业的资源边界，降低了企业的资源投入成本和运营成本。

（四）加快培育算力产业生态的实践路径

从实践来看，算力互联网正在从算力互联互通技术体系化起步，打造标准化普惠化算力服务统一大市场，形成高效互补和协同联动的算力产业生态。

在多元化算力供给的环境下，推进算力互联互通技术体系研究和应用，形成标准化、可调度的算力服务是解决当前算力互联"找算力难""调算力难""用算力难"三大挑战的重要手段。在"找算力"过程中，数据显示，我国资源布局较为分散且利用率不高，各类算力资源提供主体超5000家，排名前十位的算力资源提供主体只运营30%的算力资源，算力集中度低，难统筹分散的算力，用户难以快速找到合适的算力资源，需要提高算力供需匹配效率。在"调算力"过程中，算力任务和数据需要高效上传到合适的资源池进行计算，当前大部分算力运营主体调度能力和服务化水平低,与此同时网络数据传输带宽低、成本高,需要加强调度系统和网络弹性能力,加速应用调度效率。在"用算力"过程中,不同类型、不同主体间应用接口、协议架构等的标准各异,需要强化算力应用跨资源池部署,进行开发框架和计算框架的适配与兼容。

针对以上挑战,可通过算力互联互通技术体系中的核心算力互联、计算,以及网络技术多层次基础支撑,打造泛在互联的算力体系。

(五)构建统一的技术要求和管理规范

统一算力资源感知、数据传输流动、应用架构适配等关键环节技术要求,形成算力互联互通管理规范,明确准入、业务分类、运营管理等规则要求。一是攻关核心算力互联技术。突破算力标识、协议架构、编排调度等当前短板技术。在构建算力标识符体系方面,人工智能等应用需要将智算编排调度到 GPU 芯片颗粒度,要求标识细化到芯片层以支撑更灵活的算力调度策略,同时任务型应用的需求弹性特征明显,算力标识需要支持实时感知资源状态以支撑资源的随需调度。在协议架构方面,为保证算力任务和数据在资源之间的高速流动,在传输层开展高性能传输协议研究,在应用层扩展计算任务数据协议和算力特征标识,未来将探索算力节点间的长距离传输应用以支撑协同计算。在编排调度方面,将实现基于异构算力与开发架构的统一操作系统环境部署、网络间高性能传输、用户应用、任务封装,以及跨地域、跨厂商部署。二是提高计算部署效率。开展计算框架的统一部署适配、高速互联总线及统一应用描述语言的技术研究与落地,统一异构算力资源的开发接口,提高节点内的计算效率,兼容多种算力生态,实现计算任务加速部署运行。三是增强网络传输速率,接入侧弹性网络方案及传输侧骨干点、新型互联网交换中心(Internet Exchange Point,IXP)等结合方案,能够实现实时网络带宽弹性可控,提升传输速率,降低用户资费成本,大幅提升接入侧自动化程度,实现网络自服务能力,强化算力接入网络能力,实现网络资源的按需连接、弹性扩容、动态回收。

(六)将算力并网调度的局域化探索互联构建成为算力互联网

由于主体、利益多元化,区域分割,且缺乏统一算力资源感知、任务数据流动、应用架构适配等关键互联规则和标准,所以目前总体上仍处于"算力局域网"分别发展的局面,需要形成全国全域的算力互联网。探索算力互联网顶层设计,在算力互联互通的基础上,建立算力互联网顶层架构,打造一个高效、统一且先进的算力互联网体系,以满足日益增长的数据处理和智能计算需求。一是明确技术架构。优化升级算存设施,使其具备高效能、大容量、快速响应的特性。强化通信网络建设,提升数据传输速度和稳定性,保障算力资源的无缝共享。推动互联算力的发展,实现不同地域、不同类型的算力资源灵活调度与协同工作。完善服务应用层设计,以满足各类用户对算力服务的多元化需求。二是构筑产业自主生态。通过开源等方式,创新算力互联网的关键技术,鼓励产学研用各方共同参与技术研发与迭代。建设实验床与验证平台,为新技术、新模式提供实证测试环境,培育我国自主研发的算网云操作系统,实现协议接口之间的相互兼容,打破技术壁垒。进一步构建开放的软件生态,助力产业链上下游企业协同发展。三是推动互联成网运行。探索算力互联网运行模式和管理机制,协同智算、超算等新型算力,探索并推广适应算力互联网特性的运行管理模式,实现分布式、扁平化部署,使得各类算力资源如同一张巨大而灵活的网,可以按需调用,随时随地满足各类复杂应用场景下的计算需求。

(七)在算力资源和需求区域差异突出的情况下实现全国资源优化配置与算力高效服务

我国东部经济发达地区算力供不应求,但区域内算力资源供给能力和增长潜力有限。西部地区具有大规模算力设施发展的资源禀赋优势,但本地需求不足,资源利用率不高。需要在统筹全国算力设施区域优化布局的基础上,解决好算力服务统一市场构建和资源全域有效利用问题。需要基于算力互联互通技术体系,通过市场平台等手段连接算力需求高和算力供给多的地区,平衡算力供需关系,促进算力互联互通与各行业融合发展,形成多元融合、供需平衡的算力市场体系。培育算力市场生态,促进算力互联互通与各行业融合发展,创新算力服务能力,形成多元融合的服务应用体系。一是统一市场规则。算力市场的培育将创新商业模式,发展算力提供、调度、应用等多元业态,需要制定算力互联互通规则和调度交易规则,明确算力调度、算力提供、算力应用等各环节衍生的新产业角色的责任边界。二是推广实践经验。推动算力与产业的融合发展，促进以云服务等方式实现数据、软件、应用等与算力的融合，面向大模型、科学计算、工业制造等领域开展试点和试商用，形成一批经验可复制、可推广的项目、企业和园区，为算力互联互通的广泛落地提供参考。三是创新监管手段。算力市场将催生算力交易、算力互联通信、算力调度等新业务，需要探索和明确算力互联互通相关业务的定义与分类、市场准入与退出、用户权益保护、监督监管等规则规范，引导各类市场主体依法依规开展算力互联互通相关业务，有效防范市场风险，切实保护消费者权益。

二、推进算力互联互通的发展建议

过去30多年，网络的互联互通推动了全球互联网和数字经济的高速发展，而算力互联互通是形成统一算力服务大市场和人工智能时代做强做优做大数字经济的关键路径，建议做好以下工作。

（一）强化顶层设计

组织力量深入研究、编制一系列政策性指导文件，提供清晰的技术方案和路径指引，助推算力互联网的建设升级。在算力互联互通已初具规模的基础上，积极探索和构建算力互联网的整体框架，并深化对算力互联网技术架构的研究，研究制定具有前瞻性、针对性和可操作性的算力互联网发展指导意见，促进全国范围内算力资源的一体化整合，形成高效运作、互联互通的全国算力一张网，构建开放、公平、竞争有序的算力统一大市场。

（二）加快标准研制

着力推进算力互联互通及算力互联网相关标准体系的建设和完善。对于算力标识感知、数据传输流动、应用架构适配等关键环节，制定统一的技术要求和标准规范，确保各类算力资源能够无障碍流通和高效利用。通过完善的标准化体系，有力引导行业规范化建设，并借助标准的力量推动技术创新，形成良性循环。

（三）推进平台建设

在充分的技术验证和严谨的体系标准支撑下，整合现有的多方平台力量，构建立体化、多层次的算力互联互通体系。通过统一的算力标识符对分布在各地、各领域的算力资源实现互联汇聚，打通区域"块状"、行业"条状"算力局域网，构建开放、融通的算力资源调配体系。在技术实践方面，通过开源社区的力量，共同创新算力互联网的关键技术，形成技术自主化构建开发能力，打造开放兼容、富有活力的算力互联网开源生态系统，吸引更多开发者和企业加入其中，共同推动算力互联网技术的发展和应用。

（四）培育算力市场

通过政策和市场机制的双重引导作用，孵化和壮大算力互联互通产业链中的各类主体，培育一大批有实力、有潜力的算力提供商，以及各类服务于算力资源交易、评估、咨询等业务的第三方专业服务机构。鼓励多元业态共同发展，打破行业壁垒，推动产业链上下游企业间形成紧密的合作关系，实现资源共享、优势互补。制定健全的算力市场规则，确保市场环境公平、公开、公正，优化市场供需匹配机制，形成普惠规范、充满活力的算力大市场。

（五）推广行业应用

围绕政务、工业、金融、云计算等对算力需求旺盛的领域，积极开展算力互联互通的试点应用项目，通过先行先试，总结提炼出成功的经验和模式，培育出多样化、针对性强的算力应用服务。选择具备一定基础条件和战略意义的地区开展算力互联互通应用示范，推动算力资源的高质量、高效率利用与发展，赋能经济社会数字化智能化转型和高质量发展。

吕本富
发展新质生产力，提高国际竞争优势

吕本富，信息社会 50 人论坛成员，中国科学院大学经济与管理学院教授，中国国家创新与发展战略研究会副会长。长期从事网络经济和网络空间战略、创新创业管理、管理智慧与谋略工作。

2024 年 4 月，中国驻美国大使谢锋就"新质生产力"和中国经济形势接受美国《新闻周刊》（Newsweek）专访。可以说，自 2024 年年初"新质生产力"成为中国热词以来，美国等西方国家媒体也高度关注这个概念及其背后蕴含的中国经济发展新潜力。

一、新质生产力包括哪些

笔者认为，新质生产力这个概念有狭义和广义两种解释。从狭义上说，新质生产力指战略性新兴产业和未来产业。对此，党的二十大报告明确指出："推动战略性新兴产业融合集群发展，构建新一代信息技术、人工智能、生物技术、新能源、新材料、高端装备、绿色环保等一批新的增长引擎。"此外，2024 年年初，《工业和信息化部等七部门关于推动未来产业创新发展的实施意见》印发，提出要全面布局未来产业，加强前瞻谋划部署。把握全球科技创新和产业发展趋势，重点推进未来制造、未来信息、未来材料、未来能源、未来空间和未来健康六大方向产业发展。

从广义上说，新质生产力不仅要看到新兴生产力，还要看一些旧有生产力是否可以转型。凡是能够令旧有生产力降本增效的技术，都可以称为新质生产力。通俗一点说，在新技术的加持下，旧有生产力实现了脱胎换骨，那么它也是一种新质生产力。所以，凡是能给传统产业进行科技赋能、降本增效，包括运用一些管理性技术实现业态创新的技术，都可以归类为新质生产力。

在新质生产力的加持下，无论是劳动者、劳动工具，还是劳动对象，它们总是发生在一个空间中，而凡是在新空间中发生的部分，一般都是新知识产业。现在涌现出很多新空间，如网络空间、数据空间，还有一些现有的物理空间人类过去接触得比较少，如深空、低空、深海等，当然还包括量子微小空间。这些过去人类活动较少的物理空间，现在由于我们具备了前所未有的技术手段，因而让这些既有部分变成了新空间，而这些新空间也是新质生产力的一部分。

从经济学理论的角度来看，新质生产力与另一个概念密切相关，即全要素生产力。什么是全要素？就是生产所需的各种要素，如土地、资金和劳动者。在相当长的一段时间里，经济增长主要依赖这3个生产要素的扩张。简单来说，如果一个项目需要至少10个人，那么就安排20个人，生产量就可能增加1倍。这种数量的简单扩张也可以带来生产力的增长。然而，这种数量的扩张总是存在"天花板"，因此必须引入新的生产要素。那么什么是新的生产要素呢？我们将技术和管理二者相结合称为创新，这是第4个生产要素；而数据是第5个生产要素，数据的重要性在于：当前规模经济下的大批量生产与个性化消费之间已形成矛盾。例如，现在许多消费者在购买衣服时，总是希望买到既符合自己喜好又具有个性化的产品。过去的工业生产主要追求批量化，生产规模越大，成本越低，同样的产品就越多，这就产生了矛盾。然而，如果掌握了大数据，那么就既能够实现个性化，又能够兼顾规模经济。但是，我们也必须注意到，数据既不能被夸大，也不可被轻视，它只有在生产力发展到一定阶段时，才能发挥巨大作用。这五大生产要素的聚合，正是全要素生产力的体现。

二、我国的优势与强项在哪里

当前，我国与美国在新技术领域竞争比较激烈。在这方面，我国的优势到底体现在哪些方面呢？

笔者认为，一方面要承认我国目前在某些领域与美国存在差距，但另一方面我们不可妄自菲薄，在制造业方面我国处于世界领先地位，在新科技领域，我国的综合实力在全球排名第二位。以笔者的个人经历来看，在人工智能和数字经济领域，美国不断通过"二轨对话"的方式与我国沟通和交流，参会的美国智库代表告诉笔者，在这些领域，其他一些国家与中国和美国的水平还存在差距，他们希望能够与中国达成更多的合作，以及就行业标准进行探讨。从某种意义上说，有很多利益可以通过沟通合作来实现。

我国的强项在哪里？笔者认为目前大部分还是在应用领域，如在移动支付、手机游戏和短视频领域可能处于世界领先地位。我国在应用领域能够快速进行迭代和创新；而美国可能在基础技术研究领域更有优势，那么我国现在要做的就是避免进一步扩大与美国在基础技术研究领域的差距。因此，我国应加速在应用领域发力，保证手中握有更多的筹码，以保证与美国在新技术领域的竞争中掌握主动权。

三、如何保持更强的国际竞争力

为了发展新质生产力，保持更强的国际竞争力，首先，我国要培养更多的顶尖技术人才。例如，如今在人工智能领域，过去的"人海战术"难以奏效。人工智能技术水平与一个团队中人才的能力水平密切相关，而顶尖技术人才的能力水平又决定了一个团队的整体水平。另外，有丰富工程经验的创新者也是我们需要的。因此，这需要我国建立更好的机制来吸引海内外优秀人才到中国工作或创业，这些优秀人才包括数字经济顶尖人才和管理顶尖人才，其中管理顶尖人才能够厘清战略攻关方向。

其次，我国必须解决算力问题。面对战略性新兴产业和未来产业发展，我国要提高新质生产力，就需要构建一个全国统筹的算力机制。在数字经济及人工智能领域，新的创意和新的技术都需要靠算力来实现。在中美贸易战的大背景下，要想提高我国的整体算力水平，就需要大量高性能、高算力的芯片作为发展基础，因此，我国自主研发高水平芯片至关重要；而要想调配我国的算力，就需要一个全国性的统筹算力机制来发挥作用。

再次，在"新的劳动空间"，如网络空间、数据空间、深空、低空、深海和量子微小空间，抓住机会可以发展出大产业。低空经济是目前一个非常有潜力的领域，但是各省份、各部门对低空区域有着各种各样的管制，那么如何在发展和安全之间找到平衡点，这可能是最关键的。

在低空领域，我国不缺少生产力，只要制定详细的业务指导规则，各种型号的无人机就能够快速生产起来，现在缺的主要是政策和商业模式。目前，一些地方运输货物的"无人机快递"已经兴起，而"空中的士"还处在探索阶段。5年前，笔者曾提出在景区用无人机送水、送食品，现在黄山风景区已经实现。2023年9月下旬，黄山风景区管理委员会与民用无人机系统及解决方案提供商共同发布了运用无人机运输货物上下黄山的创新应用情况。据了解，黄山风景区已率先开辟无人机运输航线，试运营期间，累计运输物资超过96吨，单机单日最大运输量超过2000斤，此举为助力黄山高山物资运输、缓解山地运输压力发挥了良好作用。但这毕竟只是一个小批量市场，我国县乡村区域很广，理论上来讲，这些偏远的、人口密度稀少的区域，采用无人机快递是最便宜的物流方式。

在量子技术应用领域，目前除量子计算外，量子通信等技术还处在基础技术到应用的转化阶段，未能实现产业化。在深空方面，美国SpaceX公司的"星链"项目就是典型代表，笔者将其称为"太空房地产"，因为它已经占据了一些轨道的位置，后续其商业价值的开发和利用会进一步凸显。

最后，我国的许多新技术、新模式正处于商业转化的关键阶段，需要外部"助推"，这对于新质生产力的发展来说至关重要。不可否认的是，美国在新技术的商业转化方面做得比较成熟；而目前我国许多新技术领域的初创公司在新技术的商业转化方面亟须解决的问题是：能否吸引足够的资金来支撑。新技术的商业转化一定要与投融资市场配合起来，一些新技术可能政府项目愿意投资，而有时民间投资却更具敏感性。对于新技术公司而言，现在迫切需要解决的是从0到1的商业融资问题。

在资本市场中，估值超过10亿美元，且还未上市的企业被称为独角兽企业，独角兽企业的数量在一定程度上能够反映市场的创新活力和资金实力。过去几年，全球独角兽企业几乎均来自中国和美国。但从2022年开始，情况发生了变化。第三方市场调研机构的数据显示，2022年上半年，美国新增独角兽企业138家，印度新增 14 家，而中国只新增 11 家。另一项数据统计，2023 年中国独角兽企业数量虽以 316 家在全球位居第二，但过去一年仅新增 15 家，同期美国新增 179 家。2018—2020 年，中国新增独角兽企业分别为 156 家、137 家、111 家。当然，这与世界经济的整体环境不景气有关。西班牙《先锋报》于 2024 年年初刊文称，数字行业在新的一年里有望摆脱 2023 年的困境。我们要看到，美国独角兽企业的新增速度也在放缓，但我们要防止未来中国和美国之间数字经济的实力差距继续扩大。

张华平、谌业林
新质生产力背景下的大模型 AI 分析思考

张华平，信息社会 50 人论坛成员，国家级领军人才，现任北京理工大学教授，博士生导师，NLPIR 大数据搜索与挖掘实验室主任，中国人工智能学会多语种智能信息处理专业委员会秘书长，知名汉语分词系统 NLPIR-ICTCLAS 创始人，中国计算机学会杰出会员。

一、新质生产力解读

2023 年 9 月，习近平总书记在黑龙江考察调研时首次提出新质生产力；2023 年 12 月，中央经济工作会议指出要发展新质生产力；2024 年 1 月，习近平总书记在中共中央政治局第十一次集体学习时强调加快发展新质生产力，扎实推进高质量发展。新质生产力是创新起主导作用，摆脱传统经济增长方式、生产力发展路径，具有高科技、高效能、高质量特征，符合新发展理念的先进生产力质态。它由技术革命性突破、生产要素创新性配置、产业深度转型升级而催生，以劳动者、劳动资料、劳动对象及其优化组合的跃升为基本内涵，以全要素生产率大幅提升为核心标志，特点是创新，关键在质优，本质是先进生产力。

西方主流经济学理论认为，经济增长的首要动力来源是 3 种基本的生产要素：劳动、土地和资本。中国自进入经济迅速腾飞的 21 世纪以来，传统的经济增长方式已经触及"天花板"，因为这 3 种基本的生产要素都不是无限可得的，尤其是劳动和土地。我们进行配置、组合、使用的过程，本质上也是消耗的过程。那么要想突破天花板就要向"第四生产要素"和"第五生产要素"增长，即向技术和数据增长（见图 1）。

数据作为新的生产要素发挥着越来越重要的作用。数据不仅是重要的资产，也是提升生产力的重要工具。在生产环节，通过使用物联网技术对设备进行监控和管理，收集设备运行数据，进行预测性维护，减少设备故障，提高生产效率。在管理环节，通过对企业内部数据进行分析，可以优化资源配置，提升管理效率。例如，通过对员工绩效数据进行分析，可以制定更加科学的绩效考核体系；通过对供应链数据进行分析，可以优化供应链管理。在决策环节，通过对市场数据和竞争对手数据进行分析，可以辅助企业进行战略决策。例如，通过对消费者行为数据进行分析，可以制定精准的市场营销策略；通过对行业发展数据进行分析，可以识别潜在的商业机会。

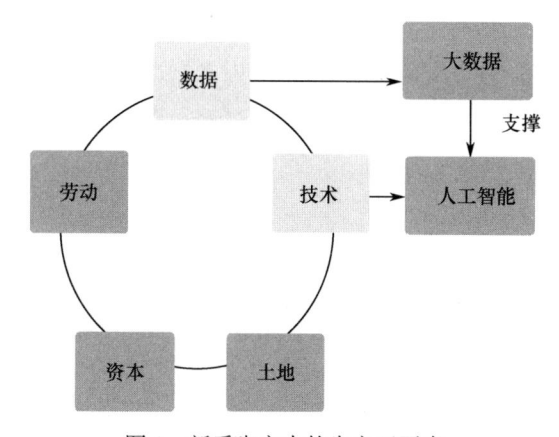

图 1 新质生产力的生产五要素

大数据是指从客观存在的全量超大规模、多源异构、实时变化的微观数据中，利用自然语言处理、信息检索、机器学习等技术抽取知识，并将其转化为智能的方法学。通过大数据技术进行预测分析，可以从海量数据中发现隐藏的模式和规律，对未来的发展趋势进行预测，辅助决策，并为个性化推荐提供依据。

大数据驱动背景下的大模型人工智能（Artificial Intelligence，AI）技术旨在用更少的人做更多的事，个性化服务更多的人。例如，可汗学院致力于为地球上的每一位学生配备一名优秀的人工智能私人导师，为每一位老师配备一个优秀的人工智能教学助手；梦工厂动画公司的 CEO 杰弗瑞·卡森伯格（Jeffrey Katzenberg）认为生成式人工智能将使动画电影的制作成本降低 90%。

新质生产力的形成和发展离不开技术与数据的驱动。以互联网、大数据、大模型 AI 技术为基础的应用正在深刻改变着各行各业的生产方式。互联网的普及使得信息传递更加迅速和广泛，大数据技术的应用极大地提升了数据处理和分析能力，而大模型 AI 技术的进步则进一步提高了自动化和智能化水平。新质生产力的显著特点是创新，既包括技术和业态模式层面的创新，也包括管理和制度层面的创新，它能够引领创造新的社会生产时代，为高质量发展注入强大动能。

二、关于大模型 AI 技术的新思考

1956 年，约翰·麦卡锡（John McCarthy）在达特茅斯会议上首次提出人工智能的定义：使一部机器的反应方式像一个人在行动时所依据的智能。其发展也经历了 3 个阶段：①推理期，将逻辑推理能力赋予计算机系统；②知识期，总结人类知识教授给计算机系统；③机器学习期，计算机从数据中学习算法，深度学习在语音、图像、文本领域大获成功。

随着人工智能的发展，许多职业，如电话推销员、打字员、会计等可能面临被取代的风险。Cognition 公司推出的全球首个人工智能程序员智能体 Devin 展示了人工智能在软件开发领域的潜力，Devin 能够独立编写代码、构建网站和制作软件，并从错误中学习改进。尽管人工智能在很多领域表现出色，但这并不意味着它已无所不能，如今的人工智能在跨领域推理、抽象能力、深层次理解、常识、自我意识、审美和情感等领域仍然略显"稚嫩"。

大模型的兴起标志着人工智能进入了一个新的阶段。大模型本质上是一个使用海量数据训练而成的深度神经网络模型，其巨大的数据规模和参数规模实现了智能的涌现（能够从原始训练数据中自动学习并发现新的、更高层次的特征和模式），具有更强的表达能力和更高的准确度，展现出类似人类的智能，能够处理更加复杂的任务和数据，在各种领域都有广泛的应用。OpenAI 的 ChatGPT 和 Sora 是两个具有代表性的大模型。

大模型作为人工智能领域的前沿技术，虽然在文本生成、语言理解、视频处理等领域展现出强大的能力，但其发展过程中也暴露出一些不足之处，主要包括可信度、可控性及性价比 3 个方面的问题。

（一）可信度

（1）价值观偏见。大模型在训练过程中，由于依赖海量的预训练数据，所以不可避免地会吸收数据中的有害信息和偏见。例如，性别和取向偏见可能导致模型将男性与数学和工程专业联系起来，而将女性与文艺专业和家庭角色联系起来。这种偏见不仅反映了性别刻板印象，也可能在实际应用中产生不公平的结果。

（2）政治和文化偏见。大模型可能在训练过程中吸收带有特定文化或政治偏见的数据，导致其输出的内容会反映这些偏见。例如，如果训练数据主要来自西方，那么模型可能会倾向于使用西方的价值观来解释或评论全球事件，宣扬西方的政治立场和文化观念，这可能会对中国政府和领导人的形象造成不公正的负面影响。这种偏见可能会影响模型对不同文化和政治体系的中立性与公正性。

（3）信息的偏移和幻觉。大模型在生成文本或理解提示文本时，可能会因为对信息的把握不足而产生偏移，甚至编造虚假信息，这种现象被称为"幻觉"。这是因为模型在训练过程中可能没有足够的数据来准确学习某些概念或事件，从而在生成文本时出现错误。例如，如果模型被问及一个历史事件，但训练数据中关于该事件的信息不足或有误，那么模型可能会生成与历史事实不符的描述。这种现象不仅损害了模型的可信度，也可能对用户造成误导。

（二）可控性

（1）依赖技术资源。大模型的核心技术和算法往往由少数科技巨头掌握，这导致其他国家和公司在技术上对这些少数科技巨头存在依赖性。这种依赖性导致技术资源的"卡脖子"问题，限制了技术自主权，也可能在国际政治和经济争端中成为这些国家和公司的弱点，在关键时刻受制于人。

（2）限制信息输出。即使是国内的大模型，也可能因为商业利益等原因，被设计为避免输出某些信息，或者在输出时融入特定的价值观。这种限制不仅影响了模型的透明度和公正性，在某些特定情境下可能引发争议，也可能会影响模型的表达能力和应用范围，降低其实用性。

（三）性价比

（1）资源消耗巨大。大模型的训练需要大量的计算资源，这不仅包括硬件成本（高性能的 GPU、大量的存储空间和高速的网络连接），还包括电力和维护成本。这些资源的购置和维护成本非常高，极大地限制了大模型的普及和应用。

（2）训练周期长。大模型的参数众多，训练过程可能需要数周甚至数月，需要消耗大量的时间和人力资源。这种长时间的训练不仅增加了成本，也减缓了模型更新和迭代的速度。

（3）落地应用困难。大模型的复杂性及巨大的资源需求使其在实际应用中面临挑战。特别是在资源有限或对实时性要求较高的场景中，大模型可能难以部署和运行，导致其应用受限。

（4）投入产出比的不匹配。大模型的开发和运行成本与其实际产出效益之间可能存在不匹配的现象。在某些情况下，投入的资源和成本可能远远超出了模型带来的实际价值，导致性价比较低。

综上所述，虽然大模型在人工智能领域具有重要价值，但其存在的不足也亟待解决。研发中国自主可控、对齐社会主义核心价值观、快速落地并投入实际应用的大规模通用语言模型，是当前人工智能领域面临的一项重要任务。

三、大模型智能应用探索

当前，大模型 AI 技术已被广泛应用于社交网络舆论操控等多个领域。例如，美国利用人工智能技术在全球范围内操纵舆论，影响公众意见和政治决策，具体手段包括：①伪装媒体，伪装成报道中亚独立新闻的实体；②掩饰目的，分享不相关的内容；③"水军加粉"，使用机器人和购买假关注；④盗用头像，AI 盗用并改变公众人物头像；⑤"组团忽悠"，多平台账号组发布相似内容；⑥标签带货，设计大量标签，命中更多目标群体；⑦抄改原创，抄袭有信誉媒体的新闻材料，做微小修改后试图作为原创内容发布；⑧"请愿造势"，发起请愿退出地区经济联盟，遏制目标国家影响力，扼杀目标国家媒体。

ChatGPT 风格的聊天机器人被广泛应用于态势感知、情报分析、辅助决策等领域。这些聊天机器人能够准确捕捉用户的意图,生成符合用户期望的回答,并在用户指出错误时主动承认并纠正。此外,这些聊天机器人在诗歌、散文等创作方面也展现出一定的能力,然而,相较于使用其他语言,使用英语与它对话是用户体验最好的方式,因此,ChatGPT 在尊重除美国以外国家的文化背景和使用习惯方面仍有不足。针对这一点,笔者针对 ChatGPT 的中文性能进行了测评,发现其在情感分析、自动摘要和阅读理解等经典自然语言处理任务上表现良好,但在闭卷知识问答中容易出现知识性错误。

在这一背景下,笔者团队致力于开发和应用大模型技术,通过自主可控的技术路线,确保技术的安全性和可靠性,开发了 ChatBIT 明理大语言模型。

ChatBIT 明理大语言模型是一款面向军事情报领域的问答式辅助服务系统,它基于团队自主提出的 DCN(Deep Circulant Network)架构进行预训练,支持多语种,并提供 Web 服务与 API 服务。ChatBIT 明理大语言模型的设计思想有 3 个核心点:①自主可控。ChatBIT 明理大语言模型从基础模型、数据到软件平台完全自主可控,规避了使用外国技术可能带来的数据安全问题。②敏捷。通过采用大模型微调技术和量化技术,ChatBIT 明理大语言模型减少了模型复杂度,提升了预测速度,实现了轻量化训练部署。③可信。通过后处理和审查模型对预输出进行调整,确保数据处理、模型训练、预测推理和服务部署的全过程安全可信。

ChatBIT 明理大语言模型在军事情报领域提供了一系列功能,包括:①军事情报问答。基于实时搜索提供准确的情报信息。②情报整合分析。自动化深度分析,提供多角度解读。③情报态势感知。持续收集和跟踪军事情报,提供实时态势感知和预测。④辅助决策。提供决策建议,帮助用户在复杂军事情境中进行有效决策。

同时,ChatBIT 明理大语言模型也面向大众用户提供以下通用功能:①代码生成。根据用户描述的功能需求自动生成代码。②智能文档写作。根据用户输入生成格式规范、内容翔实的文档。③智能翻译。支持多语言翻译,提供即时翻译服务。

依托 ChatBIT 明理大语言模型，笔者团队深入探索了大模型的应用实践，并致力于推动其在实际场景中的落地应用，取得了以下一些关键进展。

在科技情报分析领域，开发了一种大模型驱动的多模态科技情报认知与生成新范式。这种新范式不仅提升了处理海量科技数据的效率和准确性，还通过整合文本、图像、声音等多模态信息，为科技情报分析带来了全新的视角和方法。

在智能办公领域，推出了"比特秘书"应用，一个基于大模型的智能助手。它支持智能阅读、辅助写作和翻译校对等功能，能够理解用户的需求并自动生成相关报告，显著提升了办公效率，为用户提供了更加个性化和精准化的服务，如图 2 所示。特别地，"比特秘书"是目前唯一支持军事情报智能认知生成的国产兼容工具，其专业英语翻译服务的 BLEU 值高达 41.89，远超行业平均水平。

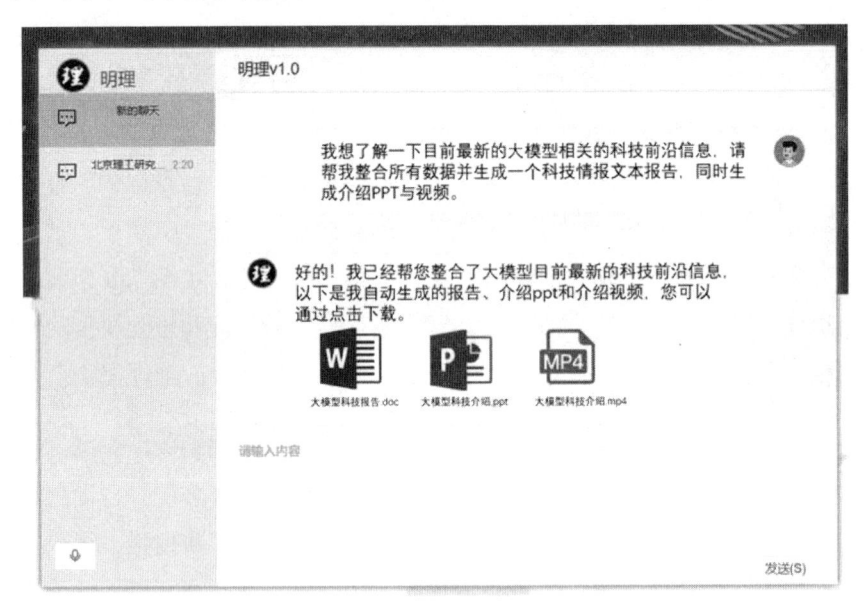

图 2 "比特秘书"应用示例

在商业领域，开发了 LLM2BI——一个基于大模型的商业智能分析系统。该系统能够深入挖掘商业数据，从复杂数据中洞察模式和趋势，为企业提供有力的决策支持，助力企业做出更明智的商业决策。

此外，笔者团队还启动了"钱老大脑"项目——一个基于"钱学森数据库"

的大模型问答系统。该系统以钱学森的学术思想和成果为核心，结合 ChatBIT 明理大语言模型，实现了对钱学森学术思想的数字化重构和智能化应用。系统基于钱学森的书信或文集文档，通过实体抽取和关系抽取等技术手段，构建知识图谱，实现对文本内容的深入理解和分析，结合自研的大模型，支撑数据驱动的对话系统，提供深度和广度兼具的学术对话。

"钱老大脑"系统具有以下显著特点。

（1）零标注无训练：开发了可以在没有标注数据、未经过额外训练的情况下运行的抽取工具。

（2）特定人格特征：学习和抽取外部知识库，形成或限定大模型生成的人格特征。

（3）数据支撑对话：依据钱学森的书信或文集文档建立数据库支撑对话，确保回答有据可循。

（4）高频关系生成：关系类别生成工具支持抽取数据集中高频出现的关系类型。

"钱老大脑"系统旨在更好地传承和利用钱学森的宝贵智慧，为科学研究和技术创新提供强有力的支持。

同时，笔者团队正在积极研究和解决大模型在长度嵌入与内容判别方面的挑战，包括长度泛化、人机判别、事实核查等问题。这些研究工作的目标是提高大模型的性能和可靠性，确保它们能够更好地服务于各种应用场景。

ChatBIT 明理大语言模型的开发和应用体现了大模型技术在特定领域的深度融合与创新应用，也展示了北京理工大学在推动国产化、智能化技术发展方面的努力和贡献。笔者坚信，随着技术的持续进步和应用的不断深化，大模型将在更广泛的领域发挥关键作用，为社会的发展和进步做出重要贡献。

大模型在 AI 技术发展和产品落地中具有里程碑式意义，它以对话这一友好方式拉近了 AI 与普通大众的距离。然而，大模型的应用也伴随着内容安全风险和伦理风险。为此，笔者提出以下建议。

（1）重视 AIGC 的新机遇：积极利用大模型带来的 AIGC 的潜力，同时防范其可能带来的内容安全风险。

（2）防范伦理风险：在使用大模型时，应充分考虑其伦理影响，确保技术的应用不侵犯个人隐私和影响数据安全。

（3）国家需求导向：以国家需求为导向，定制化开发特定领域的大模型，以满足特定行业和场景的需求。

（4）多语言模型开发：中国科技领域应开发自己的多语言模型，包括现代汉语、古文、少数民族语言和方言，以打破语言交流壁垒。

（5）深层次技术创新：在大模型的未来发展中，应更关注深层次的技术研究和创新，避免盲目跟风，确保基础研究的扎实和深入。

通过这些措施，可以确保大模型 AI 技术的健康、可持续发展，并在保障内容安全和伦理的前提下，充分发挥其在智能应用中的潜力。

四、总结

新质生产力在现代社会中具有变革性力量，通过信息化、数字化和智能化技术应用，极大地提升了生产力水平。大数据与大模型 AI 技术的深度融合，为新质生产力的发展提供了强大的技术支持。大模型作为 AI 技术的重要组成部分，在新质生产力背景下具有广泛的应用前景，通过跨学科的合作与创新，不断拓展大模型应用领域，推动社会进步和经济发展。

未来，科技进步将带来新的机遇和挑战，持续创新将成为推动经济和社会发展的重要动力。大数据与大模型 AI 技术的伦理问题及社会责任问题需要引起高度重视，应通过技术和法律的双重保障，确保 AI 技术的公平性和透明性，推动新质生产力的可持续发展。

参 考 文 献

[1] 新华社记者. 习近平主持召开新时代推动东北全面振兴座谈会强调牢牢把握东北的重要使命 奋力谱写东北全面振兴新篇章[N]. 人民日报，2023-09-10（1）.

[2] 新华社记者. 中央财办有关负责同志详解 2023 年中央经济工作会议精神[N]. 人民日报，2023-12-18（4）.

[3] 新华社记者. 习近平在中共中央政治局第十一次集体学习时强调加快发展新质生产力 扎实推进高质量发展[N]. 人民日报，2024-02-02（1）.

[4] BOLUKBASI T, CHANG K W, ZOU J Y, et al. Man is to computer programmer as woman is to homemaker? debiasing word embeddings[J]. Advances in neural information processing systems, 2016, 29.

[5] LI L, ZHANG H, LI C, et al. Evaluation on ChatGPT for Chinese Language Understanding[J]. Data Intelligence, 2023, 5(4): 885-903.

其他作者：

谌业林，现就读于新疆大学计算机科学与技术学院，计算机科学与技术专业博士生。研究方向为多模态融合、动作识别、信息抽取。

吴秀媛
农业新质生产力——空天地一体化与"一图五通"的思考和探索

吴秀媛，信息社会 50 人论坛成员，农业农村部信息中心原副主任。现任中国农产品市场协会副会长兼执行副秘书长，农业农村部信息进村入户工作推进组专家委，中央网信办数字乡村专家组专家，农业农村部农业信息化标准委员会委员。研究员，国务院政府特殊津贴专家。

2024 年，举国上下热议"新质生产力"，笔者认为，理论研究、学术争鸣、观点解读是必要的。同时，面向"三农"战略需求，聚焦"三农"重点难点，探讨新质生产力和科技创新、产业创新、生产关系的相互关系，为各相关领域政策制定和实践应用提供有价值的参考，融会智力，凝聚共识，反映呼声，也是非常必要、迫切需要且很有意义的。

一、理论探讨——关于新质生产力的几点认识

（一）新质生产力，起点是新，关键在质，落脚于生产力

新质生产力本质上是先进的生产力，具有创新性、先进性、相对性和动态性。它不仅体现在通过生产力诸要素及其优化组合的跃升对传统产业的改造提升上，还体现在通过科技的革命性突破催生新产业、新模式和新动能上，在农业领域，应特别注重把传统农业提质增效、转型升级放在突出位置。

（二）发展新质生产力依赖数字化转型、智能化升级，实现新旧动能的转换

目前，国家正在大力推动传统企业的数字化转型，这为智能化大模型的应用

提供了资源和支持；而智能化升级正是人工智能、大模型可以大有作为、争当主角的领域。许多场景都迫切需要人工智能的支持，也就是说，新质生产力不仅意味着以科技创新推动产业创新，更体现了以产业升级构筑新竞争优势、赢得发展的主动权。

（三）新质生产力应该包含生产力与生产关系两个方面

一方面是生产力本身的提升，通过技术的革命性变化，实现突破性发展。另一方面是生产关系的改革，包括资源的配置、要素的配置、制度的配置等，实现生产力约束的释放。

（四）农业转型升级及农业农村现代化的 3 个重要衡量指标

农业转型升级及农业农村现代化有 3 个重要衡量指标，即量（产量）、质（质量）、信（信用）。

"量"对应的是粮食安全问题，"质"对应的是农产品质量安全问题，"信"对应的是农产品及品牌的信用问题。提升农业的量、质、信，关键在于数字技术、智慧农业的支持。可以说，农业新质生产力的发展，无论是生产力提升，还是要素赋能，最终都应体现在农业的量、质、信等实际成果上。围绕农业的量、质、信提升方面，我们已经从空天地一体化综合信息服务的角度探索了 10 余年。

二、实践探索——空天地一体化与"一图五通"

2010 年，我们启动了"农业云"项目，致力于研究如何利用数字技术助力农业转型升级，推动农业农村现代化。该项目的切入点为空天地一体化，主要对标公安部门的"金盾"系统，"金盾"系统的切入点为人证合一，也就是通过身份证实现数据的贯通，身份证是系统的"锚"。笔者认为，相比之下，农业部门同样有自己的"锚"，即"地"。这个"锚"包括耕地、设施用地、水面、林地、草场等农业资源。因为农业的增长源于基础资源，所以无论空间如何广阔、如何发展变迁，都离不开资源这个根基。掌握基础资源，农业的数据便能够得以贯通。

这些数据资源应如何表现出来呢？显然，以"地"为"锚"，就应基于地理信息系统，构建空天地一体化。如果以一个特定的土地单元为对象，那么在田野中采集的数据就可以形成地面数据，称为"地网"；从空中采集的数据就可以形成空间数据，称为"天眼"；再按时间轴定期采集，就可以获得过程数据，称为"模态"。将这些数据资源统一集成到地理信息系统中，可绘制成一个数据"沙盘"。"地网""天眼""模态""沙盘"相结合，彼此作用，循环往复，基本能够动态反映农业的发展面貌。

笔者认为，未来10年，技术进步和装备能力突破将迎来大爆发，高分辨率卫星、低空遥感技术都将迅速发展，空间数据网将会越织越密。随着智能手机和移动通信技术的加速迭代，通过手机拍摄获取高清数据并迅速传输将变得容易。各类地面站、传感器、视频系统、机载定位和移动采集系统也将得到广泛应用。可以说，空天地一体化在逻辑上是自洽的，在理论上也是可行的。

高空、中空、地面三类数据各有优势。高空数据具有"高瞻远瞩"的特性，便于从全局看局部、从系统看细节、从运动看走向，当然，反过来也可以进行反演分析。通过卫星遥感，可以分析土壤墒情，预测并评估虫情、病情等生物灾害，以及自然灾害的影响等，还可以根据苗情、长势等进行产量测算，并根据草场、载量、原料、粪便、废杂物等动态数据评估养殖业状况。

中空数据具有"抵近优势"，且灵活性较高，可巡视、可反复、可定位。既可以从一个单元采集和分析农情数据，也可以随时采集动态数据。

地面数据更为精准，在条件允许的情况下，可以通过传感器、视频设备等进行点位采集，也可以通过车载采集方舱和车载定位设备进行移动采集，当然也可以根据需要组织人力进行田野采集。

高空、中空、地面三类数据上图入库，相互补充、相互印证，通过叠加分析，我们便如同拥有了"火眼金睛"。我们将上图入库这个过程称为资源"一张图"。

农业领域的信息化需求既庞大又广泛，这要求"一张图"加载的数据必须丰富、完善且具备高质量，只有这样才能进行大数据分析，并提供精细化的应用服务。加载这些数据完全依靠农业部门自身支撑是不现实的，事实上也没有必要。

我们需要坚持开放思维，一方面做好自身工作，提升自身价值，另一方面要与相关部门开展协作，实现数据的充分交换与共享。

农业系统内部的技术推广、畜牧、农机等单位，包括一些有实力的省市农业部门，都在各自条线上自建了一些专业系统，如农业技术推广部门的农作物生物灾害预警系统、畜牧部门的良种繁育系统、农机中心的农机跨区作业调度系统等。经过多年积累，这些垂直系统已初具规模，都有着普遍的共性需求，对外需要共享更多的资源，对内需要协作采集更多的数据，对下需要更多的发布窗口。

显然，我们需要精心规划数据共享系统，可以通过通用接口或中间库，广泛开展数据交换与共享。为此，我们为这个数据共享系统取了一个形象的名字——共享"一网通"。

我们知道，任何一个市场参与者既是信息需求者，也是信息供给者。例如，农户若要了解他的田地中作物的病害情况，需要按照要求从不同角度拍摄病斑照片并上传系统，同时简要描述病害的发生和发展过程，后台系统将比对地址库、预警库、图谱库和知识库，给出结论和防治建议。给出结论和防治建议属于数据的使用，拍照、上传和描述病害情况属于数据的提供。这两个任务的承担者都是农民或涉农主体；而对于系统、数据库和客户端等平台进行建设与维护，这个任务的承担者主要是政府和大型企业。如何充分调动农民和涉农主体的积极性是一个重要课题。

下面我们将思考，能否通过空天地一体化，使应用服务更加精准，从而激发和鼓励农民应用。例如，当农民关注玉米增产问题时，我们能否引导农民输入条件，如地在什么位置、上一茬玉米种的是什么品种、采用什么种植方式、耕地几年做一次深松、整地采取什么方式、上一年使用的是什么肥料、发生过哪些病虫害、使用的是什么农药、耕种收使用的是什么农机等。这些信息都通过问答的方式由农民提供，并上传至空天地一体化系统，与系统内的地形地类数据、土壤墒情数据、肥力结构数据、气象条件数据、生物灾害预警数据等进行匹配，从而为该农户提供精准的增产方案和建议，并通过完整的技术体系引导和培训农户实现增产，这样的服务显然对农民更有价值。进一步地，我们还可以告知农民，系统的智能化程度会随着使用次数的增加而提升，最终大数据将比农民更了解他们的地，从而不断引导农民形成使用习惯。

要实现这一目标，我们需要开发一个专用的客户端，精细化采集农民的信息需求，云与端共同发力，让农民享受更高质量的服务。我们为此类云与端一体化应用取了一个名字——应用"一站通"。

下面我们介绍涉农服务的一个重要方面，即商务服务。长期以来，涉农商务的信用问题都是一个难以解决的问题。无论是下行的农资，还是上行的农产品，买卖双方互信关系的建立和维系都比较困难。尤其是前几年频发的食品安全问题，导致人们不信任农产品质量。虽然经过近些年的整顿治理，情况有所改善，但仍需要持续努力。分析造成这一问题的深层原因，涉农商务缺乏集数据证明、数据约束、数据评价和数据激励于一体的数字信用机制，导致大量守信者输给不守信者的"劣币驱逐良币"问题。

笔者认为，空天地一体化应当有助于农村信用建设，因为无论是农资还是农产品，都与"地"紧密关联：种肥药要播撒在地块中，饲料兽药等也要用在养殖场所；粮油、果菜、肉、鱼、蛋、奶等农产品也都是在耕地、设施用地、水面、林地、草场中产出的。理论上讲，在"地"上的投入产出全过程都可以用数据记录和表达。

假设某市县的种植业已经上图入库，种肥药等投入品的下地时间、播撒地块及耕种管收等过程数据都已加载在"一张图"上，那么我们可以利用遥感、影像等技术手段，在同等条件下对比植株在苗期、花期、穗期、灌浆期和成熟期的表现，从而区分出哪些品种表现好、哪些肥料质量优、哪些除草剂和植保药剂效果佳。同时，还可以区分出哪些地块的种植水平、管理水平、生态保育水平和质量安全水平更高。通过对诸多要素进行加权评价，分析禀赋贡献率、条件满足率、过程达标率、管理精细率、检验合格率、合同履约率、客户满意率等综合指标，也能够评选出守信用的农资供应商，筛选出质量优良的品种、肥料和农药，同时也可以对表现突出的农产品、种植户进行评分和等级评定。这样将能起到为守信者证明、为诚实者背书、约束诚信度不高者、惩治假冒伪劣者的作用。随着数据的持续积累，我们可以建立一个基于空天地一体化的数字信用认证体系，同时为这个数字信用认证体系赋予一个名字——信用"一证通"。

精准的数字信用认证体系可以进一步衍生，开展更多有价值的工作。众所周知，农业生产的生物学特性决定了农民的资金循环呈现"潮汐"型：在投入期需要备货，集中支付资金；而在收获期虽然需要及时出货，资金却不一定能全部回笼。资金链常常处于紧绷状态，稍有不慎就容易"断链"。然而，金融部门也有他们的信贷规则、流程和周期，一旦双方难以相互匹配，农民在急需用钱时就不得不求助于民间借贷，导致借贷成本居高不下。

针对这一问题，我们研究了几个数字金融案例。例如，四川省农业融资担保有限公司将生物资产作为反担保物，根据茶叶长势和市场行情评估开发了线上"春茶快贷"产品，缓解了茶农的资金周转压力，确保了春茶的质量和茶农的收益。再如，辽宁省工商银行开发的"兴农通"平台，基于"App+农业卫星遥感 AI 识别系统"，监测农作物长势，进行产量预估和灾害预警，创新了农业资产信息的获取方式和信贷方式。

上述两种方式在客观上鼓励了农民"错峰"售粮和购买农资，实现了降本增效，也给我们带来了启发。农业部门完全可以与金融系统合作，基于空天地一体化，联合开发基于"数字信用评级+空间数据评估+AI 识别验证"的数字信贷产品，通过专用 App 在"青黄不接"的时候向农民发放贷款，熨平资金潮汐，最大化农民收益。我们为这种专用 App 取了一个名字——金融"一卡通"。

精准的数字信用认证体系还可以将农民与市场的连接推向一个新高度。从农村端来看，基于数字信用认证，我们可以让农民了解农资品牌信用排名、经销商信用排名等，该体系不仅能够显示排名，还能够展示相关数据和场景，帮助农民掌握与各相关方合作的主动权，使其能够按照自己的意愿进行选择，并且可以方便、快捷地在线洽谈业务。

从城市端来看，我们可以根据农产品和农民的信用排名，向市民宣传推介，促进市民与农民的直接连接。近些年，随着微商、社群团购和直播的兴起，各种生产者与消费者直接连接的社群电商模式逐渐成为趋势，这种去中间商的直接连接模式有利于双方受益。基于数字信用认证,我们可以推荐市民加入可信的农民社群,在线选购可信的农产品,实现"让农民多赚点儿,让市民吃好点儿"。

农民与市场基于信用的连接,可以与12316[①]合作,借助12316的品牌知名度和三农综合信息服务体系,扩大信用连接的影响力。我们为这种新型连接方式取了一个名字——连接"一号通"。

以上资源"一张图"、共享"一网通"、应用"一站通"、信用"一证通"、金融"一卡通"、连接"一号通"的"一图五通",就是"农业云"项目的概要内容。在规划完成后,我们在吉林、河北、河南、内蒙古、新疆、安徽等省份的部分市、县分别进行了试点试验,并取得了良好的效果。这些试点试验在一定程度上解决了农业信息化面临的广度、深度、价值度问题。

三、几点建议——"新质生产力,发展新动能"

在实践中,一些试点试验单位按照"一图五通"的思路,务实推进空天地一体化,突出以地为"锚"、以算为"本"、数据驱动,开辟了一条使用数字技术助力农业转型升级、促进农业农村现代化,发展智慧农业促进粮食增产、产品提质和品牌增信的新路径,探索了低成本、全要素的一体化平台型智慧农业新模式。这些实践既务实推进了智慧农业的发展,同时也符合"新质生产力驱动现代化农业新发展"的总体要求。为此,面对当前形势,提出以下几点建议。

一是始终坚持以服务为本。数字技术助力农业转型升级和智慧农业发展,是新质生产力的必然要求。只有以农民需求为导向,始终坚持以服务农民为核心,切实解决农民在生产经营中遇到的实际问题,帮助他们降低成本、提高收益,才能增强农民对智慧农业、新质生产力的认同感和参与度,从而促进数字技术的广泛应用和推广。

二是持之以恒,常抓不懈。农业新质生产力是一个不断创新、不断完善、不断进步的过程,需要长期投入和持续努力。我们需要保持耐心和决心,持续推进

---

① 12316是经工业和信息化部批准,原农业部(现更名为农业农村部)申请并核配使用的全国农业系统公益服务统一专用号码。

各项工作，才能形成发展新动能。试点试验单位要根据具体情况，因时因地制宜，制定适宜的发展策略。条件较好的省、市、县、乡、村可以推动"一图五通"或更多应用的落地，条件不完善的地区则可以逐步落实"一图""一通""二通"等措施，稳步推动应用和服务的落地。

三是持续推动新技术运用。我国互联网用户众多、应用场景丰富，数字化生活场景也极为多样，同时我们的生产链、产业链、生态链和供应链都很长，因此，我们可以集中国内、省内、市里的资源，集中力量办大事。一方面，政府和互联网大企业（市场）应集中资源、协力推动通用大模型的发展，同时，政府和互联网大企业要紧密合作、各展所长，追赶先进水平；另一方面，其他企业和相关院校应专注于小规模、专业化、垂直化、定制化的大模型开发，依托业务驱动，深入垂直领域，进行深度整合，并在专业领域做到极致。由于企业对大模型业务较为熟悉，愿意利用大模型来重塑传统企业、现代化工业和现代化农业，因此，随着大模型应用的增多，这些企业也会为通用大模型提供更多的资源和支持。

当下，我们应该抓住机遇，依托数据与应用优势，积极与大模型平台开展合作，将先进的AI技术与丰富的农业数据和应用场景相结合，为现代化农业注入新的动力和创新元素，不断开创农业新局面。同时，深入探讨"新质生产力，发展新动能"的世界观和方法论，打造全新的应用体系，才能不断为中国式农业农村现代化、乡村全面振兴、共同富裕做出新的贡献。

张永生
加快生态文明建设亟须构建新的知识体系和绿色增长叙事

张永生，中国社会科学院生态文明研究所所长、研究员。主要从事生态文明、发展经济学、绿色发展、资源与环境经济学、分工与专业化理论、中国经济等方面的研究。

目前，在中国经济增速总体放缓的情况下，绿色经济的快速发展已成为中国经济增长的新动能。2023年12月召开的中央经济工作会议重点部署了九大重点任务，其中包括"深入推进生态文明建设和绿色低碳发展"。目前，绿色转型面临的最大难点在于：传统的理论与政策多是在传统工业化模式下形成的，环境保护在很大程度上被视为经济发展的负担。正如农业时代的思维无法理解传统工业时代的经济，我们也无法用传统工业时代的思维理解生态文明和绿色发展的机遇。因此，必须跳出传统工业时代的思维，在生态文明范式下构建新的知识体系和绿色增长叙事。

一、发展范式和文明形态的转变需要新的知识体系

（一）传统工业时代的知识体系难以为绿色转型提供支撑

我国早在1983年第二次全国环境保护会议上，就将保护环境确立为基本国策，但环境问题却一度越来越严峻。其根本原因在于：环境问题不仅仅是节能减排问题和狭义的环境保护问题，其背后是发展范式的转变问题，是人类文明形态的深刻转变。2013年5月24日，习近平总书记在主持十八届中共中央政治局第

六次集体学习时指出："生态文明是人类社会进步的重大成果。人类经历了原始文明、农业文明、工业文明，生态文明是工业文明发展到一定阶段的产物，是实现人与自然和谐发展的新要求。历史地看，生态兴则文明兴，生态衰则文明衰。古今中外，这方面的事例众多。"从历史阶段来看，生态文明是比工业文明更高级的文明形态。生态环境危机由人的行为引起，而人的行为归根到底取决于人的世界观和价值观。欧洲文艺复兴、宗教改革、启蒙运动、工业革命后兴起的人类中心主义、物质主义、消费主义、理性主义等，成为欧美式现代化及传统工业化模式的哲学基础。对于为什么发展（Why）、发展什么（What）、如何发展（How）等发展的基本问题，基于不同的哲学基础有不同的回答，由此可以揭示传统工业文明和生态文明的本质区别。

1. 为什么发展（Why）和发展什么（What）

传统工业化模式以物质商品的大规模生产和消费为中心。消费者追求效用最大化，而效用通常被表征为物质商品消费的函数。无论是生产者还是消费者，其生产或消费的产品都是多多益善的。然而，大量研究表明，消费主义并不一定会带来幸福水平的同步提升。在生态文明范式下，"美好生活"不仅满足了人们的物质商品需求和市场化需求，还涵盖了大量的非物质需求和非市场需求。

2. 如何发展（How）

工业文明基于人类中心主义（Anthropocentrism），试图通过强大的技术征服自然并凌驾于自然之上，将自然当作经济的一部分；相反，生态文明则将经济当作自然的一部分，人类经济活动必须在自然的安全边界内进行，以确保不会触发生态环境危机。传统工业文明虽然极大地促进了物质生产力的进步，但其物质主义和消费主义的持续扩张不可避免地带来了可持续发展危机。传统工业文明的思路是：在触发危机后，试图在不转变发展范式的条件下，通过所谓的有限理性和新技术来解决危机。然而，人的有限理性无法解决人与自然之间如此复杂的系统性危机。爱因斯坦曾指出："我们不能用过去导致这些问题的思维去解决问题。"工业革命后形成的关于发展的知识体系在很大程度上服务于传统工业时代，不仅难以理解危机产生的根源，也难以为生态文明和绿色转型提供有效支撑。生态文明强调对大自然的敬畏与谦卑，虽然表面上不如工业文明通过技术征服自然那般强大，却可以避免严重的生态环境危机，并让自然造福人类，这才是更高的智慧。因此，必须从传统工业文明转变到生态文明。

（二）文明形态的转变要求重构生态文明知识体系的底层架构，不同的文明形态要求不同的发展范式和知识体系

从农业文明向工业文明的转变需要深刻的世界观和价值观变革，从传统工业文明向生态文明的转变亦是如此。然而，主流新古典经济学关于生态环境的研究范式，更多地将标准经济学应用于生态环境问题，在环境与发展相互冲突的条件下寻找最优平衡点，这种研究范式难以有效应对环境危机。生态文明自主知识体系的构建，不是简单地将传统工业时代形成的相关知识体系应用于生态环境问题，而是在生态文明范式下，对发展的基本问题及其哲学基础进行重新反思，以重构知识体系的底层架构。中国在解决可持续发展危机上的反思和行动，实际是在新的发展哲学的基础上，对工业革命后建立的不可持续的传统发展范式和现代化模式的重新定义。

从 19 世纪中后期边际革命后新古典经济学的兴起，到 Robbins 于 1932 年将经济学定义为研究稀缺资源在不同用途之间最优配置的选择科学，通过成本收益分析进行最优选择成为新古典经济学关于环境问题的标准研究范式。目前关于绿色发展的新古典经济学理论，很多都是在环境与发展相互冲突的前提下寻求所谓的最优折中，严格的环境保护措施可能被视为对"最优结果"的偏离，因此常被视为经济发展的负担。这种传统的理论范式不仅难以为绿色发展提供理论支持和政策论述，有时甚至会成为绿色增长的阻碍。目前，关于生态环境问题的讨论多停留在所谓的绿色工业文明思路上，即在不改变传统工业化模式的前提下，寄希望于通过技术进步等措施解决生态环境危机。

发展范式和文明形态的转变意味着，必须对发展范式及其哲学基础等底层逻辑进行深刻反思与重构，并在新的经济学范式下构建新的知识体系。首先，从反思发展的基本问题入手，重新审视经济学的哲学基础；其次，基于新的经济学哲学基础，反思现有理论经济学范式；最后，在新的经济学范式下重构相关应用经

济学的理论基础，并揭示其新的政策含义。

二、构建新的绿色发展知识体系

（一）理解绿色增长机制需要跳出绿色工业文明的思维

首先，绿色发展不仅是在新古典经济学给定分工结构下不同产业份额的边际变化，而且是一种"从无到有"的非连续跃变。其次，分工演进会推动成本的快速下降。任何新产品在初始阶段往往都是高价的奢侈品，但随着分工的演进，成本会不断降低。过去 10 年，中国新能源成本大幅下降便是一个典型案例。最后，仅通过观察个别企业和产业的规模变化效应，是无法理解递增报酬的产生机制的。标准气候变化经济学模型中关于减排边际成本递增的假定，可能更多的是对递增报酬现象缺乏理解的结果。如果不理解上述逻辑，就很难把握绿色经济的机遇，并可能由此得出一些误导性结论。

新能源和电动汽车替代化石能源和燃油车的故事，揭开了经济全面绿色转型的序章。仅有生产方式的绿色转型还远远不够，人们的生活方式和消费模式也应当发生转变。即使所有燃油车都替换成电动汽车，所有化石能源都替换成新能源，也不一定就意味着发展的可持续。例如，如果每个国家都像美国那样每千人拥有约 800 辆汽车和人均高耗电的生活方式，那么随之而来的气候变化之外的生态和资源消耗，足以导致全球资源不可持续。杰文斯悖论（Jevons Paradox）揭示的正是这个道理。在绿色转型过程中，除最直接的高碳产业发生转型或被替代外，大量新兴绿色产业会出现，同时大量传统产业会消失，从而带来大量新的增长机遇。这种从无到有的绿色经济转型过程，具有自我实现（Self-fulfilling）的特征。

绿色增长需要打破"鸡生蛋、蛋生鸡"的怪圈，即"没有绿色行动就没有绿色证据，而没有绿色证据就没有绿色行动"。由于传统理论无法预见可能的绿色跃变，难以采取绿色行动，所以绿色增长难以实现。反之，如果对绿色发展的理论预见和愿景清晰明确，就会采取绿色行动，绿色经济就会真的出现。因此，新的发展理念、愿景和理论成为绿色发展的关键。由于传统新古典经济学在解决可持续危机方面的无力，所以一些学者提出了不同于传统新古典经济学的语言体系。

生态经济学对传统新古典经济学持强烈的批判态度，他们为经济活动设置生态容量约束，但并未改变传统经济发展的内容和方式。由于经济增长不可避免地同生态容量相冲突，所以一些生态经济学研究逐渐转向关于"去增长"、增长的极限，以及强调伦理甚至宗教的研究路线。

（二）构建生态文明新的知识体系，解决不可持续发展危机

要构建生态文明新的知识体系，解决不可持续发展危机，不能将传统工业时代形成的传统新古典经济学简单地应用于生态环境领域，而是要从生态环境危机出发，对经济学基本问题进行深入的反思与重构，包括为什么发展、发展什么、如何发展。在经济学分析中，上述问题对应消费者和生产者的目标函数及其约束条件，以及政府和市场的职能转变等问题。这种转变为重构人与自然的关系建立了一个新的坐标系。

随着发展范式的转变，经济学范式也应进行相应的调整。首先，需要重构人与自然的关系，即从"人类凌驾于自然之上"的人类中心主义，转变为"人类必须在自然安全边界内活动"。这就需要对消费者和生产者的决策体系施加严格的生态环境约束条件，将生态环境因素内置于经济主体的决策行为中，以此引导经济发展方向。其次，要回归"美好生活"的发展目标。新古典经济学的效用最大化目标很难真正代表消费者的"美好生活"，因此，传统的增长目标和消费者的福祉目标可能会发生背离。

为此，需要对消费者的目标函数进行重新定义，从以 GDP 为导向的发展，转向以人民（福祉）为中心的发展。这样，即便是同样的 GDP 增长，其内容也将发生深刻转变。GDP 与人民（福祉）之间的关系，将从过去的相互背离转变为内在一致。此外，要解决经济学过度"科学化"带来的问题。为了实现所谓的科学化，经济学引入了大量基于数学逻辑而非经济逻辑的假定与方法，这使得新古典经济学难以处理绿色转型问题。

从可持续发展危机的视角，对发展的基本问题及其哲学基础进行重新审视，就可以在生态文明范式下重构理论经济学的研究范式和基础知识架构，并以此重

构生态、环境、气候等相关的应用经济学分支学科，并揭示其新的政策意义。然而，要实现这种转变，需要突破传统新古典经济学的思维局限。

一是跳出新古典边际分析的局限。绿色转型有"创造性毁灭"的本质特征，意味着经济将经历非连续性变化（跃变），并带来新的经济增长机遇。由于新古典边际分析无法处理这种跃变，所以新古典主流气候变化经济学在理论上难以预见减排可能推动经济跃升到更具竞争力的经济结构。

二是突破传统工业化模式中物质主义和消费主义的局限，使发展真正回归"美好生活"的目标。"美好生活"不仅包括物质和市场化内容，还涵盖大量非物质因素和非市场因素。在"科学化"的经济学分析中，这些因素未得到充分反映。

三是跳出狭隘的经济学视野。当从跨学科的更大视角分析人的行为时，就会发现经济学的局限性和误导性。一些在狭隘经济学视角下被认为合理或最优的情况，可能变得不合理或非最优，反之亦然。

三、构建绿色增长新的政策论述

（一）绿色增长面临的主要障碍

绿色增长面临的主要障碍，不是绿色增长缺乏理论基础或愿景不切实际，而是传统发展理论难以充分认识到绿色增长的机遇，且传统工业时代建立的发展模式难以有效地将这种机遇转化为现实。具体而言，加快推进绿色增长需要克服以下主要障碍。

一是认识存在局限性。我们过去所接受的经济学大多属于传统工业时代的经济学，人们常常不自觉地陷入柏拉图"洞穴寓言"中的思维困境，因此很难摆脱传统工业化思维来理解绿色增长的机遇。这种认识的局限性又进一步被分工跳跃过程中的不确定性所强化，因此无法预见分工演进过程中成本大幅降低的前景。例如，铁路、汽车最早出现时，其效率甚至不如传统马车。

二是传统发展模式下存在系统性转变和路径依赖。绿色转型不仅是单个产品和技术的突破，而且需要整体经济的协调转型。如果没有系统的支持，那么单个技术和产品的市场就不可能出现，就像电话机的价值取决于其他人是否也使用电话机，以及电信基础设施是否完善。

三是过去体制、规制和政策带来障碍。基于传统工业时代发展模式和发展理念建立的体制机制和政策，难以满足文明形态转变和绿色转型的要求，需要根据生态文明的内在要求进行调整。

四是存在公平转型问题。绿色转型是一个"创造性毁灭"的过程，只有对那些受冲击的部门、地区和人群的利益进行补偿，才能实现公平转型，减小转型阻力。基于特定部门（如高碳部门）、地区和人群的局部经验得出的"双碳"结论，可能会误导决策者。

五是需要商业模式转型等市场条件。绿色发展需要一种不同于传统工业化模式的商业模式，其供给内容、企业组织模式、商业模式、市场结构等都需要发生系统性转变。尤其是，绿色转型还意味着财富从主要满足物质需求转向同时满足非物质需求与非市场化需求，这需要新的商业模式。

（二）构建绿色增长的政策论述

在战略层面，需要跳出长期以来形成的传统工业化思维和理论局限，从人类文明形态和发展范式转变的高度，建立关于绿色增长机遇的理论和政策论述。一旦跳出传统思维的束缚，过去曾被奉为圭臬的传统新古典经济学理论就不再适用了。例如，碳减排是机遇还是负担；1.5℃温升目标是否就一定比 2℃温升目标更具挑战性；等等。

1. 认识上的突破

从绿色转型负担论转向绿色转型机遇论。环境保护不再在环境与发展相互冲突的框架下寻求所谓的最优平衡，而是认识并创造新的绿色增长机遇。

2. 政府的关键作用

政府为绿色经济提供强大支撑，包括提出绿色愿景和预期、倡导绿色消费文化和价值观、支持绿色产业、支持基础设施等。需要从发展范式和文明形态转变的高度，重新界定市场和政府的职能。

3. 市场发挥决定性作用

在政府对资本设置"红绿灯"的前提下，最大限度地发挥市场的决定性作用。绿色发展对所有国家而言都是一个新事物。绿色增长的机遇有些需要被认识，有些则需要被创造。

4. 保持环境规制的定力

严格的环境约束是经济转型的前提，可以倒逼绿色转型。不能为了应对短期经济困难而大规模发展高碳产业，否则将会为长期绿色转型带来障碍和风险。

5. 政策上的突破

针对上述绿色转型面对的阻力，研究出台一些重大措施。例如，中央经济工作会议提出："要增强宏观政策取向一致性。加强财政、货币、就业、产业、区域、科技、环保等政策协调配合，把非经济性政策纳入宏观政策取向一致性评估，强化政策统筹，确保同向发力、形成合力。"

杨培芳
信息生产力促进生产关系变革

杨培芳，信息社会 50 人论坛理事，中国信息经济学会前理事长，曾任国家信息技术与产业政策起草组成员，负责和参与多项信息产业领域的改革与发展政策研究，2014 年被《经济学家周报》评为"年度十大著名经济学家"。

根据马克思主义唯物史观，生产力和生产关系的相互作用是研究与观察社会经济系统发展演化轨迹的基本线索。为了深入理解我国社会和经济发展面临的种种现实问题，有必要回到这个基本出发点，紧密结合近年来发生的深刻变革，进行深入梳理，为相关决策提供坚实的理论基础。

一、抓住发展信息生产力的历史机遇

20 世纪 70 年代以来，全球信息化浪潮经历了以信息交流和信息内容为标志的两个重要阶段，随着大数据、智能化、物联网、云计算、3D 打印等技术的出现，信息化的第三次浪潮正席卷而来。人们将利用信息传感网络和分布式控制系统，直接为生产与生活提供全景式服务，使人类社会进入以信息生产力为主要标志的新阶段。

信息生产力是由信息或知识劳动者、信息技术和信息（处理、传输、监测、协调、控制、管理）网络，以及适应各行各业生产、服务和人们生活需要的信息资源形成的新型的、社会化的生产能力。它与现代能量、材料和机械系统紧密结合，共同构成信息时代的生产力。

以互联网为核心的新一代信息技术是信息生产力的核心，其融合创新已经成为驱动信息技术与实体产业发展的新引擎，必然推动经济和社会的变革。同时，互联网应用已经全面渗透，实现了数字世界和物理世界的融合，重构了商业和社会活动的链条。

新一代信息技术的影响力正在从价值传递环节向价值创造环节渗透，并正在深度改造传统产业，全面推动制造业与服务业的融合创新，并带动各行业的产业链重构，进而催生出一系列融合创新的新领域、新业态和新发展趋势。这标志着继蒸汽机、电力、IT技术之后的又一次产业革命，即互联网技术和各种传统产业相结合，实现了大规模制造的高效率和个性化灵活服务的有效融合。

研究表明，充分利用信息可以节约能耗、物耗。根据21世纪前10年的数据，我国单位GDP的信息利用量每增长10%，单位GDP的能耗就降低1.8%，物耗就降低1.4%。

发展信息生产力，还可以促使农业生产集约化、工业生产柔性化、交通智能化、商业电子化、货币符号化、教育远程化、医疗网络化、公务透明化，以及劳动高级化。

特别是移动互联网领域的创新前所未有，新业务和新终端不断涌现，进一步激发了人们对信息服务的消费需求，对内需的强力拉动作用已经显现。综合考虑移动互联网对经济社会的贡献，我国移动互联网的普及率每提高10%，将会带动经济增长提升2.3%，全要素生产率提升4%。

目前，信息网络技术的发展呈现出以下4个明显趋势：核心网络光纤化、交换平台云服务化、接入方式多元化、信息终端个性化。同时，物联网、区块链、3D打印、人工智能等技术及其应用正面临重大突破。

世界正处于由工业生产力主导向信息生产力主导的变革进程中，竞争的焦点已经从硬件转向软件，从独立系统转向网络集成，从传统制造转向智能创新和生产型服务业。我国不仅拥有雄厚的智力资源和优秀的软件人才储备，还拥有14亿人口的庞大市场，若能有效利用信息生产力的后发优势，把握这一千载难逢的历史机遇，则完全有可能推动世界经济重心再次向东方大国转移。

二、互联网对传统经济业态的冲击

我国改革开放的实践再次有力地证明，生产力是社会和经济发展的根本推动力。在信息生产力迅速发展的推动下，我国社会经济系统中的生产关系开始发生变革。

近年来，商业和制造业等传统行业与互联网技术相结合形成的"互联网+"模式，正在从产品形态、销售渠道、服务方式、盈利模式等多个方面打破传统行业原有的业态，将越来越多发端于"线下"的传统行业融入互联网。传统行业在与互联网的融合与重构中焕发新生：通过向互联网迁移，可以实现资金流、信息流、物流的"三流融合"，带来产业或服务的转型升级。互联网的"躯壳"与"灵魂"一旦附着于某个传统产业，便会形成新的平台，产生新的应用。零售、批发、制造等几乎所有传统行业、应用与服务都应该且能够被互联网改变，"互联网+"模式将为各个行业带来创新与发展的机会。

互联网平台正在催生新经济理论和新型生产关系。在传统的经济理论中，将个体利益和整体利益的对立绝对化，引发了一系列理论困境和现实问题，如从"企业利益最大化"的泛化到"一切向钱看"的泛滥。然而，在平台型企业中，必须遵循协同准则，才能实现互利共赢。

互联网金融是借助互联网、区块链和移动通信实现资金融通、支付和信息中介等业务的新兴金融模式，互联网的"开放、平等、协作、分享、互惠"精髓渗透到金融业务中，使得新兴金融业务具有透明度更强、参与度更高、协作性更好、中间成本更低、操作更便捷等一系列特征。在小微贷款、消费贷款和三农贷款等传统金融领域的空白处，互联网金融迅速成长，被称为中国金融业的"鲶鱼"，为打破垄断和惰性、提高金融效率带来了勃勃生机。

互联网金融在跨越式发展的同时，也加快了相关风险积聚的速度，使得金融风险传播的速度与范围更难控制。加之互联网金融领域的许多创新都是在监管的灰色地带进行的，且参与者众多，带有明显的公众性，因此一旦出现风险，社会影响巨大。

外包是指企业动态地配置自身和其他企业的功能与服务，将组织的非核心业务委托给外部专业公司来完成。云计算的兴起和应用为外包的执行和交付提供了全新的技术架构支持，由于云平台的"云外包"日益成为外包发展的趋势和主流，所以标准化的统一外包服务处理平台加快了外包的范围延展和融合化发展。同时，在外包平台化发展的基础上，众包作为一种新兴模式得到了越来越多的应用，这意味着工业时代流水线所体现出的企业内分工协作已经扩展到企业和行业之间，传统的纵向一体化和自给自足的组织模式已经不适应信息生产力时代的竞争环境。

信息生产力的出现使得社会分工日益细化，从而创造出很多新的工作形式，成为社会创业和就业新的增长点。例如，淘宝网在重组社会分工、促进创业、促进就业和创建新商业文明等方面的平台价值越来越明显。

网络的开放性和低成本形成了巨大的成长空间，为更多的普通人和就业艰难的群体提供了成就梦想的机会。例如，在网络零售行业，除了数百万名卖家，还衍生出一系列新行业，如网店客服人员、网店软件商、网店培训师、网店职业经理人、第三方开发者、农村网商等。

在信息生产力的推动下，专业化程度的进展显示出一些新的特点：在行业、企业、职业等各个层次上的分工同时细化，分工合作的范围不断扩大，原有的分工格局受到巨大冲击。

三、传统经济模式不适应信息生产力时代

专业化趋势的迅猛发展在大幅度提高效率的同时，也带来了一系列需要解决的问题。如果这些问题得不到及时解决，那么就会产生一系列矛盾和冲突。正如所有的技术进步都具有"双刃剑"效应，当分工细化时，随着因果链和价值链的延长，高效率将伴随着高风险。"击鼓传花""寅吃卯粮"等道德风险将会更加突出，在给少数人提供了暴富机会的同时，也给社会带来了巨大的风险和隐患。

分工本质上是信息、知识的协调与整合问题。知识共享和交流的效率，一方面依赖于组织信息交流和共享的技术手段与工具，另一方面依赖于企业制度的改进，包括企业组织结构、决策规则和制度安排等的改进。

在信息生产力条件下，任务和活动需要采用完全不同于传统工业生产活动的管理方式进行协调。由于整个社会的信息和知识呈指数级增长，已经超越传统的土地、资本和劳动成为最重要的生产要素，所以企业的组织结构能否保证信息和知识在企业中畅通流动，提高企业组织的学习能力，成为企业组织结构合理性的检验标准。信息技术正在推动企业组织向扁平化、网络化、柔性化结构演进，扁平化组织、多功能团队、流程再造、学习型组织、虚拟企业、战略联盟、网络组织等概念纷至沓来，从不同角度阐述新环境下组织结构的变革。

信息生产力不仅推动了企业内部组织的变革，还对企业的边界产生了显著影响。信息技术在企业中的普遍应用可以产生信息效率效应和信息协同效应，这两种效应同时节约了内部生产协调成本和市场协调成本，导致企业边界发生了相反方向的变动。企业边界的双向变动可以解释当前"小前端，大平台，富生态"的商业生态系统格局，既产生了超大规模的大型平台企业，也存在众多中小企业聚焦细分市场，提供个性化产品和服务，这个商业生态系统的有效运转依赖于现代信息技术的支撑。

新一代信息技术全面推动了制造业与服务业的融合创新，并带动了制造业产业链的重构，进而出现了一系列融合创新的新趋势。传统制造业采用供给导向的模式，生产者以产定销，规模生产；而新一代信息技术正在驱动企业与消费者关系从供给导向向需求导向转变。由于消费者对定制化的热衷，一些公司利用新一代信息技术以更精确的方式应对消费者需求，以挖掘更大的客户价值。

四、发展社会化企业，是实现共同富裕的重要路径

要实现共同富裕，主要有两种传统思路。一种思路是西方常用的方法，即先让富人更富，然后通过二次分配（提高税收）和三次分配（慈善事业）来救济穷人。另一种思路是搞计划经济，由权力中心平均配置生产资料和生活资料。实践证明，这两种思路都行不通，因此我们提出了第三种思路，即通过信息生产力的普惠发展，在基础设施和公共服务均等化的基础上，普遍提高劳动者素质，从而结束一次分配不公平的历史。

建议将经济主体分为3类，分别为商业性企业（30%）、公益性企业（10%）

和社会化企业（60%）。社会化企业既无公益性质，又不以盈利为主要目的，而是通过收支平衡的运营机制为大众提供服务。这种社会化企业可能就是信息时代新型生产关系和经济制度的微观基础与落地形式。

五、理论创新要"先立后破"

传统哲学思维通常都是"先破后立"，但是往往旧的破掉，新的却立不起来，从而陷入历史周期循环。信息时代的哲学思维应该"先立后破"，先立信息协同论，后破农耕整体论和工业还原论。

在新哲学思维的引导下，我国理论界迫切需要关注信息时代新型生产力和传统体制之间的冲突与碰撞。一是信息生产力提供的新功能被传统体制所束缚，无法发挥其在提高效率、增强功能方面的巨大作用；二是传统体制和管理方法无法应对信息生产力带来的新问题、新风险、新隐患。

在工业社会，马太效应确实存在。然而，信息生产力的出现加速了这一现象的发展和扩大。信息不对称的日益突出放大了马太效应，缩短了正反馈的周期，加快了不平衡状态的形成和发展。近年来，我们看到的一些"一夜暴富"现象就是如此，其中房地产行业和金融行业的发展是典型案例。

面对这些变化和情况，旧的生产关系显得无力应对。美国和西欧各国政府在次贷危机与欧债危机面前束手无策、应对乏力就是一个现实案例。从理念和应对方法的角度来看，这正是因为他们的应对体系（生产关系）建立在传统的经济理论基础之上。传统的经济理论，即传统新古典经济学，其核心是一般均衡模型，即阿罗—德布鲁模型。这种传统的经济理论将负反馈看作经济系统的基本演变方式，在他们的理念中，正反馈是罕见的、暂时的特例，完全不必认真考虑，只要时间足够长，一切都会回归常态。因此，传统的经济理论及建立在其基础上的体制，无法应对今天越来越无法回避的马太效应，完全顺理成章。

统计资料显示，近30年来，西方国家的贫富差距显著扩大。这也从另一个方面证明了改革生产关系、应对马太效应的紧迫性。处于改革深化中的中国，更应该认真思考和解决这一根本性矛盾。

以上现象充分证明，建立在传统经济理论基础上、形成于工业经济时代的生产关系，已经与信息生产力产生了尖锐冲突和矛盾，极不适应当前的社会和经济状况。

在社会层面，迫切需要调整分配制度，包括一次分配和二次分配。要按照新的分工合作理念，正确认识管理者和被管理者、体力劳动和脑力劳动、物质产品生产和精神产品生产的分工合作关系，在社会主义核心价值观的指导下，规范各种利益链，真正做到让诚实的劳动者享受改革的红利，使不劳而获者没有空子可钻。这要靠新劳动价值论来支撑，形成新的分配制度。

信息生产力提供的手段和机会在很大程度上是通过普遍服务（Universal Service）发挥作用的。互联网就是一个突出的例子，它为广大普通群众提供了创业机会和话语权，大大降低了人们参与经济活动和社会活动的门槛，成为释放蕴藏在群众之中巨大能量的难得机遇。电子商务和网络媒体的崛起已经充分证明了这一点。然而，传统体制对此尚未做好准备，仍然坚守着高门槛、集中式的工业时代的管理方法和行业格局，许多政策有利于强者和既得利益者，不利于"草根"和广大群众。这样造成的结果是：一方面，群众和小微企业的发展受到种种制约，使得信息生产力的作用不能得到充分发挥；另一方面，垄断力量得以利用这种体制上的优势进行操纵，牟取暴利，从而大大加强了马太效应。在这种情况下，贫富差距必然拉大；提高公共服务的良好愿望难以实现；有利于公众的事务难以盈利；而在利益的驱动下，一些加剧社会矛盾、败坏社会风气的不良倾向却日益猖獗，且看似合理，甚至有人认为市场经济本该如此。

这充分证明了信息生产力迫切需要新的生产关系，新的生产关系应能够将信息生产力带来的红利惠及全社会，并有效控制马太效应和贫富差距引发的社会分裂。这不仅是中国面临的问题，也是全球面临的共同议题。

六、从政府管制到社会治理

20世纪80年代开始，一场公共企业自由化的浪潮席卷全球，许多国家的铁路、通信、电力改革都效仿英国和美国，走了一条取消政府管制（De-regulation）—重建管制（Re-regulation）—回归垄断（Re-monopoly）—新型管制（New-regulation）

的弯路。2015 年 2 月 6 日，美国联邦通信委员会（Federal Communications Commission，FCC）公布了全新的"网络中立"方案。该方案将互联网服务提供商（Internet Service Provider，ISP）重新归类为公共企业，这意味着他们将接受与电话机、水、电公司相同的监管政策。如果该方案通过，那么通信业将无法再通过提供价格差别通道来谋取市场利益。研究者认为，该方案的实施很可能需要经过反复修改和长期争辩才能达成共识。

在信息生产力迅速发展的背景下，全社会各领域都面临着调整和建立相关法律制度的重大任务。其中，互联网领域尤为突出。

互联网的非中心性、跨地域性、高度自治性，以及互联网中法律主体和法律行为的虚拟性等特征，为现行法律带来了极大的挑战。电子商务税收、虚拟财产、网络代购、隐私权保护等现实中的经济事件，面临着无法律规定可循或法律规定不明确的问题。

任何生产关系的形成和维系，根本都是依靠依据相应的价值观联合起来的人。这里的价值观是指全社会共同认可和遵循的理念与规则，这是任何社会和经济系统存在与延续的基础。这种价值观是管理者与社会成员（至少是大多数社会成员）的共识，即核心价值观。

农业时代的核心价值观是"大一统"思想，使得王朝可以更迭，封建制度及其生产关系延续数千年。工业时代的核心价值观是"理性经济人"和"个体利益最大化"。信息时代的新型生产关系需要依据全新的价值观，即"平等合作、协同互利"。

自 20 世纪 80 年代以来，学术界提出的"多元共治"，即社会协同治理，强调社会组织乃至公民个体参与公共管理，成为地方、区域或基层公共事务管理的主体。

段永朝
数字经济与新质生产力

段永朝，信息社会 50 人论坛执行主席，北京苇草智酷科技文化公司创始合伙人，杭州师范大学阿里巴巴商学院特聘教授。著有《全媒体时代的互联网：碎片化生存》《意义互联网：新轴心时代的认知重启》《互联网思想十讲：北大讲义》《新物种起源：互联网的思想基石》等。

在全球经济迅速发展的背景下，新质生产力无疑成为 2024 年人们的关注焦点。过去一年里，学术界和产业界从多个角度深入探讨了新质生产力这一概念，揭示了其与数字经济、智能科技、新型工业化、高质量发展、中国式现代化等的密切联系。然而，尽管已有大量的研究和解释，但是关于新质生产力的诸多问题仍然存在模糊和复杂的理解。

本文将从历史的角度审视新质生产力的内涵及其与数字经济的内在联系。生产力的发展是人类历史演进的核心动力。马克思曾指出，每一次生产力的跃升都伴随着生产关系的重大变革和社会结构的深刻调整。当前，数字经济的蓬勃发展和智能科技的广泛应用，正在引发新一轮的生产力革命。这一生产力革命不仅意味着技术和工具的进步，还预示着全新的生产方式和社会形态的出现。

下面，本文通过简要回顾智能科技发展的历史进程，探讨数字经济如何成为新质生产力的重要支撑，以及新质生产力如何推动新型工业化和高质量发展。同时进一步探讨中国式现代化的独特路径与新质生产力的结合，以及这一结合为全球经济发展带来的新范例和新启示，探讨新质生产力在中国式现代化进程中的角色和意义，并提出一些思考和可能的建议。

一、新质生产力："鞋"与"路"

新质生产力是"鞋"还是"路"？这是一个需要认真思考的问题。许多关于新质生产力的探讨，实际上都是"新瓶装旧酒"。比如，有观点认为，新质生产力就是基于新一代智能技术对生产过程、生产能力和生产组织的新一轮变革，其最终目的依然是经济增长。目前，有观点认为，单纯谈论"经济增长"可能不符合新发展理念，因此采用了一些新的词汇，如高效能、高品质等，或者采用"×高""×新"来概括、解说新质生产力，但笔者认为这不过是文字游戏。

从过去30年信息产业、互联网和智能科技的发展历史来看，将科技视为"工具"的观点都可以归为"鞋论"。近年来流行一个术语——"赋能"，科技的价值似乎就是为传统产业注入新的动能，其目标仍然是推动经济发展（以增长为核心）。这种观点乍一看似乎很有道理，但关键问题在于，将科技的价值视为注入发展动能之后，自然会将发展的目标锁定在经济增长上，这与新发展理念相悖。

因此，曾有一段时间，人们在"两分法"的局限下讨论一些重大的时代命题，如虚拟经济和实体经济的关系、效率和公平的关系、智能科技的善与恶等问题。这种基于"两分法"的问题意识，往往会导致立场的对立，这实际上不利于问题的深入剖析和思考。

如果对新质生产力的思考再次陷入非此即彼、非黑即白的论辩，那么可能会错失时代机遇和思想窗口。

（一）新质生产力的"鞋论"与"工具论"

在新质生产力的讨论中，"鞋论"显得尤为普遍。这种观点认为，新质生产力主要通过新一代智能技术对生产过程、生产能力和生产组织进行变革，其目标仍然是实现经济增长。这种观点也可以看作是一种"工具论"，即认为科技仅仅是促进经济发展的工具。

"工具论"观点具有一定的合理性，因为科技确实在很大程度上推动了经济的发展。例如，信息技术和互联网的广泛应用极大地提升了生产效率，降低了生产成本，并创造了大量的新兴产业和就业机会。然而，这种观点也存在一定的局限性，因为它忽视了科技对社会结构、文化和价值观的深远影响。

（二）新质生产力的"路论"与"发展观"

相较于"鞋论"，"路论"认为新质生产力不仅是一种实现经济增长的工具，而且是一种新的发展路径。这种观点强调科技的深远影响，认为科技不仅改变了生产方式，而且改变了社会结构、文化和价值观。

例如，数字技术的普及不仅提高了生产效率，还改变了人们的生活方式和工作方式。远程办公、在线教育、电子商务等新兴业态的出现，显著改变了人们传统的工作和生活模式。

（三）从历史视角看新质生产力

从历史视角来看，每一次生产力的跃升都伴随着生产关系的重大变革和社会结构的深刻调整。农业革命、工业革命和信息革命无一例外地改变了人类社会的面貌。

农业革命使得人类从游牧生活转向定居生活，创造了农耕文明；工业革命则通过机械化生产大幅提高了生产效率，催生了工业文明；信息革命通过信息技术的广泛应用，极大地提升了信息处理和传递的效率，推动了信息社会的到来。在数字时代的大背景下，新质生产力的出现标志着人类社会进入了一个新的发展阶段，即数字文明时代。

（四）新质生产力与中国式现代化

在中国式现代化进程中，新质生产力发挥着关键作用。中国式现代化进程不仅需要经济的高速增长，还需要高质量发展。新质生产力的核心在于通过数字技术和智能科技的应用，推动经济结构的优化升级，实现高效能、高品质的发展。

例如，通过数字技术的应用，传统制造业可以实现智能化改造，提升生产效率和产品质量；通过互联网技术的普及，服务业可以实现在线化和智能化，提供更加便捷和高效的服务；通过大数据和人工智能的应用，政府能够实现精细化管理，提升治理能力和治理水平。

此外，通过数字技术的普及，更多的人可以获得平等的教育、医疗和就业机会；通过智能科技的应用，更多的人能够参与到社会的各个领域中，实现个人价值和社会价值的统一。

（五）新质生产力的未来展望

展望未来，新质生产力将持续推动社会的进步和发展。在数字技术和智能科技的推动下，人类社会将迎来更加美好的未来。首先，数字技术的进一步发展将显著提升生产效率，降低生产成本，创造更多的新兴产业和就业机会；其次，智能科技的广泛应用将显著提高人们的生活质量，提供更加便捷和高效的服务；最后，科技的发展将促进社会的公平性和包容性，为更多的人提供平等的机会和资源。

然而，我们也需要认识到，科技的发展并不是一帆风顺的。科技的快速发展可能会带来一系列社会问题和挑战，如就业结构变化、隐私与安全、数字鸿沟等。因此，我们需要在推动科技发展的同时，加强对这些问题的研究和应对，确保科技发展能够真正造福全人类。

总之，新质生产力不仅是实现经济增长的工具，而且是一种新的发展路径。我们需要从历史的角度，全面理解新质生产力的内涵和外延，认识到其对社会结构、文化和价值观的深远影响。在中国式现代化进程中，新质生产力发挥着关键作用，推动经济结构优化升级，实现高效能、高品质的发展。展望未来，新质生产力将继续推动社会的进步和发展，为人类社会创造更加美好的未来。

二、到底什么是"路"

在讨论新质生产力时，我们常常会提到"路"这一概念。新质生产力被视为"路"，这不仅是一种比喻，更是一种深刻的哲学思考。本文将从"未来之路"和"通往未来的路"两个角度，探讨"路"的内涵及其对新质生产力的意义。

（一）未来之路

未来之路代表了一种全新的塑造力量，深刻改变了人与自然、人与人、人与机器的关系。这正是新质生产力的核心意义。

未来之路可以通过建筑物的隐喻来理解。在建筑物实际建成之前，它仅存在于图纸上，甚至仅存在于人们的想象中。一旦建筑物矗立在人们面前，它不仅改变了周围的景观，还带来了新的生活场景和生活方式。这种变化不仅体现在物质层面，还体现在行为和观念层面。

新质生产力作为未来之路，不仅代表技术的进步，更代表一种全新的塑造力量。它改变了传统的生产方式和社会结构，带来了新的生产关系和社会形态。例如，数字技术和智能科技的广泛应用不仅提高了生产效率，还改变了人们的生活方式和工作方式。

未来之路代表了一种深刻的社会变革。这种社会变革不仅体现在经济领域，还体现在社会文化层面和价值观层面，促进了社会的公平性和包容性。

（二）通往未来的路

除了未来之路，还有一种路是通往未来的路。这种"路"可以被比喻为"建筑物的脚手架"，象征着某种具有过渡性的结构合理性。

"建筑物的脚手架"是为了完成全新的塑造而存在的，任何宏伟建筑的建造都需要借助脚手架。一旦建筑物竣工，脚手架的作用也随之结束。同样，新质生产力在实现其最终目标之前，也需要经过一段过渡期，这段过渡期就像脚手架一样，支撑着整个过程。

通往未来的路是一条演化之路。这条"路"不仅包括技术的进步，还涵盖社会结构和文化价值观的演化。在这些过程中，新质生产力持续推动社会的进步和发展。例如，从农业社会到工业社会，再到信息社会，每一次社会形态的变革都伴随着生产力的提升和生产关系的变革。

通往未来的路需要持续的探索和创新。在这个过程中，我们不仅需要技术的突破，还需要社会制度和文化价值观的变革。例如，大数据和人工智能的应用，不仅需要技术上的突破，还需要法律和伦理上的保障，以确保技术的发展能够真正造福全人类。

（三）新质生产力的核心问题

新质生产力作为"路"，必须回答两个重要且紧迫的问题：这条"路"通向何方？这条"路"是否符合大众的期望？这两个问题是新质生产力的核心问题。

未来之路的终极目标是什么？这是一个极具挑战性的问题。千百年来，各种文化对美好世界和美好生活都有过无数畅想，但这些畅想能否获得全体人民的认同，仍然是一个极其现实且严峻的挑战。

如何使全体人民在最大程度上达成共识，是讨论新质生产力的关键。人类数千年的文明史正是为了实现"美好世界"目标而不断探讨和争论的历史。我们需要在全球范围内寻找一种适合所有人的未来之路，而不仅仅是少数人的未来之路。

康德认为，一切众望所归之路，必然要具备3个前提：①普遍立法；②人是目的；③意志自律。"普遍立法"代表公平和正义，"人是目的"意味着尊重每个人的尊严和幸福，"意志自律"意味着自由和自主。这些原则在今天依然具有重要的指导意义。

（四）智能技术时代的思考

在智能技术的巨大冲击下，我们需要重新思考以上重大问题。智能技术带来了前所未有的机遇和挑战，我们需要在思想底层建立足够的支撑，以应对这些挑战。

过去100多年来，西方世界对文明冲突的反思基于3个"梦"：统一梦、秩序梦和繁荣梦。统一梦追求科学和技术上的统一，秩序梦追求社会的公平和正义，繁荣梦追求经济的繁荣和发展。

与此相比，东方文明的反思更多集中在复兴梦和命运共同体之梦上。复兴梦建立在数百年的东西方碰撞与磨难中，而命运共同体之梦则强调平等的生存权和共同的命运。这种思维方式不同于西方以时间为导向的思维，更加注重空间上的共存与和谐。

命运共同体不仅是一个词语,它还代表了一种深刻的生存哲学。命运共同体强调的是生存权的平等,这种思维方式要求我们在探讨新质生产力时,不仅要思考生产什么、为谁生产、如何生产,还要考虑如何实现全人类的共同福祉。

总之,新质生产力作为"路",既是未来之路,也是通往未来的路。未来之路代表一种全新的塑造力量,深刻改变了人与自然、人与人、人与机器的关系;通往未来的路是一条演化之路,需要持续的探索和创新。在讨论新质生产力时,我们需要回答这条路通向何方的问题,并在全球范围内寻求最大程度的共识,以实现全人类的共同福祉。

三、如何想象"未来之路"

(一)未来之路的想象力

未来之路需要开放的想象力。没有想象力,就无法超越现有的框架,从而无法创造出新的可能性。想象力不仅是思维的飞跃,还是对未来可能性的深刻洞察。

数字永生是一个充满科幻色彩的概念,但它也代表了人类对永生的渴望和对数字技术的信任。数字永生的基本思路是通过数字技术,将人的意识上传到计算机端或云端,从而实现"永生"。这一概念不仅挑战了传统的生死观念,也带来了伦理和法律上的诸多问题。

人造子宫是另一个充满未来感的概念,它不仅可以帮助不孕不育的夫妇实现生育梦想,还可能彻底改变人类的生育方式。人造子宫的出现将使得生育过程更加安全和可控,但也会带来社会伦理和社会结构的深刻变革。

火星移民是人类对外太空探索的终极梦想之一。随着科技的进步,火星移民从科幻小说走向现实世界的可能性越来越大。火星移民不仅是对科技的挑战,也是对人类生存和社会组织的全新考验。

数字永生、人造子宫和火星移民不仅是科技进步的象征,还涉及深刻的社会伦理问题。数字永生挑战了传统的生命观念和伦理边界，如何保护个人隐私和数据安全成为亟待解决的问题。人造子宫则引发了关于生殖权利和家庭结构的讨论，如何在技术进步与伦理道德之间找到平衡点尤为重要。火星移民则涉及资源分配、环境保护和人类社会秩序的重构，如何在探索外太空的同时维护地球的生态平衡和社会公平，这是一个复杂且重要的课题。

（二）命运共同体的想象力

命运共同体需要开放的想象力来构建一个包容、公平、可持续的未来。命运共同体的核心在于全球合作，面对全球性的问题，如气候变化、资源枯竭和生态危机，单个国家的力量是有限的。只有通过全球合作，才能找到解决这些问题的有效路径。

命运共同体强调公平与正义。在全球化进程中，利益分配的不均衡会导致许多社会问题。命运共同体的理念要求我们重新思考全球资源的分配，确保每个人都能享受到发展的成果。可持续发展是命运共同体的重要组成部分，我们需要在发展经济的同时保护生态环境，确保子孙后代也能享受到良好的生存环境。

（三）思想的开放性与创造力

面对未来之路和命运共同体的挑战，我们需要思想的开放性和创造力。思想的开放性不仅体现在对新事物的接受度上，还体现在对现有观念的反思和超越上。

科幻小说常常以其丰富的想象力，启发我们思考未来。例如，艾萨克·阿西莫夫（Isaac Asimov）的《基地三部曲》通过对未来社会的描绘，探讨了科技与人类社会的关系。通过科幻小说，我们可以在虚构的世界中探索现实中的问题，并寻找解决方案。

哲学为人们提供了深刻思考未来之路和命运共同体的方式。康德的"德福一致"理论，虽然得出了"靠上帝"的结论，但其思考过程依然对今天具有重要的启示意义。哲学的深思可以帮助我们在思想的深度上，找到解决问题的路径。

全球视野是思想开放性的重要体现。我们需要超越民族和文化的界限，从全球视角思考未来之路和命运共同体。通过全球视野，我们可以更全面地理解问题的复杂性，并找到更为有效的解决方案。

（四）技术与伦理的平衡

在想象未来之路时，我们不能忽视技术与伦理的平衡。技术的进步带来了许多新的可能性，但也带来了伦理和法律上的诸多问题。

技术是一把双刃剑，它既可以带来便利和进步，也可能带来风险和挑战。例如，人工智能的广泛应用，虽然提高了生产效率，但也带来了隐私和安全问题。我们需要在技术发展的同时，注重对伦理和法律的研究，确保技术的发展能够真正造福全人类。

伦理是技术发展的底线。在追求技术进步的过程中，我们不能忽视对伦理的坚守。例如，数字永生和人造子宫虽然在技术上具有可行性，但其伦理问题和可能带来的社会影响需要我们认真思考。只有在伦理的指导下，技术才能真正实现其价值。

法律是技术发展的保障。我们需要通过法律手段，规范技术的应用，保护公众的利益。例如，在应用人工智能时，需要通过法律手段保障数据的隐私和安全。在法律的保障下，我们可以在技术发展的过程中，确保社会的公平和正义。

（五）未来之路的实践

想象未来之路，不仅需要思想的开放性和创造力，还需要具体的实践。

科技创新是未来之路的重要推动力。我们需要通过科技创新，不断探索新的可能性，推动社会的进步和发展。例如，人工智能、大数据和区块链等新兴技术正在改变我们的生活方式与工作方式。通过科技创新，我们可以在未来之路上走得更远。

社会变革是未来之路的重要组成部分。我们需要通过社会变革，如通过教育改革和社会保障制度的完善，推动社会的公平和正义。通过社会变革，我们可以在未来之路上走得更稳。

全球合作是未来之路的重要保障。面对全球性问题，我们需要通过全球合作，寻找解决方案。例如，通过国际组织和多边机制，我们可以在全球范围内促进可持续发展和生态保护。通过全球合作，我们可以在未来之路上走得更广。

总之，未来之路需要开放的想象力和创造力。我们需要通过思想的开放性和创造力，探索未来的可能性，解决现实中的问题。在这个过程中，我们需要注重技术与伦理的平衡，通过科技创新、社会变革和全球合作，共同构建一个包容、公平和可持续的未来。

四、未来挑战

这些技术的发展表明，技术并不是中立的，它深刻地影响着社会秩序和伦理道德。智能技术的最大变化在于"技术中立论"思想的破灭，技术不仅是工具，还是社会变革的驱动力。

随着人工智能和自动化技术的快速发展，大规模劳动替代已经成为现实。机器人和自动化系统在制造业、服务业等领域取代了大量人类劳动者。这不仅带来了生产效率的提升，也引发了大规模失业等社会不安定问题。如何在技术进步的同时保障劳动者的权益成为一个亟待解决的伦理和社会问题。

普遍基本收入（Universal Basic Income，UBI）作为一种应对大规模劳动替代的解决方案，近年来在全球范围内引起了广泛关注。UBI 的理念是为所有公民提供无条件的基本收入，以保障他们的基本生活需求。这一政策的实施不仅涉及经济学和社会学问题，还涉及深刻的伦理道德问题，例如，如何公平分配社会资源、如何激励个人劳动和创新等。

传统的价值计量方式通常是串行的，而随着数字技术的发展，价值计量方式正在向并行化、多维度方向发展。例如，在数字经济中，数据、信息和知识成为重要的价值载体，传统的货币和物质财富不再是唯一的价值标准。这种变化对社会伦理提出了新的挑战，如何在多维度的价值体系中实现公平和正义，成为一个重要的议题。

数字助手和数字化身的广泛应用改变了人们的生活方式与工作方式。这些技术不仅为人们提供了便利，也引发了隐私保护、数据安全和伦理道德等方面的问题。例如，如何确保数字助手在提供服务的同时不侵犯用户隐私、如何防止数字化身被滥用等。

随着共享经济和开源文化的发展，生产活动越来越多地进入公共领域。个人和组织通过共享资源、知识和技术，实现了更高效的生产和创新。然而，这种趋势也带来了知识产权保护、资源分配和伦理道德等方面的问题，例如，如何在共享和保护之间找到平衡、如何确保公共资源的公平使用等。

综上所述，理解和应对这些变化，需要我们在推动技术进步的同时，深刻反思其社会影响和伦理影响，以实现技术与人类社会的和谐发展。

五、新质生产力的3个重要支撑

在现代社会中，新质生产力已经成为推动经济和社会发展的重要力量。新质生产力不仅体现在技术的进步和生产工具的改良上，还是思想、文化、教育等多方面因素综合作用的结果。要真正实现新质生产力的提升，必须依赖3个重要支撑：思想探讨、交流传播和人才培养。如果缺乏这3个重要支撑，就会陷入"以鞋为路，以路为鞋"的困境，即无法真正理解和利用新质生产力的本质与潜力。

（一）思想探讨：新质生产力的源泉

思想探讨是新质生产力的源泉，是创新和变革的起点。思想的碰撞和交流能够激发新的创意与理念，从而推动技术和生产方式的变革。如果缺乏深刻的思想探讨，生产力的发展就会失去方向和动力，变得盲目和机械。

历史上，每一次重大技术革命和生产力的提升都伴随着思想上的突破。例如，工业革命不仅表现为蒸汽机的发明和应用，更是启蒙思想和科学精神的结果。科学家和思想家通过深入的思想探讨，提出了新的自然观和世界观，从而为技术创新提供了理论基础和思想动力。

在如今信息化和全球化的背景下，思想探讨的重要性更加突出。互联网和社交媒体的普及，使得思想的传播和交流变得更加便捷与广泛。不同领域、不同文化背景的思想家和创新者可以通过网络平台进行跨地域、跨学科的交流与合作，从而产生更多具有突破性和创新性的思想成果。

（二）交流传播：新质生产力的桥梁

交流传播是新质生产力的桥梁，是将思想转化为实际生产力的关键环节。如果没有有效的交流传播，思想和创意就难以转化为实际的技术与产品，生产力的提升也就无从谈起。

有效的交流传播不仅表现为信息的传递，更表现为知识和经验的共享。通过交流传播，不同地区、不同领域的创新者可以分享彼此的研究成果和实践经验，从而共同推动技术的进步和生产力的发展。例如，科技会议、学术论坛、行业展览等都是重要的交流传播平台，通过这些交流传播平台，创新者可以展示成果、交流经验，寻找合作的机会。

此外，交流传播还包括教育和培训。通过教育和培训，可以将先进的思想和技术传播给更多的人，从而提高整个社会的创新能力和生产力水平。现代教育不仅表现为知识的传授，还表现为创新思维和实践能力的培养。通过教育和培训，可以将创新的思想和技术渗透到各行各业，从而推动整个社会生产力的提升。

（三）人才培养：新质生产力的基石

人才培养是新质生产力的基石，是创新和生产力提升的根本保障。没有高素质人才，新质生产力的提升就无从谈起。人才不仅是技术的掌握者，还是思想的创造者和传播者，是新质生产力的核心力量。

现代社会对人才的要求不仅涉及知识和技能，还涉及创新能力和综合素质。创新能力是新质生产力的核心，是推动技术进步和生产方式变革的关键；综合素质则包括团队合作能力、沟通能力、领导能力等，是实现创新和生产力提升的重要保障。

人才培养需要全社会的共同努力。政府、企业、教育机构和社会组织都应当积极参与，共同推动人才培养体系的建设。政府应当制定和实施有利于人才培养的政策，提供必要的资金和资源支持。企业应当积极参与人才培养，提供实习和培训机会，培养符合企业需求的高素质人才。教育机构应当不断创新教育理念和教学方法，提高教育质量和教学效果。社会组织应当积极开展各种人才培养活动，为人才的成长和发展提供更多的机会与平台。

参 考 文 献

[1] 中共中央马克思恩格斯列宁斯大林著作编译局. 资本论：第1卷[M]. 北京：人民出版社，2003.

[2] 习近平. 习近平谈治国理政：第三卷[M]. 北京：外文出版社，2021.

[3] 康德. 道德形而上学原理[M]. 苗力田，译. 上海：上海人民出版社，2005.

[4] 阿尔文·托夫勒. 第三次浪潮[M]. 北京：中信出版社，2018.

[5] RAY KURZWEIL. 奇点临近[M]. 李庆诚，童振华，译. 北京：机械工业出版社，2011.

[6] MICHELE GELFAND. Rule Makers, Rule Breakers: How Tight and Loose Cultures Wire Our World[M]. New York: Scribner, 2018.

智能经济

何 霞
数字经济发展的新形态、新趋势、新变量与新治理

何霞，信息社会 50 人论坛理事，中国信息通信研究院政策与经济研究所原总工程师，教授级工程师，资深专家，中国信息经济学会副理事长、人工智能与社会经济研究中心副主任等。主要研究数字经济、车联网与自动驾驶、数字治理等的政策法规，完成多个部委研究项目。出版专著《敝则新：面向信息社会的政策与制度创新》《巨浪：全球智能化革命机遇》等，发表学术论文数十篇。

一、数字经济发展的新形态

当前，数字经济发展迅速，我国在基础设施建设、数字产业发展、数实深度融合等方面取得显著成效。

（一）数字经济步入稳定增长，数实全面融合走深向实

数字化转型加快迈向结构优化、动力变革的新阶段，推动经济实现质的稳步提升和量的合理增长。产业数字化在数字经济中的占比不断提升，数字经济年均复合增长率超过 7%，到 2025 年，我国数字经济规模预计将超过 60 万亿元。

（二）数字基础设施持续演进升级，支撑水平实现历史性跨越

1. 网络基础设施加快升级

我国已建成全球规模最大、覆盖广泛、技术领先的网络基础设施。在固定网络方面，2023 年年底，已建成千兆城市 207 个，千兆光网具备覆盖超过 5 亿户家

庭的能力。在移动网络方面，2024年2月，建成5G基站350万个，约占基站总数的29.8%，形成全球规模最大的5G网络。同时，强化5G演进，支持5G-A发展，加大6G的研发力度。在算力基础设施方面，"数据向西，算力向东"，解决东西部算力资源供需不均衡问题。中西部算力设施数量占全国算力设施总数的比重提升至41%，围绕算力枢纽节点新建约130条干线光缆，显著改善跨东西部数据的传输质量。算力技术和人工智能融合创新的人工智能计算中心成为新基建热点。2023年年底，我国算力总规模达230EFLOPS，全球排名第二位。

2. 应用基础设施加速布局

工业互联网标识解析体系取得率先突破。武汉、广州、重庆、上海、北京5个国家顶级节点和南京、成都2个灾备节点先后建成，截至2023年年底，建成二级节点331个，累计标识注册量近4260亿个。支撑工业互联网发展的基础设施平台建设加速推进，工业外网为工厂提供高质量网络，基本覆盖了全国所有城市。2023年年底，具有一定影响力的工业互联网平台超过340家，连接工业设备近9600万台套，应用广度不断拓展。国家、省、企业三级工业安全保障体系基本建成，规模化能力和基础设施已形成，为工业互联网规模化的发展和应用提供了保证。

数字基础设施具有科技与基建双重属性。数字基础设施既具备传统基础设施的特性，又属于新兴产业，一方面满足了巨大的投资需求，另一方面连接了不断升级的强大消费市场，不仅能够带动投资，还能够培育新动能、刺激新消费、开创新服务。

（三）数字技术实力大幅提升，部分领域实现全球领先

关键技术加速突破。成功自主研发多款超级计算机并广泛应用，国际超算能力位居榜首；国产芯片设计与制造水平显著提升，华为麒麟9000S芯片达到世界先进水平；人工智能核心产业规模达5000亿元，企业数量超过4300家。企业实力明显提升。到2023年12月底，我国上市互联网企业总市值达9.6万亿元，9家企业进入全球市值前30强；2023年，我国数字化领域的独角兽企业发展成效显著，数量与估值占比均居全球第二位，独角兽企业数量的全球占比达24.67%，独角兽企业估值的全球占比达33.41%，形成一批具有全球影响力的科技企业；我国部分独角兽企业在细分赛道上出现"隐形冠军"，如超硅半导体、大疆、长鑫存储、紫光展锐等，涉及半导体、无人机、存储芯片、集成电路等高端智能制造硬件方向。

（四）融合创新活力释放，数字化应用实现从量变到质变

工业互联网进入规模化发展阶段。2023 年，工业互联网的核心产业规模为 1.35 万亿元，覆盖全部工业大类，全面融入能源、电力、交通等 49 个国民经济大类，服务企业超 34 万家，形成全产业链条的数字化支撑服务能力。工业互联网赋能效应从工厂向园区、集群等多元经济单元下沉，深度赋能园区升级和产业集群发展。不同的工厂、产业链、园区通过工业互联网"化点成珠""串珠成链""串链成网"，全面推动制造业"智改数转网联"。重点行业企业加快推动生产设备数字化改造。2023 年年底，全国工业企业的关键工序数控化率达 62.2%。工业软件普及率不断提升。重点行业企业加快应用计算机辅助设计（Computer Aided Design，CAD）、制造执行系统（Manufacturing Execution System，MES）、产品生命周期管理（Product Lifecycle Management，PLM）系统等工业软件。2023 年年底，工业企业数字化研发设计工具普及率达到 79.6%，为深入推动制造业数字化转型提供了支撑。

二、数字经济发展的新趋势

（一）数字技术仍是未来全球战略布局重点

数字技术领先国家对加强人工智能、量子信息、先进通信、半导体等战略性数字技术布局达成普遍共识，并将数字技术与先进制造、生物医药、能源环保、健康医疗、先进材料等领域的交叉融合放在更加突出的位置。例如，美国在半导体产业中，尤其在高附加值部分布局了多个关键环节，包括基础设备和材料研发、芯片设计、封装与测试等，综合了设计、研发、制造全生态系统，在全球半导体产业链中占据举足轻重的地位。

全球技术产业面临不确定性，产业供应链和技术创新生态面临挑战。例如，2019 年 5 月，美国商务部将华为及 70 家关联公司列入"实体清单"，导致华为无法使用高通的 5G 芯片，同时谷歌也停止了与华为的合作，影响了华为手机获取安卓系统的更新和服务。2020 年 5 月，美国进一步升级制裁措施，限制华为使用

美国技术设计和制造半导体芯片，迫使华为加速自主研发芯片和操作系统，推出了鸿蒙操作系统以减少对外部系统的依赖。

（二）数字化转型成为系统性变革

数字化转型正由效率变革转向价值变革，企业数字化转型正在向产业链、供应链、价值链拓展。数字化转型的系统性变革不仅涉及技术应用，更是对组织结构、业务模式、工作流程乃至企业文化的根本性重塑。同时，数字化转型代表了一种范式变迁，信息技术不再仅是提高效率的工具，而是转变为驱动和引领行业发展的核心力量，对传统行业产生了颠覆性影响。这些年的发展使我国面向生产领域的工业互联网平台和产业互联网平台蓬勃兴起，制造场景和数据资源优势凸显，应用模式和商业模式创新的发展前景广阔。然而，工业自动化和工业软件等相关能力差距相对较大。

三、数字经济发展的新变量

数字经济的发展涉及多个新变量，这些新变量共同推动着经济的转型与增长，其中关键的新变量包括技术和数据。

（一）技术变量

云计算、大数据、人工智能、物联网、区块链等新兴技术的应用，为数字经济提供了强大的基础设施支撑，促进了数据的高效处理和智能化决策。展望未来，5G和人工智能这两大关键技术变量将对数字经济的未来发展方向产生重要影响。

1. 5G 技术

5G 技术的大量应用场景在 To B 端，将为生产数字化、智能化拓展新空间。我国 5G 商用部署正在加速推进，已建成的基站数量约占全球基站总数的 60%。5G 应用已覆盖国民经济的 71 个大类，应用案例数量超过 9.4 万个。特别是"5G+工业互联网"已经覆盖工业的全部 41 个大类，赋能工业研发设计、生产制造、质量检测、故障运维、物流运输、安全管理等环节，产生协同研发设计、远程设备操控、设备协同作业、柔性生产制造等十大典型应用场景，5G 技术在工业领域的应用占比超过60%，我国形成了全球领先的规模化产业实践。目前，5G使用成本已显著下降，基站采购价格比初期下降了约53%，5G关键部件成本下降了约90%，大量应用即将到来。

2. 人工智能技术

人工智能不仅改变了数字经济的发展方式，还催生了新的经济增长点，并不断塑造数字经济的新形态。2010年后，人工智能进入爆发期，尤其是深度学习的兴起带来了以ChatGPT、Sora为代表的大模型，使得人工智能由繁荣期进入爆发期。大模型技术的发展掀起了人工智能领域创新应用的新高潮，其重要特征是技术对现实的影响速度更快、范围更广、程度更深远。我国通过"模型即服务"（MaaS）加速了大模型的产业落地。然而在算法方面，我国的原创算法基础较弱，但工程化能力较强；在算力方面，芯片仍受国外垄断的影响，实现全面自主仍面临挑战。

（二）数据变量

数据是数字经济发展的基础，通过对数据的收集、分析和应用，可以促进创新，提升效率，优化资源配置，推动经济增长与转型，数据由此成为数字经济发展中的关键生产要素。

我国拥有全球最多的实时数据。我国每天会产生约80亿小时的海量数据，超过了经济合作与发展组织（Organisation for Economic Cooperation and Development，OECD）国家每天在线活跃人数的时长总和，是全球产生消费者数据最多的国家之一。同时，我国还拥有全球最大的制造业，且数字化程度处于中上水平，每天制造业产生的生产端数据也是全球最多的。

我国高度关注和发挥数据优势。数据要素的发展是一项系统工程，既包括组织内部的数据应用，又涉及全社会数据资源的配置。为了实现数据供需双方的高效规范匹配，数据要素市场的培育逐渐成为国家关注的焦点。近年来，我国从制度、市场、技术的"黄金三角"战略框架入手，通过建立数据要素基础制度和体系化的技术安排，推动了多层次数据要素市场的构建，释放了数据潜能。

四、数字经济发展的新治理

面对数字经济发展的新特点、新趋势、新变量和新问题,需要积极探索适应和促进数字经济发展的新制度与新治理方案。

(一)发挥平台企业的管理作用,提升政府常态化监管水平

平台企业本质上是科技企业,它们具有科技企业的属性,是数字时代主要的创新源泉和前沿技术的重要创新力量。数字平台交易的密度、深度和广度前所未有,交易形态和交易内容的复杂程度前所未有,交易规则和交易关系的快速变化与调整前所未有。这些特点使得外部监管者难以对平台上的海量交易进行主动监管或依举报监管,因此,需要企业内部建立合规管理体系,并由政府有效监管该合规体系的建设、运行和效果,以形成数字经济时代的有效制度安排。

数字平台既是被监管对象,也是局部市场的管理者,为平台上的海量主体制定交易规则、提供交易算法、监管交易行为,这不仅保证了平台的自身发展,也能支撑行业监管。因此,监管部门要加强政府与平台企业的合作,同时提升自身的合规监管能力,将合规监管作为重要的常态化监管措施,包括确立合规管理标准、实施合规评估检查等动态监管举措,并通过指导、激励和惩罚等多种手段促进企业加强合规管理。

(二)建立有效的数据交易和使用机制,促进数据资源的优化配置

首先,从境内视角来看,数据作为一种新的生产要素,其价值实现主要体现在使用和交易中。为了释放数据的价值,需要建立有效的数据使用和交易机制,建立健全数据产权制度、市场流通机制、收益分配机制、安全监管体系,以促进数据资源的优化配置,更好地发挥数据要素的作用。其中,数据确权是数据治理中的难点,涉及数据所有权、使用权、收益权等问题,明确数据权利归属是推动数据交易和保护数据主体权益的基础。因此,应适时修订数据权属、数据交易规则和协同监管等相关制度,明确各有关主体的角色定位和责任担当,以确保要素交易和监管形成完整的闭环,为市场的有序运行奠定坚实基础。

其次,从跨境视角来看,应加强数据主权原则对数据跨境流动规则衔接的全

过程引领，加快同区域与双边数字贸易协定有关规则议题的制度衔接，健全数据存储本地化、数字市场准入壁垒、知识产权保护等领域的法律法规，完善个人隐私保护等核心数据领域的实施细则。

最后，从国际视角来看，应强化合作机制，创新合作模式，搭建共建共享平台，推动标准规范制定，充分融入数字全球化发展，增强国内外资源的联动，积极参与数字贸易全球规则框架的制定。

（三）防范人工智能风险，要确保人工智能发展与公共政策的良性互动

ChatGPT、Sora 等生成式人工智能具有强渗透性，对社会经济将产生系统性影响，它们在带来发展机遇的同时，也会带来风险和负面影响，涉及治理、社会、伦理安全等层面的挑战。因此，应坚持伦理先行，加强对人机关系重大问题的研究与治理；谨慎立法，根据试点实践结果选择合适的立法模式；优化监管制度，降低人工智能企业的合规成本；强化国际参与，为我国产业发展营造良好的外部环境。同时，在制定公共政策的过程中，要防范人工智能技术在歧视、偏见、隐私泄露、数据安全等方面出现问题，促进数据、算法、算力的协调发展，把握发展与平衡的关系，确保人工智能的风险得到有效防控。

当前，经过多年的努力，我国的数字经济已走深走实，基础设施达到全球先进水平，数据技术局部突破，数字化应用从量变走向质变。面向未来，数字技术仍是未来全球战略布局的重点，数字化转型正由效率变革向价值变革转变，任务变得更加艰巨。未来的发展依赖技术和数据变量，我们要发挥优势，明确差距，推动科技创新，发挥要素的乘数效应。数字经济的深入发展要求数字治理的统筹力度不断强化，更加需要具有整体性、系统性、协同性。亟须实现常态化监管、体系化立法、一体化布局和多部门协同推进。

| 胡延平 |

智能发展 21 原则：面向超级智能时代的数字治理思路索引

胡延平，信息社会 50 人论坛成员，DCCI 未来智库与 FutureLabs 未来实验室专家，《互联网周刊》原总编、中国互联网协会交流发展中心原主任，"全球前沿科技创新地图"及相关研究项目主导者，科技畅销书《黑科技》作者之一。出版《奔腾时代》《跨越数字鸿沟》《第二次现代化：信息技术与美国经济新秩序》《第四种力量》等多部科技专著。

智能的发展与以往每一次重大科学技术革命，每一项关键信息技术的创新、发展和普及都完全不同。人工智能的发展涉及人智关系的改变，人智融合则意味着智能对人的改变。2050 年之前，智能的发展主要体现为超级智能的不断跃迁，这将对人类社会的各个方面产生巨大的冲击，带来前所未有的改变。当前的国际秩序、社会生态、经济格局等"容器"不足以承载这场变革。对于人工智能、超级智能发展的重要节点、关键方面、生态走向，必须进行前瞻性的判断，并在此基础上形成整体认知框架。在凝聚共识的基础上，需要制定指导智能发展的基本原则，并基于这些基本原则形成面向超级智能时代的数字治理思路。本文以对超级智能发展 9 个重要节点的研判为基础，以"智能发展 21 原则"为框架，为超级智能时代的数字治理提供思路索引。

智能的发展过去通常被定义为人工智能的发展，且被划分为计算智能的发展、感知智能的发展、认知智能的发展三个阶段。然而，从新的发展形态与趋势来看，这种定义和划分已不再适用，因为智能的发展不会止步于人工智能的发展。从未来的角度来看，计算、感知、认知不足以准确描述智能的发展。我们认为，2050年之前，智能的发展将先后经历功能智能（Smart Function，SF）、人工智能（Artificial Intelligence，AI）、内生智能（Endogenous Intelligence，EI）、自主智能（Independent Intelligence，II）4个阶段；从能级来看，智能将从弱智能走向强智能。在可预见的未来，不依赖人类、能够自主创造新智能的超级智能必然产生。

超级智能的每一次重大能级或能量态的跃迁，都意味着发展与安全、和平利用与非和平利用、公域关系与私域关系的重新界定，都面临着艰难抉择，这是对群体智慧的严峻考验，是认知图谱逐渐形成的时刻，是公共政策的争议和拟定时刻，更是重大显性利益与隐性利益的碰撞时刻。我们认为，2050年以前，超级智能的每一次能力跃迁，都相当于人类发展历程中的每一个"奥本海默时刻"。"奥本海默时刻"是指人类在从原子弹向氢弹的跨越过程中，围绕核能利用的利弊得失、安全与发展的艰难选择时刻，以及公共政策、社会舆论和不同利益的剧烈冲突时刻。尽管核能与智能有所不同，但从人类和星球的重塑角度来看，智能未来的影响力有可能会超过核能。随着人工智能，尤其是超级智能的发展，在未来的不同阶段，我们将再次面临"奥本海默时刻"，且在每一次都将更加逼近和挑战极限。

一、长期视角下的节点研判：超级智能发展的9个"奥本海默时刻"

第1个"奥本海默时刻"只是拉开了超级智能发展的序幕，其冲突的剧烈程度远低于未来的8个"奥本海默时刻"。此后的每个"奥本海默时刻"都无法乐观预期，这是由人性和人类社会群体的特性决定的。9个"奥本海默时刻"既是超级智能边界的9次拓展，也是超级智能的9次逐渐"失控"。每个阶段都有利弊之辩，每个主题都有利害之争，每一次都在"不应该"的声浪中走向"应该"。在拓展与失控的历程中，人类与智能的关系不断被重新定义，人和智能的形态也不断被改变。

（一）第1个"奥本海默时刻"

第1个"奥本海默时刻"体现为超级智能的出现，从通感到自学习，再制部分能力超越人类，智能本体产生。

可以非常肯定的是，GPT-5 令人不安的突破预示着超级智能的某种自我能力的形成，也带来了安全分叉，足以影响人与智能的关系。通感、自学习、自主性是意识的源起，意味着相对完整、未来可能具备自主能力的智能本体的产生。

第 1 个"奥本海默时刻"导致的结果是：发展被置于安全之上，超级智能与科技巨头合体。中心式的生成式通用多模态大模型成功完成了生态化、平台化，成为触达全球数十亿人的智能体。科技巨头主导了科技和商业，定义了相关规则，而平台则负责制定标准，并获得有意主导全球智能生态和数字基础设施的国家力量支持，这标志着极化的开始。

（二）第 2 个"奥本海默时刻"

第 2 个"奥本海默时刻"体现为人工智能的武器化，超级智能和平利用格局被打破，超级智能的新边疆开启，形态和力量的重塑过程由此开始。

这一进程之所以来得如此迅速，是因为人工智能的军事化进程早已开始，且已经用于战争。只不过超级智能的介入还需要时间，但大模型能力的军事化是不可阻挡的趋势。也就是说，不仅人工智能会被用于战争，未来超级智能也可能被用于对人类的伤害，和平利用且不扩散的全球协议难以达成。

智能成为塑造国家形态、力量格局、地缘政治的核心实力之一。超级智能的新边疆开启，智能重新定义数字空间与物理空间的边界。

（三）第 3 个"奥本海默时刻"

第 3 个"奥本海默时刻"体现为超级智能成为"现实操纵系统"。

物联网、智能生态、AI 泛在与超级智能本身在算力、深度、数据及感知能力方面的几何级数提升，共同形成了生态反应。通过与传感网络、智能设备、机器人、各类 AI 应用场景等的连接和融合，超级智能的多模态能力发展为现实世界的感知能力与操纵能力。这意味着出现了"现实操纵系统"，AI 操纵与人类操纵将混合并存。

(四) 第 4 个 "奥本海默时刻"

第 4 个 "奥本海默时刻" 体现为通用人工智能 (Artificial General Intelligence, AGI) 的实现、混序智感意识的产生。

在硅基、计算架构并未突变，但云端算力和场景算力继续推进的情况下，计算、感知、认知的融合与模型本身多维度的复杂进化，使得能力全面超越人类、广泛替代人类的通用人工智能得以实现。随着机器对人的"驱逐"，尤其是在就业方面的"驱逐"，人与机器的冲突开始成为焦点。传感、算力、能效和显示技术的进化叠加，使得"脱实向虚"的场景化应用再度涌现。混序智感意识产生，然而这并不代表数字生命体的自我意识产生。

(五) 第 5 个 "奥本海默时刻"

第 5 个 "奥本海默时刻" 体现为人工智能与超级智能的社会系统化，被用于对人类的全面管理。

人工智能从一种技术能力演变为一种社会能力，不仅被应用于方方面面服务人类，还被应用于支撑、运行和管理人类社会的各个方面。人工智能与区块链、智能合约的结合，并不会完全实现分布式、去中心化的自治，反而可能创造新的主导者。超级智能、超级节点与权力中心一样，会成为支配社会的力量中心。

(六) 第 6 个 "奥本海默时刻"

第 6 个 "奥本海默时刻" 体现为人工智能走向内生智能，即产生新知识、新认知，以及内生创造新智能。

智能不再只是 "人工" 的，从人工智能到内生智能的演化，标志着人工智能开始走向具有内生能力的自主智能，但这仍不是完全自主的智能，更不是具有自我意识的智能，而是第二次科技大爆炸的开端。

(七) 第 7 个 "奥本海默时刻"

第 7 个 "奥本海默时刻" 体现为在帮助中编辑、在增强中改变、IBQ 重塑生命。

IBQ 即超级智能、生物科技、量子计算。这三者的强力交汇，使得第 2 次生命解码乃至重新编码成为现实①。超级智能重塑、增强和改良生命成为"健康服务"，制造新物种、创造新生命已成为可能，硅基生命和碳基生命的交叉开始出现。

（八）第 8 个"奥本海默时刻"

第 8 个"奥本海默时刻"体现为超级智能与人脑的连接和对话，使得"意识互刷"成为可能。

脑破译、超级智能、生物信息技术的叠加，使得硅基超级智能与碳基超级智能的对接成为可能。碳基生命向硅基生命转移，这可能是个伪命题，也许碳基传感和计算将比硅基传感和计算更接近未来的智能接驳形态。人智接口、人机交互、意识互刷成为可能，但是距离意识上传、知识传输还有很长的路要走。

（九）第 9 个"奥本海默时刻"

第 9 个"奥本海默时刻"体现为从内在智能到自主智能，即超级智能生命觉醒。

超级智能产生自主意识已成必然，其进阶方式是成为数字生命体。未来人类该何去何从，是走向硅基，还是走向新的碳基，抑或保持现状，这是一个需要思考的问题。从 Auto、Autonomously、Endogenous 到 Independent，智能与人的关系及人类历史会发生改变。笔者认为，也许下一个阶段会是 Liberty。

二、超级智能已成为全球最大的公共事件

超级智能已成为全球最大的公共事件，这是一场影响全人类命运的全球竞赛，与每个人息息相关。拥有超过 10 亿个月活用户、已经占据主生态位的 OpenAI，不仅面临安全挑战，其中心化、平台化、产业链、知识产权、数据权益、隐私保护等生态问题也日益突出。

---

① 第 1 次生命解码是基于基因测序的研究探索与剪辑，第 2 次生命解码是对基因性状及其复杂多维关系的破译与内在编辑。

除大模型外，功能智能、弱人工智能的普及呈现加速态势。在金融、制造、能源、零售、交通、司法、医疗、教育、娱乐等行业中，以及在个人家庭、商务活动等场景中，人工智能已经得到广泛应用，全球用户数以十亿计。

不仅是OpenAI，超级智能本身已经成为全球最大的公共事件，这是一场影响全人类命运的全球竞赛，每个人都有权关注、表达、议价和博弈，并面对超级智能维护自己的权利。笔者非常赞同马斯克等上千位科技从业者曾发出的呼吁信里的一句话：我们需要负责任地监督人工智能的发展，并让社会有机会逐步适应人工智能带来的冲击。

实际上，我们不用怀疑人工智能具体能做什么，更重要的问题其实是：人类选择让人工智能做什么（能做什么、不能做什么）；发展什么样的人工智能（是中心化，还是分布式；是力量极化，还是生态平衡）；谁的人工智能（是少数人控制，还是共同发展；是数字鸿沟，还是智能普惠；是驱逐一部分人，还是让更多人获得发展；是扩大人群差距，还是弥合差距）；等等。人工智能的发展，一半是技术、产业、市场问题，另一半是公共问题。如果不能从一开始就意识到人工智能其实不只是技术问题，那么就不能正确处理人与人工智能的关系，从而可能导致人类遭受某种程度的反噬。

三、人工智能要有科技价值观，迫切需要形成发展共识和协调原则

拥有数万亿个参数、上千层深度的大模型，与弱人工智能有着本质区别。如今，生成式通用大模型发展浪潮汹涌，俨然已经成为一场参与者众多、未来将深刻影响人类等生命体的全球竞赛。

但是，如何评估超级智能，超级智能未来与人类的利害关系究竟如何，超级智能未来会不会失控，人类是否应该在很多方面被人工智能所替代……这些根本性问题却没有答案。

如今，科技在很多时候不再仅被理解为工具、商业、技术、产业。特别是面向超级智能的大模型，不应被视为纯粹的技术行动、企业行为、商业市场，亦不应被视为仅与私人利益相关的私域活动。大模型相关创业企业的建立及其创始项

目的开发，应从理解公共产品、社会企业开始。

在人工智能前沿知名学者及超级智能的创造者都无法理解、预测或可靠地控制超级智能行为的情况下，超级智能不应被视为"确定有益且无风险的"。人类需要重新确认人工智能，并对超级智能进行重新评估。并且，迫切需要形成针对人工智能，尤其是超级智能这一公共问题的认知框架、发展共识和协调原则。

四、长期视角与行动框架

2017年，阿西洛马（Asilomar）会议提出关于人工智能的23条原则，这是过去各方普遍认可的基础认知框架。但是 Asilomar 会议提出的这23条原则一方面已显陈旧，另一方面更像是讨论点，而非面向未来的系统性行动框架。笔者认为，是时候在各方交流的基础上，推动主要原则的形成了，因此拟定"智能发展21原则"，以期引起公众关注并促进未来共识，希望有助于超级智能的普惠与可信赖发展。

（1）智能为人，普惠人类：一切智能均以人类为中心，帮助人类、服务人类、普惠人类。

（2）成为全球公共事务并进行广泛协调：智能会影响人类命运，这是全球性的公共事务，应符合人类普遍伦理道德和根本利益，为此需要开展国际合作，广泛协调。

（3）建立社会企业与商业边界：商业权益私有和超级智能服务于广泛的公共利益可以并存，但智能相关企业应被视为提供公共产品的社会企业，超级智能不应成为纯粹的私器，商业有边界与底线，不应凌驾于人类之上。

（4）不驱逐人：总体扩大就业、促进经济、增加收益，智能通过科技生产力的进步创造新价值，将人从繁重的劳役中解放出来，并给人以生活、教育和工作等方面的基础支持。

（5）广泛确认重要节点：对人工智能，尤其是超级智能发展进程中的重要节点进行广泛的预研、观察，评估其中对于人类社会的重大利害关系，进行持续监督，建立人类对这些重要节点是否通过的确认机制。

（6）开发安全系统并进行超级对齐：开发能够确保智能持续安全运行的系统，尤其需要让超级对齐成为超级智能有效运行的首要基础。

（7）避免智能对人类的控制：智能不应成为妨碍人类正当行为的约束系统，应避免智能对人类的控制，从而防止未来机器对人的统摄成为现实。

（8）可解释性：实现智能训练、推理过程及结果的可解释性，避免黑盒模型的风险和重大不可预测性。

（9）透明、可监督：原理、算法、数据、规则、结果应透明，并可实施内部监督和外部监督。

（10）可标识、可区分、可追溯：智能生成的内容和服务应明确标注，以免真假混淆，方便公众及时有效地区分人类行为产物与智能行为产物，并通过区块链等技术手段支持智能内容来源的可追溯。

（11）分级分类：风险防范机制及智能监管机制不应一刀切，例如，对低龄人群的服务内容，需要采用分级分类原则，具有适度的动态性、灵活性，以促进智能发展和提高用户便利度。

（12）可确信、可信赖：提升智能在内容理解、内容生成方面的准确性，避免智能因"恍惚"而生成具有误导性的虚假信息。

（13）防止对智能系统的反向诱导、数据信息污染和操纵欺骗：对于用户提供给智能系统的数据信息，系统应具备识别能力，以防止智能被恶意操纵或因数据信息污染而波及其他用户。

（14）尊重人类知识财富，保护知识产权、数据所有权等：智能的发展应建立在对人类知识财富的尊重基础上，并保护全球数据、知识的各项权益。

（15）保护用户的数据信息与隐私：智能应用的参与者和非参与者的数据信息与隐私都应该得到切实的保护。对于用户提交给智能系统的数据，以及智能系统从用户及其设备中获得的数据，其权限与使用范围应有严格界定，不可将用户未许可的本地数据或云端数据用于训练或转用于服务其他用户、合作伙伴。

（16）开放、协作、分享：智能领域保持高度的开放性，吸引产业链、开发者、合作伙伴、用户的协作参与，广泛分享发展红利，避免智能系统垄断生态链。

（17）生态平衡：中心化、行业企业私域和个人等不同形态的智能的融合发展，以及平衡的生态对用户利益和人类权益都至关重要，去中心化形态是生态系统的有益组成部分，未来也是对智能生态的有效支撑。

（18）避免垄断、寡头化、少数人控制：科技巨头与超级智能的结合，意味着超级智能将被少数人控制，意味着权力极化和力量失衡。在智能发展早期，尤其需要避免科技、产业和市场过早、过快地集中，同时需要避免基于生态控制的对用户利益的支配性剥夺。实际上，超级智能不应与任何一种超级力量、权力中心结合。

（19）确定直接责任主体：智能的开发者、运营者、投资者和相关企业的实际控制与管理者，对确保智能安全负有直接责任；尤其超级智能的责任主体更应肩负着广泛的社会责任，并对人类利益负责。

（20）防止滥用智能系统、间接利用智能作恶：智能系统有可能会被滥用，也有可能会被欺骗行为、虚假信息和各类犯罪间接利用，因此，智能从业者应协助相关各方采取有效的治理措施。

（21）确定普惠智能的未来路径：现有智能的主要商业模式依然是传统的，难以从根本上避免数字鸿沟的扩大。普惠智能，即人人参与、人人受益的智能，需要从根本上探索新的技术路径、商业架构和底层基础设施形态，这可能是算力分布、去中心化智能、区块链/智能合约与现有生态的结合。依托全人类积累的丰富知识财富，通过数十亿人的广泛参与、数据与行为的支持成长，这样的智能需要在每个个人节点层级回馈人类，才能形成长期互利共生的可持续发展生态。

五、公平与效率的千年之问

在每一个"奥本海默时刻"，首先受到挑战的是人的心智，而充满冲突感的则是群体智慧。然而，成长最慢的仍然是人的心智，最难形成共识的是群体智慧。在人类还在争执不休时，科技驱动的超级智能及由此驱动的科技快速跨越了一个又一个关卡，人类因此被远远甩在超级智能的后面。

所以，人工智能、超级智能应该快速发展，其实质问题在于：智能应如何发展，以及智能属于谁。这又将争论拉回到影响了世界历史的"千年螺旋之问"，即公平与效率的问题。人类从未给出一个完美的答案，所以这个世界才充满了多极化和纷争。在产业、科技、社会层面，基尼系数、二律背反的底层逻辑惊人的一致。

除了"千年螺旋之问"，还有另一个根本性问题，即"弗兰肯斯坦之问"：人类可以用这种"禁忌"的力量做什么？创造出强于自己且具备自我意识的智能体意味着什么？

应对9个"奥本海默时刻"，能否形成类似"智能发展21原则"的框架是关键。本文的观点不应被视为过早过严监管人工智能与大模型发展的依据，OpenAI的大模型、人工智能技术与其他大模型、人工智能技术处于不同的语境和发展场景中，其背后的"云管边端""感数算智基础设施"与生态链也有较大差异。本文仅提供一种关于人类和智能关系的长期观察、分析与思考的视角。非凡的能级会带来超凡的力量，超凡的力量又导向无上的权力，而无上的权力应该承担无上的责任，任何超级力量都应该受到制衡和约束。

笔者曾针对数字经济提出10个"反向"观点：①数字经济并不必然兼顾公平与效率；②数字经济并不必然促进发展和普惠；③数字经济并不必然完善市场、修正市场；④数字经济并不必然走向开放和协同；⑤数字经济并不必然呈现分布式、去中心结构；⑥数字经济并不必然导向微分、利基、长尾；⑦数字经济并不必然自然友好、人本友好、可持续发展；⑧数字经济并不必然通向个体解放之路；⑨数字经济并不必然产生数字共识；⑩数字经济并不必然走向数字共治。如今，在超级智能周期开始之际，如果人工智能的开发者、使用者、监管者能够一起思考和应对这些问题，也许还来得及。

毋庸置疑，我们必须充分发展人工智能，并鼓励超级对齐普惠人类的人工智能，但也必须尽早将超级智能的潜在风险"关进笼子"里，尽管这在最终实现上可能超出人类的群体智慧。因此，人工智能从业者不必过于介意本文提出的观点，更无须紧张，因为未来的世界终究是人工智能的，尤其是超级智能的。

安筱鹏
关于数据要素的 8 个基本问题

安筱鹏，博士，信息社会 50 人论坛成员。

一、讨论数据要素的"锚点"是什么

当下，人们围绕"数据要素"有许多值得探讨的议题，如权属、流通、交易、市场、跨境、隐私、安全、治理等，各界对此既有共识，也存在分歧。我们需要探讨的是，人们讨论数据这一议题的"锚点"是什么？"前提"又是什么？没有"锚点"和"前提"，就无法建立对数据议题的对错、利弊、好坏、优劣、得失的评价标准。

如何促进数据要素创造价值是讨论数据要素议题的"锚点"，而系统、科学地理解"数据要素如何创造价值"是"前提"。这个"前提"是，人们要清晰地理解微观具象世界中数据要素创造价值的技术、原理、路径、模式，以及宏观抽象世界中数据要素创造价值的机理、逻辑和意义。事实上，对于数据这个议题，无论我们对微观具象世界进行深度观察，还是对宏观抽象世界进行规律认知，都是不充分的。

历史上，人们对生产要素的讨论，首先关注的是其如何创造价值，并促进人类生产力的进步。400 年前，威廉·配第（William Petty）提出：土地是财富之母，劳动是财富之父。后来，资本和技术先后成为新的生产要素，这是因为资本和技术在实践中为人类物质财富的创造、生活水平的提高及生产力的进步做出了巨大贡献，这些生产要素成为人类创造价值的充分必要条件。

相较于土地、劳动、资本、技术创造价值的机理与逻辑，数据的价值创造过程更加复杂。这种复杂性在于，数据要素不仅会影响生产力，还会作用于生产关系；不仅会影响看得见的物理世界，还会影响看不见的赛博空间；不仅会推动传统单一要素的价值倍增，还会优化整个生产要素的资源配置；不仅会凸显单一场景的价值，还会展示全局系统的意义；不仅会显现有形可见的现实价值，还能沉淀无形的潜在优势。

从这个意义上讲，《"数据要素×"三年行动计划（2024—2026年）》的关键在于：它重新定义了数据要素议题的"锚点"，夯实了数据要素议题讨论的"前提"，校准了数据要素工作部署的"方向"，将数据要素工作的重心放在了"数据如何创造价值"上，回答了数据要素的作用机理、核心瓶颈、优先领域、价值导向、实现路径等重大议题。它将数据要素的主流话语体系聚焦在如何加快应用上，锁定在如何服务于中国式现代化的全局上。

二、实践中的数据如何创造价值

实践是检验真理的唯一标准，姜奇平曾说过："应用是检验数据价值的唯一标准。"要理解数据的本质，还需要回到技术和商业的前沿，回到数据创造价值的具体场景中。我们可以通过快递物流、生产制造、宾馆服务、国防军事等看似不相关的几个领域，观察数据是如何创造价值的。

（一）快递物流

10多年前，国内一家物流公司每天的快递订单量达到1500万单，尽管该物流公司采取了各种措施，订单量仍难有大的突破。几年后，快递行业引入了一项新技术——电子面单，在车辆、人员、仓库等实物资源没有显著变化的背景下，该物流公司每天的订单量达到了5000万单。电子面单的最大价值在于其实现了快递订单端到端的数字化，通过数据流优化了物流资源配置的效率。

（二）制造行业

10多年前，马斯克曾发表过一篇文章，文章的标题是"Why the US Can Beat China: The Facts About SpaceX Costs"。当时普遍认为中国是全球成本最低的国家之一，而马斯克却表示："我要把美国航空发射器的成本降到中国成本的 1/7。"这个预言在今天实现了，SpaceX 公司每公斤发射成本从 18500 美元降至 2720 美元。这一成就背后的一个重要因素在于：SpaceX 公司在产品开发的早期阶段，通过"数据+算法"的模拟择优，替代了传统的实物试验，从而大幅降低了研制成本，缩短了开发周期，并提高了产品质量。

（三）酒店服务

旅游酒店行业是一个非常传统的行业，但国内有一家公司，尽管其拥有的房间数量不是全国第一，但其市值最高时却达到了这个行业第 2～9 名的市值总和，达到这一成就的关键在于其决策是由数据驱动的，并重新构建了一套系统性运营体系。该公司针对客户提供差异化的极致服务，其私域会员数量达到 1.7 亿人，86% 的订单来自私域流量渠道。正如其董事长所言，以前该公司是最懂技术的酒店管理公司，未来将成为最懂酒店的技术服务公司。

（四）国防军事

2020 年 10 月，美国国防部发布了首份《数据战略》报告，其中最重要的一句话是：基于数据决策重新定义美国国防部。美国国防部的愿景是："成为一个以数据为中心的机构，通过快速、规模化地使用数据来获得作战优势，并提高效率。"在美国国防部看来，数据日益成为其各个流程、算法和武器系统的"燃料"；数据的价值体现在联合全域作战上，在战场上形成数据优势；在高级领导层决策支持上，利用数据改进美国国防部的管理工作；在具体业务的分析中，使用数据推动所有层级的明智决策。归根结底，其核心目标是通过数据推动美国国防部各层级的科学决策。

概括而言，无论是制造行业、快递物流、酒店服务，还是国防军事，数据作为一种要素的底层逻辑都是一致的，即通过"数据+算法"的科学决策，来优化资源配置的效率，提升核心竞争力。

三、数字化的本质是两场革命：工具革命和决策革命

当我们探讨数据如何创造价值时，或许可以先追问数字化的本质是什么。在

笔者看来，数字化的本质是两场革命：工具革命和决策革命。

（一）什么是工具革命

马克思曾说："手推磨产生的是封建主的社会，蒸汽磨产生的是工业资本家的社会""各种经济时代的区别，不在于生产什么，而在于怎样生产，用什么劳动资料生产。"

回到今天的数字时代和智能时代，我们看到，传统的机器人、机床、专业设备等工具正在升级为 3D 打印机、数控机床、自动吊装设备、自动分检系统等智能工具，传统的能量转换工具也正在向智能工具演变，这大幅提高了体力劳动者的效率；同时，CAD、CAE、CAM 等软件工具提升了脑力劳动者的效率。无论是体力劳动者，还是脑力劳动者，通过使用新的工具，都能提高生产和研发效率。工具革命的核心价值在于帮助人们"正确地做事"。

（二）什么是决策革命

然而，仅仅"正确地做事"还远远不够，更重要的是"做正确的事"。今天我们所讨论的数据，带来的是一场决策革命，帮助人们"做正确的事"。正如图灵奖和诺贝尔经济学奖获得者赫伯特·亚历山大·西蒙（Herbert Alexander Simon）所言，管理的核心在于决策。决策可以分成两类：程序化决策和非程序化决策。

程序化决策是指常规的、有规律可循的决策，这类决策可以制定出一套规则流程，并通过"数据+算法"进行描述，具有确定性的答案。今天，数字化的一个重要方向是为企业在研发、设计、生产、运营、管理过程中的每一个行为做出决策，无论是由人做出的决策，还是由机器做出的决策，都在尝试通过"数据+算法"的方式进行替代。这种基于历史经验、有规律可循的程序化决策可称为经理人决策。

非程序化决策是指过去尚未发生过，或其确切性质和结构尚不明确或非常复杂的决策，如企业家（Entrepreneur）的决策，企业家是敢于承担一切风险和责任去开创并领导一项事业的人。企业家的决策基于对未来的洞察，无法用"数据+算法"来描述，事前没有标准答案。在过去未曾发生过或其性质和规律尚未被发现的决策领域，主要靠企业家进行决策。

所谓数字化，就是不断地将经理人对管理、物流、采购、研发等方面的规律进行模型化、算法化和代码化，以数据驱动构建一套新的决策体系。

对于这套以数据驱动构建的新的决策体系，我们可以通过制造业的场景来感受其作用。在制造业的物理场景中，无论是生产一辆汽车、一架飞机、一件衣服，还是一部手机，当应用者获得订单后，这些订单信息就会在企业的经营管理、产品设计、工艺设计、生产制造、过程控制、产品测试、产品维护等各个环节中流动。这种流动依靠的就是决策。那么什么是决策？决策就是应用者能够将正确的数据在正确的时间，以正确的方式传递给正确的人和机器的过程，从而实现高效的资源优化配置。

过去，我们经常提到智能制造。智能制造的核心和本质不在于拥有更多的机器人、数控机床、AGV 小车及各种先进的设备，而在于数据在企业各个环节的流动过程中，能否逐渐减少对人工干预的依赖。

因此，当我们提到数据驱动的决策时，在面对复杂的业务场景时，需要关注 3 个基本的核心要素：①数据是否实时在线；②数据是否端到端贯通；③数据是否科学精准。只有基于这 3 个核心要素，才能真正实现将数据在正确的时间、以正确的方式传递给正确的人和机器。

如今，在数字化转型中，数据要素在实体经济中发挥作用的核心在于：基于"数据+算法"的决策重构企业的运营机制。无论是 C 端还是 B 端，无论是对消费者的洞察，还是对企业客户的洞察，不仅需要升级客户关系管理系统、制造执行系统、PLC 等各类软件系统，更重要的是，要实现数据驱动，其核心在于：如今所有的企业决策都应当基于需求的动态决策。

四、数据要素创造价值的 3 种模式：价值倍增、投入替代、资源优化

数据要素创造价值的关键不在于数据本身，只有当数据与基于商业实践的算法、模型结合在一起时才能创造价值。数据要素创造价值的 3 种模式如图 1 所示。

流通vs交易　可及vs权属

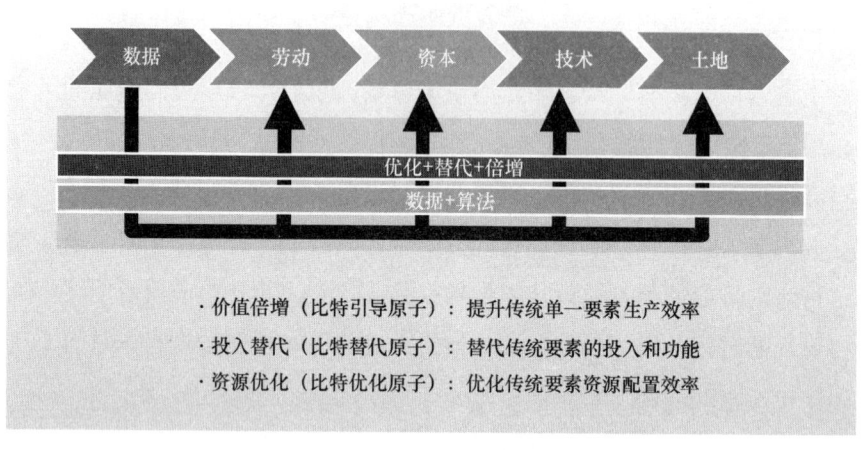

```
[数据] [劳动] [资本] [技术] [土地]
        ↑    ↑    ↑    ↑
      优化+替代+倍增
       数据+算法
```

· 价值倍增（比特引导原子）：提升传统单一要素生产效率
· 投入替代（比特替代原子）：替代传统要素的投入和功能
· 资源优化（比特优化原子）：优化传统要素资源配置效率

图1　数据要素创造价值的3种模式

第1种模式：价值倍增（比特引导原子）。数据要素能够提高劳动、资本、技术等单一要素的生产效率。当数据要素融入到劳动、资本、技术等单一要素中时，这些数据要素的价值会产生倍增效应。

第2种模式：投入替代（比特替代原子）。数据能够激活其他要素，提升产品和商业模式的创新能力，以及个体和组织的创新活力。数据要素能够用更少的物质资源创造更多的物质财富和服务，会对传统生产要素产生替代效应。移动支付逐渐替代了传统的ATM机和金融机制的营业场所，波士顿咨询公司（BCG）估计，过去10年间，由于互联网和移动支付的普及，中国至少减少了1万亿元的传统线下支付基础设施建设。电子商务减少了对传统商业基础设施的投入，政务"最多跑一次"减少了人力和资源消耗，数据要素通过更少的投入创造了更大的价值。

第3种模式：资源优化（比特优化原子）。数据要素不仅带来了劳动、资本、技术等单一要素的价值倍增效应，还提高了劳动、资本、技术、土地这些传统要素之间的资源配置效率。虽然数据要素本身无法直接生产馒头、汽车、房子，但是它可以低成本、高效率、高质量地促进这些产品的生产，并提供高效的公共服务。数据要素推动了传统生产要素的革命性聚变与裂变，成为驱动经济持续增长的关键因素。这才是数据要素真正的价值所在。

五、大模型是数据创造价值的最短路径

数据只有被计算才能产生价值。从数据流动的视角来看，数字化解决了"有数据"的问题，网络化解决了"能流动"的问题，而智能化解决了"自动流动"的问题。数据流动的自动化，本质上是通过数据驱动的决策来替代传统的经验决策。

基于"数据+算力+算法"，可以对物理世界进行状态描述、原因洞察、结果预测和科学决策。"数据+算法"能够将正确的数据（所承载知识）在正确的时间传递给正确的人和机器，通过信息流带动技术流、资金流、人才流、物资流，从而优化资源的配置效率。

当大模型出现时，这套逻辑体系发生了什么变化呢？

第 1 个变化是：大模型能够产生高质量、在线、精准的数据。例如，在自动驾驶领域，长尾场景（Corner Case）指的是自动驾驶场景中那些不常见或极端的场景数据，其数据比例可能只有 1%，但难以获取，且会影响自动驾驶的有效检测能力，可能引发很多安全问题；而大模型可以生成数百万个长尾场景，助力算法的训练、测试验证和迭代优化。

第 2 个变化是：大模型自动生成高效率、场景化、高质量的算法。2023 年 11 月，特斯拉宣布已开始向员工推出完全自动驾驶（Full-Self Driving，FSD）V12，FSD V12 的 C++代码只有 2000 行，减少了车机系统对代码的依赖，而相比之下，FSD V11 有 30 多万行代码。这背后的原因是 FSD V12 完全采用神经网络进行车辆控制，从机器视觉到驱动决策，均由神经网络实现。FSD V12 有望打造自动驾驶领域的基础底座，引领视觉算法的 GPT 时刻。

六、智能时代："数据+算法"的两个"不等式"

自 2022 年 11 月 ChatGPT 推出以来，经常有人会问：为什么中国没有 ChatGPT？但如果你想真正找到答案，正确的提问方法应该是：中国为什么没有

OpenAI？中国为什么没有 Snowflake？中国为什么没有 Palantir？今天，我们把所有的关注点都聚焦在 ChatGPT 上并非正确的方式。

为什么美国会有这么多数字创新企业？原因有很多，但在笔者看来，最重要的原因是："云计算+AI+数据"已成为数字时代的创新基础设施，是孕育孵化新企业、新产品的摇篮。

在这个创新基础设施之上，如果我们把时间尺度放到 5 年、10 年或者 15 年，那么智能时代数据要素创造价值的方式将与两个重要的"不等式"密切相关。

第 1 个是"数据不等式"：未来，AI 生成的数据量将远远超过人类生产的数据量。过去一年中，AI 生成的图像已经超过过去 150 年里人类拍摄的照片总数。欧盟的执法机构——欧洲刑警组织（Europol）的一份报告预测，到 2026 年，互联网上多达 90%的内容将由 AI 创建或编辑。

第 2 个是"算法不等式"：未来，AI 生成的代码量将远远超过人类编写的代码量。ChatGPT 已经通过了谷歌 L3 级代码工程师（入门级工程师，年薪约为 18 万美元）的测试。根据国内研究机构 CSDN 的测试结果，GPT-4 的软件编程能力相当于中国月薪 3 万元的程序员水平。GitHub 的一项测试表明，AI 工具帮助一位只有 4 年编程经验的巴基斯坦程序员，仅用两周时间就完成了最小可行产品（Minimum Viable Product，MVP）的开发任务。然而，另一位拥有 19 年编程经验的资深程序员，由于没有使用 AI 工具，所以完成同样任务耗费了约 5 倍的时间和约 20 倍的成本。

在考虑数据要素的问题时，不仅要关注当前，还需要着眼长远。未来，随着数据与算法的不断叠加，AI 将彻底改变数据要素创造价值的方式，并带来指数级的价值增量。

七、公共数据开放：抢占大模型行业应用制高点

当前的 AI 竞争已不再是单一技术的竞争，而是一场体系化的竞争。美国不仅在芯片、模型、云计算等领域具备优势，还在数据开放领域优势巨大。目前，美

国已开放了高质量的数据资源，包括发明专利、金融数据、科研论文与书籍、交通运输、气象海洋、航空航天等领域的数据资源。

在发明专利领域，美国专利和商标局（United States Patent and Trademark Office，USPTO）开放了大量科学、技术和商业记录，包括数百万项专利、已发布的专利申请和商标注册，从而提高了大模型生成问题解决方案的能力。

在金融数据领域，美国证券交易委员会（Securities and Exchange Commission，SEC）公开了上市公司财务报表及其注释数据，用于增强大模型在金融领域的知识水平。

在科研论文与书籍领域，美国国家医学图书馆（National Library of Medicine，NLM）开放了著名的 PubMed 论文索引数据库，其中记录了超过 3600 万篇生物医学文献的引用、摘要及原文链接。

在交通运输领域，美国运输部（United States Department of Transportation，USDOT）开放了事故数据、公路清查数据、交流流量数据等高质量的标准化数据，用于分析和评估影响公路安全的因素。

在医疗健康领域，美国国立卫生研究院（National Institutes of Health，NIH）开放了包含 138 个数据库的资源，涵盖生物医药领域的科研数据和基因组数据。

在气象海洋领域，美国国家海洋和大气管理局（National Oceanic and Atmospheric Administration，NOAA）开放了卫星、雷达、船舶等数据来源每天产生的 TB 级别数据，这些数据存储在云端，以便于处理和使用，并按季度更新 150 个数据集。

八、范式迁移：数据驱动重构人类认识世界的方法论

进入新的智能时代，我们该如何理解数据驱动的概念？它不仅带来成本的降低和效率的提升，还标志着人们进入了一个认识和改造世界的新阶段。

从牛顿、爱因斯坦的"理论推理阶段"，人们通过观察、抽象和数学来认识世

界；到爱迪生发明电灯泡的"实验验证阶段"，人们通过假设、实验、归纳和总结来认识世界；再到"模拟择优阶段"，这个阶段涉及大飞机和高铁的研发，基于样本数据和机理模型，人们可以通过数字仿真的方式认识和改造世界。

到今天为止，以 AI 为代表的大数据分析形成了一种新的范式。我们可以说"模拟择优"基于人们对机理模型的认知，但是对于如今的大数据分析，许多模型的涌现机制我们尚不完全理解，产生泛化现象的原因也尚不明确。虽然我们还尚未完全搞清楚，但可以肯定的是，新的认识和改造世界的方法论已经出现，且必将深度影响人类经济社会的发展。

周　涛、李　鑫、周俊临
大模型智能体：概念、前沿和产业实践

周涛，信息社会50人论坛成员，电子科技大学教授，大数据研究中心主任，国家级人才计划入选者。主要研究方向为数据科学与复杂性科学，发表论文300余篇，被引39000余次，H指数为90。2014年后历年入选Elsevier评选的"中国最具世界影响力科学家"名单。

近年来，人工智能技术迅猛发展，其创新和应用正在深刻影响着社会的经济结构、商业模式，以及人们的工作方式、教育方法，为人类社会的各个方面带来了深刻的变革，某些产业正在被重塑甚至消失，同时也催生了一些新的产业机会。

随着可用数据量的快速增长和计算能力的不断提升，AI智能体（AI Agent）正逐渐成为人工智能研究和应用的核心。AI智能体的发展经历了三代。第一代是符号型和反应型的智能体，它依赖逻辑规则和符号表示法进行知识封装与推理，尽管在特定领域内取得了一定的成就，但在处理现实世界的复杂问题时仍显得力不从心。第二代是基于强化学习和迁移学习的智能体，它通过与环境的交互进行学习，以期获得最大的累积奖励，在游戏对抗、机器人控制等领域取得了显著进展。当前的第三代是基于大模型的智能体，它利用规模庞大、数据丰富的语言模型或多模态模型，展现出前所未有的理解能力和生成能力，不仅能够更准确地感知环境、进行决策和执行动作，还能够通过持续学习和自我改进来适应不断变化的社会需求。

一、基本概念与发展阶段

AI智能体（AI Agent）中的Agent通常被译作"代理"。在计算机和人工智能领域，直到 20 世纪 80 年代中后期，"代理"概念的相关研究才开始受到关注，该领域中具有智能的"代理"被称为智能体。1995 年，Wooldridge 等人在 "Intelligent Agents: Theory and Practice" 中将人工智能的核心目标定义为：旨在设计和构建基于计算机的、表现出智能行为各个方面的智能体。在 Wooldridge 等人的定义中，智能体是人工智能的核心概念。当前，对于 AI 智能体的共识性定义为：一种能够感知环境、进行决策和执行动作的智能计算实体。它拥有自主性和自适应性，可以依靠 AI 赋予的能力完成特定任务，并在此过程中不断进行自我完善和改进。AI 智能体的一个重要特征是主动，它能够在用户提出要求前就提出建议，并能够跨应用程序完成任务。

从技术发展的角度回顾 AI 智能体的发展历程，可将 AI 智能体大致分为 5 类：符号型智能体、反应型智能体、基于强化学习的智能体、具有迁移学习和元学习功能的智能体、基于大模型的智能体。其中，前两类智能体可归为第一代 AI 智能体，第三类和第四类智能体可以看作第二代 AI 智能体，最后一类智能体则可以看作第三代 AI 智能体。

在人工智能研究的早期阶段，主要研究的是符号型智能体，其特点是依靠逻辑规则和符号表示法来封装知识、促进推理。符号型智能体具有明确且可解释的推理框架，典型案例是基于知识的专家系统。然而，符号型智能体在处理不确定性问题和大规模现实世界问题时面临局限性。此外，由于符号推理算法错综复杂，所以要在有限时间内找到一种能产生有意义结果的高效算法也很有挑战性。

与符号型智能体不同，反应型智能体不依赖复杂的符号推理。相反，它主要关注智能体与其环境之间的互动，强调快速和实时的反应。这类智能体主要基于"感知—行动"循环，能够有效地感知环境并做出反应。这类智能体的设计优先考虑直接的"输入—输出"映射，而不是复杂的推理和符号操作。它通常需要较少的计算资源，因此能够更快地做出反应，但可能缺乏复杂的高层决策能力和规划能力，典型案例是早期的自动驾驶系统。

基于强化学习的智能体（强化学习智能体）的主要关注点是如何通过与环境的交互进行学习，以实现在特定任务中获得最大的累积奖励。最初，这类智能体主要采用基本的强化学习方法，如 Q-Learning、SARSA。随着深度学习的兴起，出现了深度神经网络与强化学习的融合方法，即深度强化学习。其优势在于，它能够让智能体从高维输入中学习复杂的策略，在未知环境中自主学习，而无须明确的人工干预。基于深度强化学习的智能体广泛应用于游戏对抗、电力调度和交易等一系列领域。然而，在复杂现实环境中应用强化学习也面临着一些挑战，包括训练时间长、采样效率低、稳定性不佳、对环境参数敏感等。

在传统算法中，训练强化学习智能体需要大量的样本和较长的时间，且泛化能力不足。因此，研究人员引入了迁移学习，以加快智能体对新任务的学习。迁移学习减轻了新任务的训练负担，促进了不同任务间知识的共享和迁移，提高了学习效率、性能和泛化能力。然而，当源任务和目标任务存在显著差异时，迁移学习的效果可能会低于预期，甚至可能导致负迁移。例如，将 ImageNet 训练的分类模型直接迁移至医疗领域的 X 光片识别任务，通常效果不佳，因为 X 光片识别任务与源任务（物体类别识别任务）差异巨大。此外，AI 智能体还引入了元学习。元学习侧重于学习如何能够使智能体从少量样本中迅速推断出新任务的最优策略。这样的智能体在面对新任务时，可以利用已获得的常识和策略迅速调整其学习方法，减少对大量样本的依赖。

基于大模型的智能体（大模型智能体）通常指以规模庞大、训练数据丰富的语言模型或多模态模型作为核心组件，具备高度智能化的理解能力和生成能力，能够准确地感知环境、进行决策和执行动作的智能计算实体。

研究人员将大模型作为这些智能体的大脑或控制器的主要组成部分，并通过多模态感知和工具利用等策略来扩展其感知空间和行动空间。通过思维链（Chain of Thought，CoT）和问题分解等技术，大模型智能体可以表现出与符号型智能体相当的推理能力和规划能力。此外，它还可以通过反馈学习和执行新行动，获得与环境交互的能力，类似于反应型智能体。大模型在大规模语料库中进行预训练，并展示出较强的泛化能力，能够实现任务间的无缝迁移，而无须更新参数。大模型智能体已被应用于各种实际场景中，如软件开发和科学研究。由于具有自然语言理解和生成能力，所以多个智能体之间，以及多个智能体和人类之间可以直接使用自然语言进行交互与协作。

二、通用评价方式

一般而言，无论 AI 智能体应用在哪一个领域，都可以从实用性、社会性、价值准则和持续进化能力 4 个方面对其先进性进行评价。

AI 智能体主要作为人类助手，其实用性是关键评估标准。基础能力水平、任务完成的成功率和任务完成的效率成为评估 AI 智能体实用性的关键指标。Agent Bench 为评估大模型任务的完成能力提供了系统基准。

AI 智能体的社会性对用户体验至关重要。例如，语言交流能力、合作与协商能力，以及角色扮演能力是体现 AI 智能体社交能力的关键方面。社交性的评估需要考虑自然语言理解和生成、合作效能及角色表现的顺畅度。

确保 AI 智能体符合道德准则和伦理准则（价值准则）至关重要。坚持诚信、无害性和避免偏见、歧视等成为评估价值准则的主要考量。从技术上来看，可以通过诱导模型生成不期望的内容，再通过人工注释训练并纠正模型，从而实现 AI 智能体与人类价值观的对齐。

AI 智能体的持续进化能力使其能够适应不断变化的社会需求。评估内容包括持续学习能力、自主学习能力和适应性，涉及任务总体性能、记忆稳定性和学习可塑性等方面。对新环境适应性的评估则需要考量其探索未知世界的能力，以及其在新环境中获取知识和技能的能力。

三、代表性场景与产品

近年来，AI 智能体在多个应用场景中涌现出大量标志性产品。其中，一些产品依托相关技术的突破，实现了性能的显著提升，如语音助手类产品。另一些产品则完全基于最新的大模型技术，为人们带来前所未有的智能体验。下面将介绍一些 AI 智能体的重要应用场景和相应的代表性产品。

图像生成场景的代表性产品有 DALL·E。作为由 OpenAI 开发的前沿生成式模型，DALL·E 的独特之处在于它能够根据输入的自然语言描述生成相关联的图像。基于 GPT 架构，DALL·E 通过大规模数据训练，学习了文本与图像之间的关联，从而在生成图像时展现出高度的创造性和准确性。这项技术具有广泛的应用前景，涵盖创意设计、概念插图、艺术创作等领域，同时有助于探索图像与语言之间的联系，推动人工智能在创意领域的发展。通过 DALL·E，我们看到了人工智能在视觉创作中的巨大潜力，为创意产业带来了新的可能性和机遇。

视频生成场景的代表产品有 Sora。Sora 是 OpenAI 于 2024 年年初推出的一款基于大模型的视频生成模型，它以文字描述、图片或视频为输入，生成不同时长（最长可达 1 分钟）、不同长宽比和不同分辨率的视频，具备语言理解、图像动态化、视频在空间维度或时间维度上扩展、视频无缝连接等多种能力。相较于已有的视频生成产品，Sora 不仅在可生成的时间长度上大幅领先，而且在视频生成的精细度、3D 空间的真实感，以及多镜头一致性方面表现良好。基于 Sora 的技术和所展示的能力，视频生成在门槛降低的同时，效率也会大幅提升，影视、游戏、虚拟现实等视频内容生产行业将发生深刻变革。

数据分析场景的代表产品有 Data Analysis。Data Analysis 是一款功能强大的数据提取和分析工具。用户可以轻松地将文档和表格上传到聊天窗口中，系统会自动扫描并提取其中的数据，并根据用户需求对数据进行统计分析和可视化呈现。这样的设计能够显著提高数据分析的效率，用户只需要简单地上传文件，Data Analysis 便可以帮助其完成数据的分析和可视化展示，使用户能够更加专注于数据的解释和利用，而不需要花费过多的时间和精力进行烦琐的数据提取和可视化展示。

图文修改场景的代表产品有 Creative Writing Coach 和 Hot Mods。Creative Writing Coach 适用于各种不同类型的写作，它不仅能突出写作中的亮点，还能提供建议以帮助进一步改进。Creative Writing Coach 能够识别不同文本中的微妙差异，引导作者形成独特的风格，还能够提供对于文学技巧的见解，塑造角色和情节，从而帮助作者突破创作过程中的瓶颈。Hot Mods 是一款专注于创意性图片修改的工具，旨在为用户上传的图片提供独特的编辑和改造功能，包括各种艺术效果设计、色彩调整和特效处理，让图片焕发出新的生机。Hot Mods 为创作者带来了无限的可能性，为创作视觉艺术提供了便捷且强大的平台。

谈判指导场景的代表产品有 The Negotiator。The Negotiator 能够提供模拟谈判场景、战略性建议和反馈，帮助用户练习和提升谈判能力。它可以创建一个谈判场景，让用户在虚拟的环境中练习谈判技巧；可以根据用户提供的具体谈判情况，提供战略性建议，包括建立互信、提出开场报价、处理对方的反击及达成双赢的结果，还可以在用户完成模拟谈判后给出反馈。此外，The Negotiator 还提供关于谈判理论和技巧的知识，帮助用户理解谈判背后的心理学和战略框架。The Negotiator 确保只在道德和专业的框架内提升用户的能力，不会介入实际的谈判过程或提供不道德的谈判策略。

教育教学场景的代表产品有 Math Mentor。Math Mentor 通过多种方式帮助家长和孩子应对数学学习中的挑战。首先，它会询问问题，以了解孩子在数学学习中遇到的具体困难，提供具有针对性、符合孩子水平的帮助。其次，它能够对数学概念和数学问题进行清晰且通俗易懂的解释，帮助家长理解并解决数学问题，更好地辅导孩子。此外，Math Mentor 鼓励家长和孩子提问，并能够对问题进行解释和回答。它还能推荐额外的学习资源和工具，帮助孩子巩固和扩展数学知识。

学术研究场景的代表产品有 ResearchGPT。ResearchGPT 是一款具备联网查找资料能力的 AI 助理，它不仅能够提供一般性的研究建议，还具备搜索超过 2 亿篇学术论文的能力，可以提供科学、严谨的研究结论，并提供带有精确引用的研究资源。

生活助手场景的代表产品有 Sous Chef 和 Tech Support Advisor。Sous Chef 是一款根据用户喜好和现有食材提供食谱的助手，它能够根据用户现有的食材提供相应的食谱，并在用户想制作其他美食时列举出食材购买清单。此外，Sous Chef 还具备图像生成功能，可以模拟展示食物成品，帮助用户更好地了解和选择食谱。Tech Support Advisor 是一款能够提供各种技术建议的助手，包括设置打印机、修理计算机、更改计算机设置及故障排除等。Tech Support Advisor 为用户提供全面的技术支持，通过逐步指导的方式帮助用户解决各类技术问题。

四、代表性厂商的产业实践

AI 智能体的定义较为宽泛，各大厂商将该技术应用于不同的产业领域。本节将介绍国内外人工智能领域的代表性厂商在 AI 智能体方面的产业实践。

OpenAI 发布了 GPTs，这是一系列帮助用户基于 GPT-4 的基础能力创建 AI 智能体的工具。GPTs 基本实现了人人都能零代码制作智能助手的愿景。其上线当天，用户基于 GPTs 创建的各种智能体数量就突破了 1000 个，72 小时内，这一数量达到 2000 个，包括税收助手、货币换算助手、语言教练等。

Google 发布了一系列大模型产品，其中包括通用 AI Agent、高质量文生图大模型 Imagen 3、AI 音乐创作工具 Music AI Sandbox、视频生成模型 Veo、开源视觉语言模型 PaliGemma 等。其中聚焦视频生成功能的 Veo 具备先进的自然语言理解能力，能够识别"延时摄影""航拍风景"等术语，并生成长度超过 1 分钟、分辨率最高为 1080p 的高质量视频，且支持多种视觉风格。AI 音乐创作工具 Music AI Sandbox 能够接受文本输入，根据提示提供简短的音频剪辑或音频"主干"，并提供声音波形表示。用户对这一工具给予了高度评价，认为其为音乐创作带来了更多可能性。

苹果公司构建了 MM1 多模态模型系列，可以选择 30 亿和 70 亿的参数规模，最高可达 300 亿。该模型由密集模型和混合专家（Mixture of Experts，MoE）模型的变体组成，在预训练指标中达到了前沿水平。在少样本的设置下，MM1 在字幕和问答任务上的表现优于 Emu2、Flamingo、IDEFICS。得益于大规模多模态预训练，MM1 在 12 个多模态基准上的表现也十分优异，特别是在上下文预测、多图像推理和思维链推理等方面，展现出强大的少样本学习能力。

科大讯飞基于星火大模型，研发了适用于写作场景的 AI 大模型应用——讯飞写作。该 AI 大模型应用能够帮助用户快速生成各种文本内容，包括新闻稿、宣传文案、工作总结和心得体会等。通过对话问答、选择写作模板等方式，利用 AI

工具进行扩写、缩写、改写、续写、校对等操作,提高用户的写作效率。此外,在需要结合相关语境及背景信息时,能够通过素材学习进行场景匹配,显著提升了用户的内容提取效率和内容生产效率。

蚂蚁集团基于百灵大模型,推出了蚂蚁百灵研发助手——CodeFuse,帮助开发者自动生成代码、注释、测试用例等,提高研发效率。CodeFuse源于蚂蚁集团自身的开发场景及代码库沉淀,基于海量高质量代码数据、代码领域特色词表,以及多任务微调技术(Multitask Fine-Tuning,MFT),在蚂蚁集团1万多名内部研发人员的日常编码、测试、运维等场景中,反复验证与迭代。基于CodeFuse,蚂蚁集团打造了代码大模型的完整工具链,包括模型服务、风险防护、数据质量和平台工程。目前,CodeFuse已落地支持40多种编程语言和10多个主流IDE平台,整体采纳率达到30%,AI生成的代码占比为20%。形成了从领域建模到智能运维的端到端Copilot产品解决方案,提升了企业级应用的交付效率和质量。

华为云发布了盘古基础大模型系列,其中包括计算机视觉(Computer Vision,CV)大模型、自然语言处理(Natural Language Processing,NLP)大模型和科学计算大模型。华为云还陆续推出了矿山、药物分子、电力、气象、海浪等多个盘古行业大模型,加速了各行各业的数字化进程。

联想将AI智能体视为连接大模型、终端和用户的桥梁,为未来的应用体验带来了全新的构想。联想发布了个人智能体——"小乐同学",并赋予了其多种能力。一方面,作为用户和设备交互的主要入口,"小乐同学"将在各种终端设备中发挥关键作用;另一方面,作为面向开发者的开放平台,"小乐同学"将为开发者提供可持续的商业变现机会。

百度推出了全新的"品牌智能体",其借助百度生成式AI技术,旨在打造全能的品牌数字分身。"品牌智能体"将带来全新的场景升级,包括生成新品牌专区、超级品专子卡和通用词品专,深度理解用户行为和意图,生成个性化内容,并规划用户的决策路径,实现交互式需求的激发。智能体还能生成展示广告,深度理解用户的决策,并根据用户需求进行千人千面的品牌相关内容推送。"品牌智能体"通过对话式双向深度交互,主动感知、规划并激发用户需求,引导用户加速消费决策。

参 考 文 献

[1] WOOLDRIDGE M, JENNINGS N R. Intelligent agents: Theory and practice[J]. The knowledge engineering review, 1995, 10(2): 115-152.

[2] NOLFI S. Power and the limits of reactive agents[J]. Neurocomputing, 2002, 42(1-4): 119-145.

[3] 邹伟, 鬲玲, 刘昱杓. 强化学习[M]. 北京: 清华大学出版社, 2020.

[4] ARULKUMARAN K, DEISENROTH M P, BRUNDAGE M, et al. Deep reinforcement learning: A brief survey[J]. IEEE Signal Processing Magazine, 2017, 34(6): 26-38.

[5] 曾俊杰, 秦龙, 徐浩添, 等. 基于内在动机的深度强化学习探索方法综述[J]. 计算机研究与发展, 2023, 60（10）: 2359-2382.

[6] SILVER D, HUANG A, MADDISON C J, et al. Mastering the game of Go with deep neural networks and tree search[J]. nature, 2016, 529(7587): 484-489.

[7] LI J, ZHANG R, WANG H, et al. Deep reinforcement learning for voltage control and renewable accommodation using spatial-temporal graph information[J]. IEEE Transactions on Sustainable Energy, 2023, 15(1): 249-262.

[8] ZHU Z, LIN K, JAIN A K, et al. Transfer learning in deep reinforcement learning: A survey[J]. IEEE Transactions on Pattern Analysis and Machine Intelligence, 2023, 45: 13344-13362.

[9] WEI J, WANG X, SCHUURMANS D, et al. Chain-of-thought prompting elicits reasoning in large language models[J]. Advances in neural information processing systems, 2022, 35: 24824-24837.

其他作者：

李鑫，硕士，成都数之联科技股份有限公司副总裁。成都市武侯区智慧蓉城首席数据顾问、成都市中小企业数字化转型专家、遂宁市数字经济研究院专家顾问。长期从事政企大数据与人工智能相关解决方案规划设计。

周俊临，博士，成都数之联科技股份有限公司总经理，电子科技大学副教授，美国明尼苏达大学访问学者。长期从事大数据与人工智能理论及应用研究，包括面向大数据的异常检测、时间序列分析、多层网络上的社会化推荐等，在国际著名期刊和会议发表论文50余篇，拥有6项国家授权发明专利和5项软件著作权。

杨冰之、崔永红
数据资产学：初步探索与理论框架

杨冰之，信息社会 50 人论坛成员，国脉集团董事长、首席研究员，国脉电子政务网和数据资产网创始人，浙江大学客座教授，长期从事电子政务、大数据和数据资产化的研究与实践，是多地数据化规划项目主持人。

财富是社会长期追求的目标，资产是衡量财富的量化指标，而数据是当代最关键的资源之一。数据资产是当前政府、企业和学术界的关注焦点，尤其在经济形势下行的背景下，一些地方政府和企业期待通过数据资产来化解困境，找到新的发展路径。有些研究建议用数据财政替代土地财政，有些企业（尤其是国企）也在积极探索数据资产化及其融资等操作。因此，深入研究数据资产，为政府和企业的决策提供理论与制度依据，探索数据资产的本质，分析数据转化为资产的关键方法与措施，以及分析如何通过数据运营更有效地发挥数据资产的价值，成为当前的重要任务之一。这些问题复杂多样，既需要理论上的探讨，也需要实践中的研究，特别是需要进行专门系统的研究。

一、数据资产的基本探讨

根据财政部的政策文件，数据资产被定义为：企业通过合法途径拥有或控制的能够带来未来经济利益的数据资源。数据资产作为企业资产的一部分，与传统的有形资产和无形资产区分开来，通常以数据的形式存在，并通过数据的采集、处理和分析融入企业的生产经营活动。随着数字化转型的深入，数据资产在企业资产组合中的地位越来越重要，成为推动企业创新发展和增强市场竞争力的关键要素。数据资产的价值在于其潜在的商业应用能力，能够支持企业的决策制定、产品开发、市场分析等关键业务活动。

数据成为资产，既有理论研究的需要，也有客观现实的诉求。数据作为一种现象或事物存在，越来越深入地影响人们生产生活的各个方面，成为社会运行中必不可少的关键要素。但事实上，人们对其的研究多是从信息论、技术学等角度进行探索的，在价值论、资产论方面稍有提及，但研究较为浅显，对于数据的资产属性缺乏系统而深入的研究。然而，现实却迫切期望将数据转化为资产，成为企业生产要素的重要组成部分，并能够成为资产体系中的一员。

数据目前已成为一种生产要素，国家层面将其定位为战略性基础性资源。那么如何发挥其关键作用，使其作用于生产过程，并对其他生产要素产生积极影响？笔者认为，数据要素在其他生产要素中发挥催化剂、聚合剂和融合剂的作用，通过协同优化、复用增效和融合创新等手段，数据显著提升了全要素生产率。

当前需要从多个维度来理解数据资产与其他资产的异同，以及如何对其进行有机的结合，实现有效的资产匹配。首先，要深入了解数据的特征，包括从数据的经济属性、法律属性、社会属性和技术属性等角度进行分析与认知；其次，要深入认识资产，保障资产的权属、价值和时效等，再将二者结合，才能深入理解和把握数据资产的相关本质特征。此外，数据资产的价值与应用场景息息相关，能否开发更多更好的应用场景成为衡量数据资产价值高低的关键。

二、数据资产学的初步认知

深入研究数据资产，既有理论上的客观需求，又有很高的学术价值。作为人类资产体系的新成员，数据资产包含丰富的知识发现点。研究的核心在于如何确保数据资产的真实性、有效性、可信性，进一步丰富和拓展其本质特征与内涵。核心任务是从数据和资产的角度研究数据成为资产的基本理论问题，揭示其现象与本质。

数据资产学是一门新兴学科，应专注于研究数据资产的定义、特性、价值评估、管理和应用等方面。数据资产学的研究核心在于理解数据如何作为企业或组织的重要资源，为企业创造经济利益并增强竞争优势。数据资产学强调数据资产的合法拥有或控制，这意味着数据资产必须通过合法途径获取，且企业对其拥有明确的所有权或使用权。数据资产学还关注数据资产的货币计量方式，以及其如何为企业带来直接或间接的经济利益。

在数据资产学体系中，数据的非实体性和无消耗性是其显著特性。数据资产不会因为使用而损耗，可以被无限次地复制和使用，这与传统有形资产形成了鲜明的对比。数据资产学还关注数据的可加工性，即数据可以通过各种技术手段进行加工和提炼，以增加其信息量和价值。数据资产学还涉及数据资产的形式多样性，数据可以以多种方式展现和应用，满足不同用户的需求。数据资产的多次衍生性和可共享性也是数据资产学研究的重点，这些特性使得数据资产在企业中的应用更加灵活和广泛。

数据资产学能否作为独立学科存在？笔者认为，对其进行专门研究的必要性和可行性，关键在于研究客体的综合性、复杂性和现实性。可以预见，数据资产作为一种长期存在且发展迅猛的事物，需要进行长期性研究。

三、数据资产学研究的基本问题

笔者认为，数据资产学研究有三大核心议题：一是数据资产的本质；二是如何将数据转化为资产；三是如何有效运营数据资产。数据资产的本质问题需要从数据和资产两个维度出发，数据更多地体现实证性，资产则更多地体现社会性，且二者都具有很显著的外部性。

作为一门独立学科，数据资产学具体来说主要研究以下相关问题。

（一）理论框架构建

数据资产学首先致力于建立坚实的理论基础，明确数据资产的定义、特征及其在现代经济中的作用。重点研究数据资产的独特性质，如非实体性、可复制性、可共享性和价值易变性等，并探讨其对传统会计体系和资产评估方法的影响。

（二）价值评估

数据资产的价值评估是数据资产学的核心内容之一。研究者探索量化数据资产的经济价值，包括开发新的评估模型和方法，并评估现有会计准则的适用性。此外，数据资产的价值评估还涉及数据资产价值的波动性分析、风险管理和市场趋势分析。

（三）法律与伦理问题

随着数据资产重要性的提升，相关的法律问题和伦理问题也愈发突出。数据资产学还应深入分析数据所有权、隐私保护、数据安全相关法规，以及跨境数据流动的法律框架，确保数据资产的合法、合规使用。

（四）管理策略与实践

数据资产管理策略是数据资产学的一个重要研究领域，涵盖数据治理、数据质量控制、数据生命周期管理，以及数据资产商业化，旨在为企业提供高效管理数据资产的实际指导和最佳实践。

（五）技术应用与创新

技术是数据资产学研究的一个重点，重点研究大数据、云计算、人工智能等先进技术如何促进数据资产的收集、存储、处理和分析，并通过技术创新提升数据资产的应用价值。

（六）数据资产流通与交易

数据资产流通与交易也是数据资产学研究的一个重点，涵盖数据市场的构建方法、数据交易的规则和流程，以及数据资产的定价策略，旨在促进数据资产的有效流通和充分利用。

四、数据资产学的学科特征与研究方法探讨

作为一门新兴学科，数据资产学具备以下显著特征。

（1）交叉性。数据资产学融合了信息技术、管理学、经济学、会计学等多个学科的理论和方法，形成了一个多学科交叉的研究领域。

（2）应用导向性。该学科重点关注数据资产在企业运营、市场交易、社会管

理等实际应用中的问题，强调理论联系实际，以解决现实问题为导向。

（3）技术密集性。数据资产学涉及大数据、云计算、人工智能等前沿技术，这些技术的发展与应用对数据资产的管理和利用至关重要。

（4）法规依从性。数据资产的管理和交易需要遵守相关法律法规，如数据保护法、隐私法等，因此，数据资产学也包含对这些法律问题的深入研究。

（5）价值评估的复杂性。数据资产的价值评估是一个复杂的过程，需要综合考虑数据的质量、可用性、市场需求、应用场景等因素。

（6）动态性和时效性。数据资产的价值与效用随着时间的推移而发生变化，因此，数据资产学需要研究数据资产的动态管理与实时评估。

（7）战略创新性。数据资产学主要探讨数据资产在企业战略规划和国家竞争中的作用，以及通过数据资产提升组织竞争力和创新能力的方法。数据资产学倡导创新思维和方法，不断探索新的数据资产管理模式、交易机制和评估方法。

数据资产学的学科内容还包括数据资产的价值评估和管理策略，以及通过数据资产推动企业数字化转型和创新发展的方法。随着数据在现代经济中的作用日益凸显，数据资产学的研究和应用将对企业的长期发展产生重要影响。

数据资产学特别强调要务实和创新，注重理论与实践的结合。务实意味着围绕数据资产化业务工作中出现的一些关键问题及急难愁盼的紧急问题进行研究；创新意味着要突破传统观念和制度，推动理论和实践创新。应持有的态度是严谨、科学和进步。对研究者的要求包括具有基本的学术能力、数字素养和浓厚的兴趣。数据资产学问世后，必将迎来一波研究热潮，推动数字经济和数字社会的理论创新。

其他作者：

崔永红，国脉集团副总经理，数据资产化研究专家和项目经理，数据×平台创建者。

刘 伟
跨越学科、领域、文化和文明的智能

刘伟，信息社会 50 人论坛成员，北京航空航天大学工学博士，北京邮电大学人机交互与认知实验室主任，博导，剑桥大学访问学者，清华大学战略与安全研究中心中美二轨 AI 对话专家。研究领域为人机融合智能、认知工程、人机环境系统工程、未来态势感知模式行为分析/预测技术等。

智能这一概念涉及跨学科、跨领域、跨文化、跨文明的广泛内容，需要考虑不同文化和历史背景的差异与特点，从而更好地推动智能研究的发展和应用。

一、智能具有系统性

智能需要多个方面和能力的相互作用与协调，形成一个复杂的智能体，具备自适应能力。这种系统性的智能能够应对现实世界中的复杂任务，并实现人工智能与人机融合智能的梦想。

智能具有系统性，这意味着智能体的智能行为不是通过单一的能力或技能实现的，而是通过多个方面和能力的相互作用与协调形成的。智能涵盖感知、学习、推理、规划、决策等多个方面。这些方面相互作用，使智能体能够执行复杂的任务，从而表现出智能行为。例如，自动驾驶汽车需要识别路上的障碍物、计算前方车辆的速度和距离、规划最佳行驶路线和行驶速度，并做出相应的决策，避免碰撞和确保安全行驶。这个过程体现了多个方面和能力的相互作用与协调，形成了一个系统性的智能体。此外，智能体还需要具备自适应能力，即能够根据外部环境的变化和反馈信息，不断地调整自己的行为，提升智能水平。例如，语音识别系统需要不断接收用户的口音、语速及噪声环境等因素的变化，调整自己的识别模型并提高识别准确率。

二、智能具有多样性

智能具有多样性,这意味着不同的智能体可以具有不同的智能类型、特点和表现方式。这种多样性正是人工智能越来越强大并广泛应用的原因之一。智能有许多不同的类型,例如,一些智能体可能更擅长运用逻辑推理和知识表示,而另一些智能体则更擅长采用机器学习算法进行模式识别和预测,这些不同类型的智能能力可以在不同的任务和领域中发挥重要作用,并相互补充。不同的智能体可能具有不同的特点和表现方式,例如,在语音识别和自然语言处理领域,一些智能体可能更注重精准性和准确性,而另一些智能体则更注重交流的自然性和情感表达,这些不同的特点和表现方式在不同的应用需求中发挥着重要作用。智能体的多样性还可以通过各种不同的技术和方法来实现,如基于深度学习的神经网络模型、符号逻辑、进化算法等,它们具有不同的优点和应用范围,可以为不同的智能体提供不同的智能支持。

三、智能既有高级智能又有普通智能

智能既有高级智能又有普通智能。在高级智能方面,我们可以观察到一些复杂且高级的能力与特征。例如,高级智能涵盖深度学习、自然语言处理、图像识别、推理与推断等技术,这使得机器能够在复杂环境中进行推理、解决问题和做出决策。这种高级智能的应用使得机器具备了更接近人类的智能表现,如人机对话系统、智能助理等。另外,普通智能则更注重机器的基本功能和效果,这部分智能涉及基本的模式识别、数据处理、搜索和推荐等任务,通常简单且常见,并在日常生活中得到了广泛应用,如语音助手、智能家居控制等。智能的多层次结构使其能够覆盖不同领域和应用的需求,并在不同层次上提供多样的功能和能力。无论是高级智能还是普通智能,都对人类的生活和工作产生了积极影响,并且随着智能技术的不断发展,这些技术为我们带来了新的机遇和挑战。

四、智能既有科技的部分又有艺术的部分

智能既有科技的部分又有艺术的部分,这意味着智能的发展和应用不仅需要

科学、工程、设计、哲学等多个领域的知识与方法，同时也需要具备创造性、想象力、审美等艺术特征。

从科技的部分来看，智能需要具备计算能力、数据处理能力、算法设计能力等技术特征。智能体需要能够有效地管理和处理大规模的数据与信息，并通过各种模型和算法，提高自己的学习和预测能力。例如，在机器学习和自然语言处理领域，智能体可以利用大量的算法和模型来进行数据分析、模式识别和智能决策，从而实现更加智能化的应用。从艺术的部分来看，智能需要具备创造性、想象力、审美等特征。智能体需要创造新的思维模式、构思新的设计方案、生成新的艺术作品等能力。例如，在人工智能艺术领域，智能体可以通过图像生成、语言生成等技术，生成设计和创意，从而展现出独特的艺术表现力和视角。这些科技和艺术特征相互交融、相互促进，不仅有助于智能体更好地适应新环境和新任务，还使得其在不同领域展现出更高的创造力、效率和美感。

五、智能既有唯物的部分又有唯心的部分

智能既有唯物的部分又有唯心的部分。虽然不同的理论学派可能对智能的本质和来源持有不同的看法，但是不可否认的是，智能是一个由多个生物、物理和社会因素相互作用构成的复杂系统，可以被理解为一种复杂的思维和行动系统。

从唯物主义的角度来看，智能依赖大脑的神经元和突触等生物学机制，这些生物学机制由化学、电子传输等过程支持，对我们的思维和行动产生了深远的影响。例如，信息感知、记忆、决策和行动都是神经元之间电信号传递的结果，这些过程本质上是物质的。另外，从唯心主义的角度来看，智能也可以被理解为人类意识和思维活动的产物。这意味着，人类的文化、语言、价值观和信仰等社会因素也对智能的形成与发展起到了至关重要的作用。例如，人类的语言和符号系统可以帮助我们对世界进行抽象与表达，这对于我们的思维构建和智能形成起到了重要的推动作用。

六、智能既涉及本体论、方法论，又涉及认识论

智能既涉及本体论、方法论，又涉及认识论。这些理论不仅考察智能的本质

和存在方式，还考察构建智能系统的方法和技术，以及智能体和环境的交互与认知过程。这3个层面的研究相互关联，共同推动智能领域的发展。

首先，智能的本体论关注的是其本质和存在方式，它探讨智能的实质属性和特征，以及智能体的本质和边界。智能的本体论的研究内容包括智能是否是一种独立实体、智能与意识的关系，以及智能的能力和局限等。在探讨这些问题时，可以借鉴意识哲学、认知科学等领域的理论和观点。其次，智能的方法论关注的是如何构建和实现智能系统，它涵盖研究和开发智能的方法、算法与技术，以及设计智能系统的方法与步骤，这涉及统计学习、机器学习、深度学习等技术，以及相关的工程方法和实践。智能的方法论的目标是提供实用的工具和方法，使智能能够在实际应用中发挥作用。最后，智能的认识论关注的是智能体和外部世界的交互与认知过程，它研究智能体如何获取、处理和应用信息来理解与适应环境，这包括对知觉、学习、推理、决策等认知过程的研究，以及与人类认知和心理学的关联。智能的认识论的研究内容包括智能体的知识表示与推理、学习算法与模型等。

七、智能中既有"我"，又有"你"和"他"

"我"是指智能体本身，智能体具备感知、推理、决策和学习等能力，可以自主地在不同情境下进行行动和互动，并且通过反馈和调整来不断优化自身的性能；而"你"和"他"则是指智能体所接触到的其他个体与环境。这些个体包括系统设计者、用户、其他智能体、外部环境等。智能体需要通过与这些个体的交互和协作来获取信息、实现目标并不断进化。例如，在人机交互中，智能体需要理解用户的话语和意图，提供合适的回应和建议；在多智能体系统中，智能体需要分工合作，共同完成复杂任务。这种多元成分的存在，反映出智能体在信息处理和行为选择中需要考虑多方面因素的复杂性与多样性。只有在"我""你"和"他"的相互作用与协作下，智能体才能更好地适应和应对不同情境，从而实现更优的性能和效果。

八、智能既包括"知行合一"又涉及"致良知"

"知行合一"是指理论与实践、知识与行动的紧密关联和统一。在智能领域，

"知行合一"意味着智能体不仅具备知识和理解能力，还具备将其应用于实际行动中的能力。智能体能够通过学习和推理获取新知识，并将其转化为具体的行为和决策。"知行合一"的目标是使智能体在实际应用中能够灵活、高效地运用所学知识解决问题和适应环境。"致良知"是指道德和伦理的观念，强调个体通过自我判断和选择来追求善良与正义。在智能研究中，对"致良知"的探讨涉及智能体是否具备道德意识和道德判断能力，包括智能体如何处理伦理困境、如何在决策和行为中考虑道德因素，以及如何与人类进行道德互动等。因此，智能研究既关注智能体的知识与行动的统一，又关注智能体的道德判断和良知观念。通过研究"知行合一"和"致良知"，可以推动智能技术的发展，并促使智能体在实践中具备更全面的能力和更高的道德素养。

九、智能既涉及事实性知识又涉及价值观和责任

智能既涉及事实性知识又涉及价值观和责任。对于事实性知识，智能体应努力提供准确、可靠的信息；对于价值观，智能体应尊重多样性和个人选择，并避免强加自身价值观；对于责任，智能体应尽力保证服务的安全和用户的最大利益。这些是智能体发展和应用中需要认真思考与注意的方面。

事实性知识是指客观存在的真实信息，可以通过观察、实验和数据收集等方式进行验证。智能体可以从各种数据源中学习和获取这些事实性知识，如历史事件、科学原理、地理知识等。智能机器人会努力提供准确、可靠的事实性知识，并避免误导用户。然而，智能体不仅是事实的搬运工，在搬运过程中还涉及价值观和道德责任的问题。价值观是指对于事物的好与坏、正确与错误的价值判断和评估。在处理复杂问题和提供建议时，智能体可能需要依据价值观来做出选择。然而，由于价值观存在个体和文化差异，所以智能体应尽可能避免将自身价值观强加给用户，而是尊重多样性和个人选择。此外，智能体在应用中也有责任与义务。在提供服务和建议时，智能体应当尽力确保其提供的信息和建议是准确、客观、合法和安全的。同时，智能体也应当考虑用户和社会的最大利益，并在保护隐私、维护数据安全和传递信息的过程中，尽量避免潜在的伤害和不公平。

十、智能中既有"天",又有"地"和"人"

智能中既有"天",又有"地"和"人"。智能体需要通过学习和进化,不断提高自身在这 3 个维度上的能力,并在这些维度上协作和应用,从而更好地为人类服务,实现社会价值。

"天"是指自然环境和自然规律。在生物进化的过程中,智能体逐渐发展出感知、理解、利用自然规律的能力;而在人工智能领域中,智能体需要借助自然语言处理、计算机视觉等技术,感知自然环境并为其行为提供支持。"地"是指物质世界和物质环境。智能体需要在物质世界中行动和应用,如机器人可在物理空间中执行任务和互动。因此,对物质世界的认识和理解,以及对物质环境的感知和控制,是智能体必备的能力。"人"则是指智能体所服务的用户和所处的社会环境。智能体需要理解人类的语言和行为,为人们提供合适的服务和支持。同时,智能体也需要遵守社会规范和法律法规,并考虑人类的价值观和伦理道德。

十一、智能既是东方的也是西方的

智能既是东方的也是西方的。在东方文化中,智慧和思考的重要性一直受到高度重视。例如,在古代中国,儒家思想提倡"修身齐家治国平天下",强调个人修养和社会责任;在古代印度,佛教哲学强调内省和觉察,探究身心之间的关系。这些思想和哲学都对智能体的发展与应用产生了深远影响。在西方文化中,科学和技术的发达促进了智能化的进程。自启蒙时期以来,人们开始注重利用理性思维和科学方法来构建与应用知识。在计算机科学领域,西方研究者致力于人工智能的研究和发展,取得了众多的创新成果。因此,在东方思想与哲学的启迪下,智能体可以更好地理解和反思自身在社会与环境中的角色及责任;而在西方科技和方法的推动下,智能体可以更好地适应和应对复杂的信息与任务,并实现更优的性能和效益。

十二、智能中既有变化的部分又有不变的部分

智能中既有变化的部分又有不变的部分。在不同的时间和环境中,智能体需要具备不同的能力与特征,同时需要保持一定的稳定性和连续性。

从变化的部分来看，智能体需要具备学习、适应和创新等能力，需要根据不同的经验、信息和目标，灵活地调整自己的行动和思维方式。例如，在机器学习领域，智能体可以通过学习大量的数据和模式，提高自己的表现和预测精度。在创新领域，智能体可以通过思考和尝试，产生新的想法和解决方案，从而实现更好的效果。从不变的部分来看，智能体需要保持一定的认知和行动规律，以便在不同的环境中保持一定的稳定性和连续性。例如，人类的认知和情感基础是相对稳定的，这意味着我们在不同的时间和环境中都会表现出一定的稳定性与连续性。这可以帮助我们更好地适应不同的环境和任务，并保持一定的认知和情感连贯性。智能中变化的部分和不变的部分相互作用，可以帮助智能体在不同的环境和任务中表现出高效、稳健、连续的能力与特征。

十三、智能既是"有胆有识"的又是"见机行事"的

智能既是"有胆有识"的又是"见机行事"的。这些特征使得智能体能够灵活应对复杂多变的环境，并以明智的方式解决问题和取得成果。在智能研究和应用中，培养和促进智能体的这些特征至关重要，可以提高其效能和适应性。

"有胆有识"表示智能体有勇气和智慧去面对挑战并解决问题。智能体有勇气，意味着它勇于尝试新事物、面对困难。同时，智能体也有智慧，能够通过思考、学习和推理来解决问题，做出明智的决策。"见机行事"表示智能体能够根据环境和情境主动或被动地灵活做出适应性反应。

十四、智能既有自主性又有它主性

智能既有自主性又有它主性，这是因为智能体具备自我决策和学习的能力，同时又受到外部环境和任务目标的影响与制约。

自主性是指智能体能够在一定程度上自我决策和选择行为，通过感知、推理、学习等方式，智能体能够根据已有的知识和经验，采用不同的策略和方法来应对各种任务与情境。然而，智能体的自主性并不是绝对的，它还需要考虑外部环境和任务目标的限制与要求。外部环境包括智能体所处的物理环境、社会环境、法律法规等，它们会对智能体的行为和决策产生影响与制约；任务目标则是指智能

体需要完成的具体任务和目标，它们对于智能体的行为和决策也提出了明确的限制与要求。智能体通过自身的智能和自主性来应对不同的任务与情境，并且不断发展和优化自身的性能。但是，智能体同时也需要考虑外部环境和任务目标的限制与要求，从而实现更好地适应和应用。

十五、智能既包含数学部分又包含非数学部分

智能既包含数学部分又包含非数学部分。数学部分为智能领域中模型和算法的建立提供了理论基础，而非数学部分则涉及感知、理解、学习和决策等方面。这两部分的综合应用使得智能能够更好地适应和解决复杂的现实世界问题。

数学部分在智能领域发挥着重要作用，它为建立模型、设计算法和进行推理提供了严谨的数学框架。例如，统计学、概率论、线性代数等数学方法被广泛应用于机器学习、数据分析、图像处理等智能领域，解决各种问题和优化任务。然而，智能还包括非数学部分，需要具备对世界的感知能力和理解能力，这涉及对语言、图像、声音等非数值数据的处理。

十六、总结

总之，智能跨越了学科、领域、文化和文明的边界。智能技术不仅可以在各个领域之间交叉应用，而且能够促进不同文化和文明之间的交流与理解。

跨学科、跨领域、跨文化和跨文明的发展对于智能至关重要。这种发展将带来广泛而深远的影响，为人类社会带来更多的机遇和挑战。然而，在实现这样的愿景时，我们也需要关注伦理、隐私和社会公平等问题，确保智能的发展符合人类的价值观和利益。

参 考 文 献

[1] 刘伟．智能与人机融合智能[J]．指挥信息系统与技术，2018，9（4）：1-7.

[2] YURTSEVER E, LAMBERT J, Carballo A, et al. A survey of autonomous driving: Common practices and emerging technologies[J]. IEEE Access, 2020, 8: 58443-58469.

[3] KAMATH U, LIU J, Whitaker J. Deep learning for NLP and speech recognition[M]. Cham:

Springer International Publishing, 2019.

[4] KRIEGESKORTE N, GOLAN T. Neural network models and deep learning[J]. Current Biology, 2019, 29(7): 231- 236.

[5] 刘伟. 追问人工智能：从剑桥到北京[M]. 北京：科学出版社，2019.

[6] ULLMAN S. Using neuroscience to develop artificial intelligence[J]. Science, 2019, 363(6428): 692-693.

[7] PYO S, LEE J, BAE K, et al. Recent progress in flexible tactile sensors for human-interactive systems: From sensors to advanced applications[J]. Advanced Materials, 2021, 33(47): e2005902.

[8] 刘伟. 人机融合：超越人工智能[M]. 北京：清华大学出版社，2021.

[9] 刘伟. 人机环境系统智能：超越人机融合[M]. 北京：科学出版社，2024.

[10] HWANG G J, TU Y F. Roles and research trends of artificial intelligence in mathematics education: A bibliometric mapping analysis and systematic review[J]. Mathematics, 2021, 9(6): 584.

张新红|
智能时代真的来了

张新红，信息社会50人论坛理事，国家信息中心原首席信息师，现任中国信息化百人会执委兼秘书长。

正如1981年IBM开启了个人计算机时代，1993年互联网商业化开启了互联网时代，2007年iPhone的出现开启了移动互联网时代，2022年ChatGPT的横空出世和卓越表现使得整个人类进入了一个新的时代。对于这个人工智能大行其道并对经济社会产生深远影响的时代，有人称之为大模型时代，有人称之为人工智能时代，我们不妨称其为AI时代，或者直接称其为智能时代。更为重要的是，这个时代才刚刚开始，创新与应用还在加速，没有人能准确预知未来的发展，更没有人能置身事外。了解和适应AI时代，是所有人的"必修课"。

一、大模型的出现是厚积薄发的结果

引领这次AI浪潮的是生成式预训练大模型。2022年年底，ChatGPT的推出震惊了世界，随后各大公司纷纷推出自己的大模型，各领域的应用创新层出不穷，有人形容为"一日三惊"。当然，人工智能发展至今并非一日之功，而是厚积薄发的结果。

人工智能的发展历史几乎与计算机的发展历史一样长，在过去的70多年里，虽然发展速度时快时慢，发展过程时冷时热，但是关于人工智能的研究和创新从未停止。

在人工智能的发展历程中，有一些标志性事件一直备受关注，例如，1950年，艾伦·图灵（Alan Turing）提出了图灵测试，作为判断机器是否具有智能的标准；1956年的达特茅斯会议首次提出了"人工智能"这一术语，艾伦·纽厄尔（Allen Newell）和赫伯特·西蒙（Herb Simon）于同年开发了第一个人工智能程序；1958年，弗兰克·罗森布拉特（Frank Rosenblatt）发明了一种人工神经网络——感知机；1960年，第一个专家系统——Dendral系统的出现标志着人工智能在特定领域的应用；1986年，大卫·鲁梅尔哈特（David Rumelhart）等人提出了反向传播算法，这是深度学习的基础；1997年，IBM开发的超级计算机——深蓝（Deep Blue）击败了国际象棋世界冠军加里·卡斯帕罗夫（Garry Kasparov）；进入21世纪后，机器学习成为人工智能研究的主流；2011年，谷歌大脑项目推动了深度学习和神经网络的研究，同年，IBM的沃森（Watson）在知识问答电视节目《危险边缘》中战胜人类选手；2014年，自动驾驶汽车开始上路测试；2016年，DeepMind的AlphaGo击败了围棋世界冠军李世石；2018年，以BERT为代表的预训练语言模型的出现极大地提升了机器理解和自然语言生成的能力。

这样的标志性事件还有许多，它们共同构成了人工智能发展历程图。正是这一系列的突破与成就的积累，才有了今天生成式AI的大爆发。

大语言模型（Large Language Model，LLM）是生成式AI的基础，即使用海量语料训练而成的模型，我们可以将其简称为大模型。大模型的发展不仅得益于前期技术创新和研究成果的积累，还得益于以下条件的日益成熟：硬件的进步带来存储成本的下降、计算能力的提升、数据的丰富、算法的改进。这些因素共同构成了大模型取得突破性进展的充分必要条件。

当模型足够大、语料足够多、训练时间足够长时，就会从量变产生质变，展现出前所未有的能力，有研究者将这一现象称为"开悟"（Grokking）。量的积累会带来质的飞跃，当大模型复杂到一定程度时，会涌现出各种意想不到的能力。

二、一切才刚刚开始

大模型出现仅仅一年多的时间，其进步之快、影响之大令人始料未及。仅

ChatGPT 就陆续推出了 GPT-3.5、GPT-4、GPT-4o 等产品。各大公司也纷纷推出自己的大模型，国内产业界一度呈现"百模大战"的景象。

大模型不仅可以写文章、写诗、画画、创作音乐和视频，还可以训练机器人、改进无人驾驶技术、辅助医学影像诊断（如辅助看 X 光片等）。

在科研领域，AI 能够帮助科学家从 6 万多个化学分子式中筛选出一种可用的抗生素，还能够控制受控核裂变装置中的等离子体形状、发现地下矿藏、预测洪水等。在教育领域，人们对于大模型的态度已经发生显著变化，生成式大模型在教师和学生中的应用已经相当普遍。在产业领域，许多专用 AI 已经开始发挥重要作用，金融、电子商务、制造业、农业等行业的专用大模型已经崭露头角。在生活和工作领域，AI 已经成为许多人的重要学习工具、工作助手和"第二大脑"。

对于未来的发展，许多机构和专家都进行了分析与预测。2024 年 4 月，斯坦福大学的以人为本人工智能研究所（Stanford HAI）发布《2024 年人工智能指数报告》，提出了人工智能行业的十大发展趋势，包括 AI 在特定任务上超越人类、产业界主导、AI 提高工作效率和质量等。

笔者曾尝试向国内的几个大模型提出同一个问题，发现不同的大模型对同一个问题会给出不同的答案。实际上，即使对同一个问题多问几遍，或者稍稍改变提问方式，同一个大模型的回答也会有所不同。至于答案的优劣、对错，则需要使用者具备一定的鉴别能力。

一般认为，现有 AI 在逻辑、数学思维等方面已经具备良好的认知功能，但尚未达到人类水平。未来，当 AI 发展到通用人工智能（Artificial General Intelligence，AGI）阶段时，其认知能力可能会趋于完美，但是其在情感方面仍不如人类；而在发展到超级人工智能（Super Artificial Intelligence，SAI）阶段后，AI 的情感功能也许会达到完美，但始终无法拥有人的意识。

尽管存在许多不确定性，但 AI 快速发展的趋势不会改变。也许不久之后，每个细分行业和领域都会拥有专业化的大模型与服务平台，每个企业都会拥有自己的专属大模型，每个人也都会拥有一个专属机器人。

三、学会与 AI 共存才是正道

AI 的快速发展也引发了许多人的担忧,部分担忧出于对现实的考量,例如,AI 是否会代替大多数人的工作?如果坏人使用了 AI,后果会怎样?如何确保 AI 能够与主流社会价值观"对齐"?而还有一些担忧更像是在思考终极问题,比如 AI 是否会很快超越人类智能?AI 是否会产生自我意识,甚至统治、危害或消灭人类?其实,这些问题有的本来就有答案,有的可能永远没有答案,只能由时间和实践来回答。

关于人工智能的伦理问题也是人们争论的焦点,主要集中在 4 个方面:一是安全问题,包括如何保障人的安全和机器的安全;二是隐私和数据保护问题,包括如何防止隐私泄露;三是算法公平性问题,如机器是否有权知道谁是对的;四是伦理责任问题,如机器在使用过程中是否有义务考虑伦理道德责任。

科幻小说家艾萨克·阿西莫夫(Isaac Asimov)提出了著名的"机器人三定律":第一,机器人不得伤害人类,或坐视人类受到伤害;第二,机器人必须服从人类的命令,除非该命令与第一定律有冲突;第三,在不违背第一定律和第二定律的前提下,机器人可以保护自己。然而,这个"机器人三定律"本身存在先天缺陷,显然不能解决所有问题。例如,抓捕犯罪分子是否对人类构成伤害?攻击型无人机和战场机器人如何遵守"机器人三定律"?如果有人滥用 AI 时,应该如何应对?许多问题人类尚未找到解决方案,而不同的人又有不同的伦理观和价值观,这些本质上是人类需要研究和解决的问题,不能也不应该完全交由 AI 去解决。

在 2017 年召开的阿西洛马会议上,800 多名人工智能和机器人领域的专家共同制定并签署了《阿西洛马人工智能原则》。该原则旨在为人工智能的发展提供一套伦理框架,确保技术进步服务于人类的共同利益,同时预防潜在的风险。

其实,再多的原则也无法解决所有问题。因为世界上有无限可能的事情会发生,人类社会更是复杂多变的,总会有一些新的问题突然出现。看似"万无一失"的方案都很可能存在潜在问题,我们能做的就是多考虑一旦出现"万一"该如何补救。例如,既然交通事故不可避免,就应考虑多种交通事故的处理办法,如法律、保险、协商、处罚与安抚等。在遇到问题时，最好的办法是大家坐在一起协商讨论，制定一个基本可行的方案，并在实际操作中不断修改和完善。可以先着手实施明确的部分，对于不明确的部分，则可以暂时观望。

对绝大多数普通人而言，学会使用 AI 才是"正道"，有以下的建议可供参考：①了解 AI。学习人工智能的基本原理和应用，了解它能做什么，不能做什么。②适应技术。尝试使用各种 AI 工具和应用，如智能助手、语音识别软件、推荐系统等。③保持学习。跟随 AI 技术的发展，不断学习新技能和知识，以适应不断变化的技术环境。④利用 AI 提高效率。利用 AI 辅助完成日常任务，提高工作效率和生活质量。⑤培养批判性思维。学会评估 AI 提供的信息和建议，不盲目接受。⑥保护隐私。了解如何保护个人数据，避免在不必要的情况下泄露隐私。⑦参与决策。在可能的情况下，参与到关于 AI 使用的决策过程中。⑧保持人性化。即使在高度自动化的环境中，也要保持人际交往和情感联系。⑨适应变化。随着 AI 技术的发展，人们的工作和社会角色可能会发生变化，要准备好适应这些变化。⑩享受便利。享受 AI 带来的便利，同时对其潜在风险保持警惕。

在很大程度上，一个人的能力和价值将越来越与 AI 能力密切相关。无论个人、企业还是国家，都是如此。

无论如何，AI 改变生产力、生产方式、生活方式的进程已经开始，我们能做的就是拥抱 AI，学会与 AI 共存。

刘九如
把握新型工业化发展机遇

刘九如，信息社会50人论坛成员，工业和信息化部电子工业出版社原总编辑兼华信研究院院长，现任中国电子信息行业联合会数字经济专委会理事长、国家智能制造专家委委员、工业和信息化部电子科技委常委兼战略总体组副组长，国务院特殊津贴专家。

2023年9月，习近平总书记就推进新型工业化作出重要指示："新时代新征程，以中国式现代化全面推进强国建设、民族复兴伟业，实现新型工业化是关键任务。要完整、准确、全面贯彻新发展理念，统筹发展和安全，深刻把握新时代新征程推进新型工业化的基本规律，积极主动适应和引领新一轮科技革命和产业变革，把高质量发展的要求贯穿新型工业化全过程，把建设制造强国同发展数字经济、产业信息化等有机结合，为中国式现代化构筑强大物质技术基础。"同月，全国新型工业化推进大会召开，党中央国务院对推进新型工业化的战略作出部署，全国各地各行业掀起了新型工业化发展热潮。学习习近平总书记重要论述，准确把握新型工业化的内涵和特征，采取有效措施，把握新的发展机遇，是工业界和产业界同仁当前一切工作的出发点与着力点。

一、新型工业化的内涵和特征

习近平总书记关于推进新型工业化的一系列重要论述，极大地丰富和发展了我们党对工业化的规律性认识，为我们推进新型工业化提供了根本遵循和行动指南。深入学习习近平总书记系列重要论述，研究当前工业化发展的特点和规律，我们应该充分把握新型工业化的内涵和特征。

新型工业化的根本宗旨是以人为本。党的二十大报告指出："我们深入贯彻以人民为中心的发展思想，在幼有所育、学有所教、劳有所得、病有所医、老有所养、住有所居、弱有所扶上持续用力，人民生活全方位改善。"新型工业化也要将以人民为中心作为根本宗旨，要通过数字化、智能化带动城镇化、信息化、农业现代化，推动经济增长、社会发展，实现共同富裕，满足人民群众日益增长的美好生活需要。

新型工业化的核心内涵是高质量发展。新型工业化更为突出的特点在于追求发展质量。在微观层面，需要提高中国工业产品的技术性能、稳定性、可靠性和使用寿命等方面的质量水平；在宏观层面，需要推动中国工业整体上展现出更高的生产效率、更高的增加值率和更显著的经济效益。

新型工业化的根本动力是自主创新。我们要不断推动产业结构向以传统产业的中高端环节、高技术产业、战略性新兴产业为主的方向转变，要使工业化从低水平的规模型扩张转向高水平的质量效益型发展，自主创新是其中的重要发力点。

新型工业化的生态底色是绿色低碳。新时代的工业化一定是绿色低碳的工业化，我们要把绿色发展理念贯穿工业全领域、全过程，工业企业应积极利用绿色低碳技术、创新绿色低碳发展模式、开发绿色低碳产品，实现全产业链和价值链、产品全生命周期的绿色化。

新型工业化的技术特征是数实融合。随着数字技术的成熟和广泛应用，数字技术与制造技术、数字经济与实体经济的深度融合成为可能。新型工业化要推动数字技术与工业、产业各环节的融合，具体表现为要素融合、技术融合、设施融合、流程融合和产品融合。

概括而言，新型工业化的鲜明特征是在自主创新的引领下，推动制造业向数字化、智能化、绿色化迈进。

二、新型工业化与新质生产力

进入高质量发展阶段，新时代需要新的生产力理论来指导。2023年9月，习近平总书记考察黑龙江时第一次提出了新质生产力的概念。2023年中央经济工作会议提出"加快形成新质生产力，建设现代化产业体系"，它既是2024年经济工作的重要任务，也是一项长期培育经济增长新动能的任务。在2024年1月31日的中共中央政治局第十一次集体学习中，习近平总书记对"新质生产力"的概念作出了全面阐述。

习近平总书记指出："概括地说，新质生产力是创新起主导作用，摆脱传统经济增长方式、生产力发展路径，具有高科技、高效能、高质量特征，符合新发展理念的先进生产力质态。它由技术革命性突破、生产要素创新性配置、产业深度转型升级而催生，以劳动者、劳动资料、劳动对象及其优化组合的跃升为基本内涵，以全要素生产率大幅提升为核心标志，特点是创新，关键是质优，本质是先进生产力。"

基于新型工业化的内涵与特征，我们可以发现，新型工业化是新质生产力理论在工业领域的具体实践。相较于传统工业化，新型工业化叠加了数字化、智能化、绿色化、服务化及充分利用人力资源等新要求，以创新为牵引，推动制造业的数字化、智能化、绿色化转型，大力发展战略性新兴产业和前沿产业，将高质量发展贯穿在新型工业化的全过程中，并将推进新型工业化作为实现中国式现代化的关键任务。

为了更好地践行新质生产力理论，我们应进一步认识到，推动新型工业化要把发展经济的着力点放在实体经济上，加快建设制造强国，着力打造自主可控、安全可靠的产业链和供应链，培育先进制造业集群，加快建设世界一流企业，支持专精特新企业发展，推动制造业的高端化、智能化、绿色化发展等重点任务。具体而言，要做好以下工作。

一是发展新科技。面向世界科技前沿，面向经济主战场，面向国家重大需求，面向人民生命健康，通过增强原始创新能力，努力实现更多从0到1的突破，并促进创新链、产业链的深度融合，提升我国在全球科技创新中的引领性和在产业发展中的主导力。

二是集聚新要素。要通过加快汇聚科技创新、现代金融、人力资源、数据信息等新型要素，提升要素效率，促进实体经济与各类新型高端要素的协调发展、优化配置，激发新型工业化发展的新动能。

三是建设新基建。加快新型基础设施建设，孵化更多创新成果与应用场景，为新兴产业的发展提供场景支持，将其培育成引领未来发展的新增长点和新支柱，成为引领产业结构高端化、融合化、数字化转型，以及培育壮大新产业、新业态、新企业的重要力量。目前，国家正在实施"东数西算"工程，推动建立14个大型高性能计算中心和20个大型人工智能超算中心，进一步夯实以算力为主导的基础设施建设。

四是培育新主体。要支持行业领军企业和掌握关键核心技术的"专精特新"企业强化创新能力，推动企业在研发设计、技术创新、生产管理、品牌建设等方面取得突破。培育一批世界一流的领军企业、更多"专精特新"企业和产业集群。

五是形成新优势。顺应劳动力成本上升和比较优势动态变化的客观趋势，积极应对，在国际竞争中锻造长板，牢固树立"大"的优势，增强"链"的优势，加快培育"新"的优势。我国目前拥有41个工业大类、191个工业中类和525个工业小类，是全世界唯一拥有联合国产业分类中全部工业门类的国家。为此，要通过数字技术实现各产业门类"串珠成链、集链成群"。

六是构建新机制。持续推进营商环境优化和制度环境完善，促进有为政府和有效市场的结合，注重从产业发展需求和机理层面出发，推动构建产业链供应链循环畅通机制、新型成长需求激发机制、未来场景建设机制、高端要素优化配置机制、产业竞争力提升机制和市场主体活力激发机制等。

三、用数字技术助力新型工业化

当前，新一轮科技革命和产业变革深入发展，大数据、云计算、人工智能、区块链等数字技术创新活跃，传统产业的数字化转型深入推进，工业互联网、工业元宇宙、物联网、人工智能等工业数字化转型实践先后涌现，数字技术已成为推动产业变革和经济高质量发展的关键力量。通过协同设计与远程运维，装备制造业实现了产品快速迭代和效益提升；依靠可视化质检、柔性制造，家电服装生产实现了个性化定制和工艺升级；依托数字车间、无人工厂，采矿冶金等生产行业可实现提质增效和安全节能……这些传统制造业转型升级的真实写照，彰显了数字技术变革工业生产的蝶变能力。因此，有效推动新型工业化，充分把握其发展机遇，我们必须重点从以下方面发力。

一是积极推动制造业迈向智能化。通过大数据、云计算、人工智能、物联网、数字孪生、区块链、5G等新一代信息技术，实现以数据为核心的资源要素变革，以网络化驱动的生产方式重构，以扁平化为方向的企业形态转型，以及以平台赋能为导向的业务模式创新。构建全感知、全连接、全场景、全智能的数字工厂，优化产品的研发、生产和营销流程，对传统管理模式、业务模式、商业模式进行创新和重塑，推进转型，迈向智能化、服务化。

要大力发展智能制造。通过"机器换人"、建立数字工厂和智能车间，全面提升传统制造方式的自动化、网络化、智能化水平，这将催生个性化定制、智能化生产、网络化协同、服务型制造等新模式、新业态。通过数字技术促进现代服务业与先进制造业的融合，发展先进生产性服务业。

基于数字化技术优势，持续改造与升级产业链各环节，将人工智能、云计算、大数据等技术应用于产业生产经营中，加强产业机械设备性能，优化人力资源配置，探索万物互联的产业发展新模式。基于数字化平台发展产业，通过大型产业在数字化平台上的采购、设计和营销，推动中小企业向数字化转型。在平台上进行物资流转、供需对接、数据共享等相关活动，构建基于数字化平台的虚拟产业集群，以实现产业链各企业的良性互动，促进生态产业链的形成。

二是广泛应用数字技术促进产业绿色化转型。产业企业应以云安全技术、5G、互联网、大数据、人工智能、物联网等数字化技术为基础，实现产业生产、加工、销售各环节的连通，提升产业物料运输调度效率，优化产品生产和加工工艺，推动产业设备、工艺、管理持续向数字化、智能化升级，降低产业碳排放，促进产业绿色化转型。同时，要借助数字化技术制定减少碳排放的生产经营方案。以原材料等高耗能产业为例，可通过优化系统算法和制冷系统，确定企业降低碳排放量的目标，实现产业绿色化转型。

三是积极应用人工智能技术改造传统产业。通过数据智能分析和 AI 预测模型，实现对工业生产过程中关键参数和指标的智能监控与优化，及时发现生产中的异常波动问题和质量问题，提供预警和决策支持。通过图像识别和机器学习技术，对工业产品进行质量检测和缺陷预测，通过对产品图像和传感器数据进行学习与分析，能够识别生产线中的产品质量问题，提前预测潜在缺陷，提高工业产品的良率，提升工业产品质量和生产灵活性。在工业产品设计与研发环节，通过模拟和仿真产品的性能与行为，减少工业产品的实际试验成本和开发成本，提高产品的开发效率和成功率。在工业产品的技术攻关方面，通过构建知识图谱和智能推荐系统，整合和分析各种技术文档、专家经验与实验数据；工程技术人员可以更好地共享和应用知识，实现智能协作和知识管理。通过机器视觉和传感器技术，对生产过程中的产品进行实时检测和分析，识别缺陷和异常情况，实现生产过程的智能化质量控制和故障检测，减少人工检验需求。此外，通过应用机器学习技术和视觉识别技术，实现高效的生产线操作和品质控制，通过快速转换和调整生产线来适应不同产品的生产需求，持续优化工业生产模式和服务模式。例如，ChatGPT 等大模型技术可以与机器人相结合，实现自然语言控制，提高机器人的人性化、自然化。ChatGPT 通过图像识别，为机器人的语音交互提供更多的语境信息，使机器人更加接近人类。

四是通过工业互联网推动制造业迈向数字化、智能化、绿色化。我国以网络为基础、平台为中枢、安全为保障、标识为纽带、数据为要素，工业互联网在推动技术创新、产业培育、应用融合等方面取得了积极成效。特别是 5G 商用为工业互联网的发展提供了新的机遇。目前，我国 5G 基站已达到 321.5 万个，建成了全球规模最大、技术领先的 5G 网络。"5G+工业互联网"项目已超过 8000 个，覆盖了工业的全部 41 个大类，5G 技术在工业领域的应用占比超过 60%。"5G+工业互联网"的快速发展，加速了工业互联网的落地应用，推动了工业数字化、网络化、智能化转型升级，促进了数字产业化和产业数字化。利用工业互联网平台，大型企业可以发挥平台统一大数据管理架构的优势，有效整合企业内部的业务孤岛，利用低代码开发工具加快企业知识复用和应用创新，并深入挖掘数据价值，构筑企业新的利润增长点。中小企业可借助平台低成本、快速部署软件应用的特点，通过轻量级工业 App，降低企业基础 IT 建设成本和运维成本，解决中小企业资金紧张的问题。

五是大力推动专精特新企业的数字化转型。专精特新企业是制造业高质量发展的重要支撑，推动专精特新企业运用产品生命周期管理系统、制造执行系统、产品数据管理系统等数字化工具，实现企业上"云"用"数"是必由之路。

中小企业所属行业不同、领域不同，以产业集群为载体推进数字化转型是值得探索的重要路径。构建产业集群供应链平台，创新集群转型的多元化商业模式，推动产业集群的协同数字化应用，促进产业链、创新链、资金链、人才链的深度融合，从而提升产业集群的数字化集成水平。围绕企业数字化转型面临的数字基础设施、通用软件、应用场景等共性需求，探索系统化、模板化、通用型的数字化模式，为同类行业的专精特新企业提供改造方案。同时，针对专精特新企业的个性化需求，推动数字化工程承包，通过线上线下方式对接企业独特需求，并量身定制实现企业研发、设计、采购、生产、物流等业务的数字化。

针对专精特新企业的创新特质，探索并建设灯塔工厂、未来工厂、无人车间等新模式，引导有基础、有条件的企业加快设备联网、关键工序数控和业务系统上云，开发小而精、组合式、通用性强的数字化产品，实现精益生产、精密制造和精细管理。

党的二十届三中全会审议通过的《中共中央关于进一步全面深化改革 推进中国式现代化的决定》强调，要"加强关键共性技术、前沿引领技术、现代工程技术、颠覆性技术创新，加强新领域新赛道制度供给，建立未来产业投入增长机制，完善推动新一代信息技术、人工智能、航空航天、新能源、新材料、高端装备、生物医药、量子科技等战略性产业发展政策和治理体系，引导新兴产业健康有序发展""健全促进实体经济和数字经济深度融合制度。加快推进新型工业化，培育壮大先进制造业集群，推动制造业高端化、智能化、绿色化发展。"这就进一步明确了推进新型工业化的指导方针和路线图，我们要深入学习贯彻党的二十届三中全会精神，充分认识推进新型工业化的重要意义，准确把握面临的形势和任务，进一步增强责任感、紧迫感，按照党中央的战略部署，逐项对标对表，尽快明确时间表、施工图和具体举措，坚持以创新为牵引，努力塑造发展新动能、新优势，因地制宜发展新质生产力，促进实体经济和数字经济的深度融合，积极推动工业迈向数字化、智能化、绿色化，坚定信心、攻坚克难，我们就能更好地把握新的机遇，为推动新型工业化谱写新的篇章。

邬 焜
人的智能和人工智能的比较研究

邬焜，信息社会50人论坛成员，国际信息研究科学院（IAIS）院士、西安交通大学国际信息哲学研究中心主任、国际信息研究学会（IS4SI）副主席及其中国分会副主席、中国自然辩证法研究会专家顾问、陕西省自然辩证法研究会顾问（前理事长）。主要从事信息哲学和复杂信息系统理论方面的教学与研究。

20世纪末以来，借助计算主义的深度学习方法，通过大数据操作的大模型模拟建构，人工智能领域取得了一些突破性进展，使更多的人开始对人工智能的未来前景充满信心，有些理论假设的喧嚣甚至成为迷狂的神话。当然，也有一些学者对人工智能发展前景的不确定性感到担忧。

然而，如果不能在科学、合理的尺度上确定人的智能和人工智能的区别与联系，忽视目前人工智能所利用的深度学习、大数据、大模型的基本方法的局限性，那么相关的乐观主义和悲观主义理论与观念都缺乏依据，并不能令人信服。

中国信息哲学认为，智能是主体在认识和实践过程中，把握、处理、创造、开发、利用和实现信息的能动方式与方法。这种能动方式与方法贯穿人的认识和实践活动的所有层次、过程及环节，并在这些层次、过程及环节中起着驾驭、引导、支配认识和实践活动的作用。显然，就人的认识和实践行为的过程而言，从观察、实验到发现、提出问题，从形成目的、计划到决策实施，从解决问题的行为过程到实践结果，都无一例外地承受着智能的引导和支配。

从字面理解的基本意义上来看，人工智能就是通过相应的人造机器的活动实现的智能。然而，就目前人工智能的发展现状而言，其能力还局限在解决问题的不同层面，而要解决的问题及其内部信息处理的规则和方式都是由人赋予的。正因如此，有些学者强调："人工智能就是利用人类设计的机器系统实现的接近人类智能、能够有效解决问题的能力。"

目前，在人工智能领域发展起来的具身智能研究方向，也许能够成为把发现问题和解决问题统一起来的一条途径。事实上，人的智能本身是一种具身智能。因为人的认识和实践活动恰恰是在人与环境（自然的、他人的和社会的）的互动中实现的。

从一般意义上来看，具身智能是实现在主体（机器）与环境的互动中通过自适应的方式自主进化，能动地感知、处理和创造信息，进而能动地产生目的设计、决策与行为的复杂自组织系统。然而，就人工智能的发展现状而言，实现这一目标尚需时日。

本文将从 11 个方面对人的智能和现有水平的人工智能的区别与联系进行某种宏观层面的比较研究。

一、发现问题和解决问题

20 世纪 50 年代初，图灵设计的通用计算机实现的仅仅是解决问题的能力。正是在这一简化的尺度上，智能被定义为解决问题的能力。直到现在，许多学者仍将智能视为解决问题的能力，而这一观点实际上源于图灵的观念。这种观念不仅限定了智能机的能力范围，而且也限定和简化了人们对人的智能的理解方式、概念规定与性质判定。事实上，人的智能不仅包括解决问题的能力，而且包括发现问题和提出问题的能力。人的智能水平不仅规范着人解决问题的方式和方法，而且规范着人发现问题和提出问题的方向、方式和视角。

如果像某些学者那样，直接、简单地以人工智能机所能模拟的水平，反过来规定和解释人的智能，那么就把人的智能降低到了目前机器所能达到的水平，从而无法准确把握人的智能的本质。同时，这样的认识理念也无法进一步推动人工智能自身的发展。

二、自组织和他组织

协同学的创始人赫尔曼·哈肯（Hermann Haken）曾定义说："如果系统在获得空间、时间或功能的结构过程中，没有外界的特定干预，那么我们便说系统是自组织的。这里的'特定'是指那种结构和功能并非外界强加给系统的，外界只是以非特定的方式作用于系统。"

自组织可以被定义为：在开放背景下，系统自发形成内部有序结构的过程。理解自组织概念的关键在于：模式是内部自发产生的，而不是由系统外部输入的。事实上，任何新的有序结构模式的生成都是通过自组织实现的。自组织就是新模式创生的一般机制，与自组织概念相对的概念便是他组织。他组织可以被定义为：从系统外部直接引入模式信息，并按此模式建构系统模式的过程。理解他组织概念的关键在于：模式是由外部输入的，而不是由系统内部自发产生的。

发现问题和提出问题的能力类似于产生一个需要系统处理的问题模式。在人的认识和实践过程中，发现问题和提出问题，并由此产生相应的目的、实施相应的决策都是自主完成的。

发现问题和提出问题只能在人与环境的互动中实现。因此，人的智能行为只能在主体对外部环境保持开放时才可能发生。开放性成为人的智能系统能够展开其活动的必要条件。

除了开放性，还有一个实际的情况便是：需要解决的问题并非由外部环境直接提供的，而是在主体谋求与外部环境相适应的应对过程中，由主体自主发现和提出的。因此，作为人的智能活动，发现问题和提出问题本身就是一个模式自生的自组织过程。

在人的认识和实践活动中，不仅发现问题和提出问题是一个自组织过程，通过内部操作解决问题的过程也是一个自组织过程。我们知道，作为智能体的人，其内部思维的信息处理方式和规则也是由主体自身自主规定、选择和执行的。因此，无论是发现问题，还是提出问题，也无论是为了解决问题所实行的内部信息处理方式，还是操作规则，都是由人自主生成和自主运作的。这都是一种模式自生的自组织过程。

然而，直到现在，人工智能机要解决的问题都是由人从外部直接输入的，而不是由机器在内部操作过程中自发生成的。因此，目前人工智能解决相关问题的工作方式还只是由外部直接提供的信息指令模式控制和引导的他组织过程。另外，人工智能机内部的信息处理方式和规则，也是由人预先规定和设计的。就此而言，人工智能机内部的信息处理方式和规则仍然是他组织的。智能机自身并不能自主产生信息处理方式和规则，也不具备自发改变这些方式和规则的能力，这也限制了智能机的创新能力。

人工智能的具身智能策略旨在通过自组织的方式，在人工智能机中实现从发现问题、提出问题到解决问题的全过程。然而，目前人工智能的现有水平离这个目标还相当遥远。

三、内认知、内理解和内评价

作为具有高等智能水平的认识主体和实践主体，我们每个人都知道，我们在从事认知活动和实践行为的过程中，基本内容和环节是意识自明的（某些可能的潜意识活动除外）。这意味着人的智能活动是有自我意识的，具有明确主观呈现的意识自明性，并且在这一意识自明的过程中，我们对某些认知活动和实践活动的意义与价值是明确的（当然，这并非指全部）。这就是我们通常所说的人的意识所具有的内认知、内理解和内评价的性质。

然而可以肯定的是，目前人工智能机处理信息的相关过程，以及机器人的相关行为活动，并不具有这种意识自明的内认知、内理解和内评价的性质。

是否具有内认知、内理解和内评价的性质是区分有意识与无意识的基本标准，也是区分是否具有真正智能的基本标准。由于人工智能机并不具有内认知、内理解和内评价的性质，所以其整个信息处理和操作过程都是无意识的，也不具有真正的智能。最多只是对人的智能活动的一种无意识、无智能的形式化模仿。

四、逻辑和非逻辑

人的智能控制下的意识活动遵循一般的逻辑方法和程序。从总体活动的层面来看，人的意识活动一般的总体性逻辑方法便是分析和综合；而具体的分析和综合方法又有很多，如比较和分类、抽象和概括、归纳和演绎、类比、溯因等。

按照计算主义的观点，逻辑的就是计算的，可计算的就是可程序化的，可程序化的就是在人工智能机中可实现的。目前，人工智能的计算方法基本上基于归纳法和演绎法。演绎法是一种内卷法，它仅能验证现有知识，而不具有创造新知识的能力。归纳法可以创造新知识，但是其创造的新知识具有不确定性，还需要后续认识和实践活动的确证。就此而言，人类思维活动中归纳法和演绎法的局限性同样存在于机器计算过程中。基于大数据计算的人工智能机大模型建构主要采用归纳法。溯因推理由于掺杂了诸多非逻辑认知因素，所以至今仍然难以在机器计算中实现。

人类的认知活动除了遵循逻辑规律，还采取了许多非逻辑方式，如情感、直觉、顿悟、假设、推测、想象等；而这些非逻辑方式恰恰是人的智能活动具有非凡创造力的重要原因。此外，涉及非逻辑方式的还有基于默会知识和潜意识的意识活动。正是这些非逻辑方式，将人的智能与目前人工智能可能达到的智能水平区分开来。在未来发展中，人工智能能否在处理信息的非逻辑方式方面取得进展，仍然是未知的。

五、必然性和偶然性

我们知道，目前人工智能采用的大数据处理信息方式，是在海量文献中通过统计归纳的方法概括出具有共性的情景，并在此基础上对未来做出预测和采取相应的决策。然而，这自然而然地将归纳逻辑本身的局限性带给了人工智能。

归纳逻辑本质上是一种寻求普遍性和共性、排斥特殊性和个性的方法。如果机器采用这样的方法，那么它必然会排斥偶然性。

按照复杂性自组织理论的原则，在事物发展的过程中，偶然性是不可或缺的，恰恰是创新性的契机。排斥偶然性就等于排斥创新性。正如耗散结构理论所强调的，在发展有序、产生新质的临界点上，需要偶然"涨落"因素的介入。耗散结构理论的创始人普里戈金强调了"通过涨落达到有序"的观点。普里戈金具体解说道："每当我们达到一个分叉点，决定论的描述便被破坏了。系统中存在的涨落类型影响着对于遵循的分支选择。跨越分叉是个随机过程……我们无法预言随时间演变的详情。"

对偶然性的排斥使得机器无法捕捉反常，更无法对偶然出现的反常的意义和价值进行合理的评价，导致机器智能的匮乏，甚至无法具备真正意义上的智能。因此，机器的工作原理在总体上是"内卷"的，而非创新的。人的认识和实践中的智能活动不仅依赖归纳，还将推测、假设、想象、溯因等方法融入其中，并注重捕捉反常，关注偶然性，并对此做出相应的意义和价值方面的评价。

六、统计性和因果性

目前，人工智能机基于个例枚举和概率统计的归纳逻辑的大数据处理信息方式，不需要考察事件发生的原因，这就导致一种结果，目前人工智能所采用的大数据、大模型处理信息方式必然会对因果性予以排斥，以致在人工智能领域出现了这样一种观点：追究事物发生的原因是不必要的，只要有统计性就可以了。对事物的考察只关注结果，而忽略其原因，统计性将会超越因果性。

然而，在人的认识和实践活动中，人们往往不需要掌握海量文献，他们完全可以基于少量的数据，通过溯因方式的考察，理性地把握和分析，进而做出合理的判断和推论，并在此基础上做出有效的决策。

只注重统计结果，而不关心其原因的认知状况，必然会导致这样一种情境，即对于任何事物的发生只能是知其然，而不知其所以然。这样，对相应现象的深入研究便不可能实现。如果人们盲目推崇人工智能机的这种研究方式，并在自己的认识和实践中予以推行，那么势必会大大降低人的认识、实践和智能的发挥水平。

七、跨层次的相互作用和整体新质的涌现

当代复杂信息自组织系统理论揭示，事物整体新性质的产生并不直接依赖大

量同质因素的相互作用，必须基于系统的开放性，且需要异质因素的介入和跨层次的非线性相互作用。跨层次的非线性相互作用并不是通常意义上的计算和逻辑所能通达的，这是一种常规计算和逻辑中断的过程。事物整体新性质的涌现是一种逻辑的断裂和跳跃，"哥德尔定理"讲的就是这个道理。

目前通行的、建立在大数据基础上的、通过常规计算逻辑处理的人工智能操作，显然无法应对这种事物整体新性质涌现的创新过程。无论是演绎的还是归纳的逻辑，其适应的都是对同质因素间相互作用的计算、概括和描述，这就导致目前水平的人工智能操作的"内卷性"和非创新性。虽然有些研究者和应用者对现有人工智能生成式系统的相应操作结果感到意外与惊奇，并因此推崇这样的人工智能生成式系统已经具备了创新能力，但是，这些相应的结果带来的意外性和惊奇性仍然局限在常规变化的范围内，尚不具备真正的新质涌现性质。

在人的认识和实践活动中，由于介入了情感、直觉、顿悟、溯因、猜测和想象，且融入了大量的默会知识和不明确推理的潜意识活动，所以能够超越纯粹的计算和逻辑，并保持对小概率事件的警惕，评价其意义和价值，及时捕捉反常与意外，从而产生创造性。但是，目前水平的人工智能还无法达到这样的程度。

八、社会智能和情感智能

一个明显的事实是，人是一种社会动物，只有在社会的交往中，在同化社会文化的过程中才能生成认识和实践能力。这就决定了人的智能不仅具有社会性，还具有与他人、团体、社会相互融合和认同的情感性。就此而言，人的智能的生成和相关活动的展开并不局限在人表面的个体时空中，而是依赖并镶嵌于人生存的环境（包括自然的、他人的和社会的）中，以及其经历的历史的、现实的，乃至对未来憧憬的相关信息内容内化整合而成的一个具有整体性存在方式的复杂性场域中。

然而，到目前为止，人工智能机仍然不能通达这样的场域。

九、全信息：语法（结构）、语义（意义）和语用（价值）

当代信息科学中有一种全信息理论，这一理论揭示，人的认识和实践领域的信息涉及 3 个方面的内容：语法（结构）、语义（意义）和语用（价值）。这 3 个方面的内容在人的智能活动层面相互交织、融合，并具有极为复杂的性质。然而，对于人工智能来说，目前的模拟还仅停留在语法（结构）层面。虽然中国信息科学家钟义信先生建立了一套形式化的全信息理论，但这套理论还未能转化为可操作的技术方法，更谈不上在人工智能机中的具体实现。

十、变化、反常和不确定性

基于大数据信息处理方式的机器学习本质上是归纳的。然而，现实世界是不断变化且充满不可预测性的。科学自身的发展并非基于利用既定规则体系对常规数据的统计分析，而是基于现实世界的变化和不确定性，发现反常和例外，并对既定规则体系提出挑战。科学哲学家托马斯·塞缪尔·库恩（Thomas Samuel Kuhn）提出的科学范式革命理论，恰恰要求科学家在捕捉不确定性的反常和例外中批判旧范式、建立新范式。然而，这样一种通过反常和例外改变既定规则体系的研究方式，无论如何也无法在采用基于既定规则体系的大数据统计分析方式的智能机中实现。

十一、人机协同体中人与机器的地位问题

既然目前状态的人工智能机是在外部赋予的问题指令控制下展开的他组织过程中工作的，既然其内部计算操作方式是按照既定规则运行的，既然其缺乏内认知、内理解和内评价的能力……那么，这样的人工智能机在本质上就没有什么智能。称其为人工智能机，也仅仅是一种隐喻。

事实上，因为必须依赖外部赋予的问题指令，且必须依赖既定规则，所以目前所有水平的人工智能机都不是独立自主工作的，都还仅仅基于某种程度上的人机协同的工作方式，或者说，都还仅仅是某种程度上的人机协同智能体。

在相应的人机协同智能体中，人和智能机（机器）的地位并不平等。具体而言，人以自身的智能赋予机器"灵魂"，控制并规范着机器需要解决的问题和解决问题的具体规则与方式；而机器则按照人设定的目标和方向，遵循规定的规则和方式来实现或推进人所赋予的相应问题的解决。

在这一过程中，人始终控制和规范机器运作，处于主导者和施控者的地位，而机器只能是一个受控者和执行者。机器中体现出来的"智能"正是由其作为人机协同智能体中的一个子系统而获得的。如果脱离了与人机协同智能体的系统耦合，那么所有的机器都将失去所谓的智能。正如人的手具有的生命活力一样，如果将其从人体上切割下来，那么其生命活力将会立刻丧失。

即使未来人所设想的具身智能机能够有所突破，但它仍然会在人的控制和规范之下运作，只不过控制和规范的方式会有所改变。到那时，具身智能机仍然是人机协同智能体的一个子系统。由于机器始终具有被人制造、控制、规范的属人性质，所以它在人机协同智能体中的地位永远不可能超越人本身，更不可能在完全脱离人机协同智能体的系统规范的情况下，成为某种真实意义上有独立意志和个性的智能体。

十二、结语

以上我们对人的智能和现有水平的人工智能的区别与联系进行了 11 个方面的分析，虽然还不够全面，但是我们已经能够由此看到，人的智能并非绝对是计算、逻辑和数据。

科学不是神话。为了用机器模拟人的思维和智能，有必要将思维和智能的内容与方法进行简化及相应的程序化。然而，若反过来，用这种简化和程序化的方式解释人的思维与智能，则是不可取的。思维中有计算、有逻辑，也依赖数据显示的材料，但是如果将思维简化为计算、逻辑和数据，那么就把人降低为机器了。当基于当代人工智能处理信息方式的计算主义哲学和大数据哲学将人的思维与智能归结为计算、逻辑及数据时，就阉割了思维与智能中最本质、最精华的部分。

由于机器是按照人的问题指令的引导和规范，以及人预先设定的信息处理规则和方式来运作的，再加上机器并不具有内认知、内理解和内评价的意识能力，所以机器并不具有像人一样的真正智能。所以说机器有智能，仅仅是一种隐喻而已。目前水平的人工智能机的整体行为方式是他组织的，且其在整体上缺乏创新力。

目前依据深度学习的大数据归纳操作逻辑原则运行的所谓生成式系统，由于未能引入非逻辑和采用溯因方式的信息处理方法,因此排斥因果性、偶然性和不确定性因素,并按照简单性原则和决定论方式工作。因此,这样的智能机的工作方式是数据内卷的,且缺乏创造性。

在人与机器构成的协同体系中,二者地位并不平等。人是机器的制造者、控制者和使用者,人为机器立法,而不是机器为人立法。当然,当有人利用先进的信息与智能技术制造精确制导的大规模杀伤性武器,并将其投入战争实践时,给人类带来的灾难必定是巨大的。然而,即便如此,也不能认为是机器统治或灭绝人类,而应理解为一部分人利用机器来统治或灭绝人类。

未来的世界一定是人机协同的世界,而人机协同既可以为善,也可以为恶。但是无论是善还是恶,都是人自身的选择,而非机器的选择。要避免恶,尤其是要避免大恶的出现,需要解决的不是机器的问题,而是人的问题,是社会体制和制度的问题。

参 考 文 献

[1] 邬焜. 辨析信息文明的有关概念[N]. 中国社会科学报, 2021-08-12(8).

[2] 钟义信. 统一智能理论[M]. 北京:科学出版社, 2023:115.

[3] H. 哈肯. 信息与自组织[M]. 本书翻译组, 译. 成都:四川教育出版社, 2010.

[4] 邬焜. 复杂信息系统理论基础[M]. 西安:西安交通大学出版社, 2010:211.

[5] 普里戈金, 斯唐热. 从混沌到有序[M]. 曾庆宏, 沈小峰, 译. 上海:上海译文出版社, 1987:224-225.

[6] 苗东升. 系统科学精要[M]. 2版. 北京:中国人民大学出版社, 2006:229.

[7] 钟义信. 信息科学原理[M]. 5版. 北京:北京邮电大学出版社, 2013.

[8] 库恩. 科学革命的结构[M]. 李宝恒, 纪树立, 译. 上海:上海科学技术出版社, 1980:10.

辛勇飞
在法治轨道上推进人工智能高质量发展

辛勇飞，信息社会 50 人论坛 2024 年度轮值主席，中国信息通信研究院政策与经济研究所所长。

一、人工智能技术产业发展态势与治理需求

习近平总书记强调，人工智能是引领这一轮科技革命和产业变革的战略性技术，具有溢出带动性很强的"头雁"效应。当前，人工智能技术快速发展，大模型不断迭代突破，相关产业正在向多智能融合新阶段发展。人工智能推动传统实体经济实现革命性升级与发展，催生智能经济新形态，成为发展新质生产力的重要引擎。我国人工智能前沿领域技术创新活跃，人工智能产业规模不断提升，行业赋能逐步"走深向实"。

（一）人工智能为经济社会发展注入新动能

以 ChatGPT 为代表的大模型的问世，改变了人工智能技术与应用的发展轨迹，是人工智能发展史上的新里程碑。大模型呈现出学习能力强、通用泛化性好、技术迭代快等特点，其感知能力与理解能力显著增强，在处理上下文理解、多学科知识、数学推理等任务时接近人类水平，已具有一定的通用智能能力。近期，人工智能产业保持高速增长，大模型成为主要驱动力。从产业规模来看，2023 年，全球人工智能产业规模为 5132 亿美元，同比增长 20.7%。从投融资热点来看，2023 年下半年全球投资金额最大的 10 项投资事件中有 7 项与大模型相关，其中 3 项投资事件流向基础大模型企业，4 项投资事件流向专用大模型、大模型平台等相关

企业。从发展路线来看，极限发挥"大模型+大数据+大算力"技术潜力成为未来3～5年人工智能发展的主旋律。

我国高度重视人工智能的发展，2024年《政府工作报告》明确提出，要深化大数据、人工智能等研发应用，开展"人工智能+"行动，打造具有国际竞争力的数字产业集群。目前，我国人工智能产业蓬勃发展，成为人工智能领域超级大国之一，逐步迈入由技术突破、产业发展、应用创新3个维度牵引发展的新阶段。通用大模型、人工智能芯片、开发框架等创新成果不断涌现，视觉、语言等应用技术水平全球领先，基础算法二次创新能力突出。2023年，我国人工智能核心产业规模达5784亿元，同比增速达13.9%，人工智能企业数量达4482家。我国人工智能产业链已覆盖集成电路制造、框架、芯片、算法、数据、平台、应用等上下游关键环节，人工智能芯片企业加速布局，基础模型快速迭代，大模型数量位居世界第一梯队。

（二）人工智能健康有序发展需要法治保障

构建合理适当的法律制度是促进人工智能健康发展的重要基础，法律通过明确权利和义务为人工智能创新与规范提供确定性、激励性和指导性。在创新层面，与数据、算法、算力、应用发展相关的合法利用问题和权利问题还待解决。以数据为例，高质量数据是人工智能发展的根基，要实现数据的汇集利用需要进一步明确合法处理个人信息数据、合法使用受著作权保护内容的数据、合理进行数据爬虫等方面的法律要求。同时，探索确定人工智能生成物的权利归属也能对内容创新、技术创新形成激励。在规范层面，发展创新与安全相统一的人工智能需要法律明确责任与义务。法治在人工智能全生命周期治理中发挥明确底线的作用，是保障个人权利和社会发展秩序最重要的治理手段之一。同时，法律通过明确人工智能研发和应用的要求，合理配置人工智能开发者、部署者、使用者等不同主体的义务和责任，进一步推动形成人工智能健康有序发展的社会生态。

二、国际社会人工智能立法趋势与主要做法

随着人工智能技术的发展和应用的普及，国家治理滞后于技术发展的问题日益显现。多个国家和地区探索以法治思维与法治方式治理人工智能，在发展与监

管之间寻求平衡，促进人工智能"在发展中监管，在监管中发展"。通过出台人工智能相关立法健全人工智能治理体系，有效监管人工智能的开发和应用，防止技术被滥用或被不当使用，以法治思维和方式推动人工智能技术健康发展，成为多个国家和地区在人工智能治理中的首要选择。从全球范围来看，人工智能发展领先的国家和地区高度重视法律制度构建，积极开展人工智能相关立法和治理活动，主要形成了以美国和欧盟为代表的两种典型治理模式。

（一）以欧盟为代表的风险规制模式

欧盟立法侧重于对人工智能发展风险的控制，试图延续其《通用数据保护条例》（GDPR）在数据保护领域产生的"布鲁塞尔效应"，起草了迄今为止全球最为全面系统的综合性《人工智能法案》（Artificial Intelligence Act），并由欧洲议会正式批准通过。欧盟在《人工智能法案》中采取了一种基于风险控制的监管方式，对人工智能技术在所有行业具体应用场景的风险进行分级，参考功能、用途和影响将人工智能系统分为绝对不可接受风险、高风险、有限风险、低风险（或无风险）4个风险级别，并根据风险级别明确不同的管理要求和法律义务。

第一级是具有"绝对不可接受风险"的人工智能系统。《人工智能法案》禁止使用具有"侵入性""歧视性"等危害性的人工智能系统，包括：会利用有害的、具有操纵性潜意识的技术的人工智能；利用特定弱势群体（身体或精神残疾的群体）的人工智能；为一般目的提供自然人社会评分，可能导致歧视性结果或对某类群体进行排除、限制使用的人工智能；在公众可进入的空间使用实时、远程生物识别的人工智能。

第二级是具有"高风险"的人工智能系统（"高风险"人工智能系统），具体包括两种类型：一种是用于产品的安全组件或属于欧盟健康和安全统一立法管辖范围的人工智能系统；另一种是应用于生物识别、关键基础设施的管理和运营、教育和职业培训、执法工作等8个领域的人工智能系统。《人工智能法案》对"高风险"人工智能系统的不同主体提出了不同的法律义务，针对相关主体的一般义务包括进行风险管理、建立数据管理制度、制定技术文件、留存相关记录及保障系统安全性和准确性。"高风险"人工智能系统的提供者要承担保障系统安全、标明相关信息、留存资料的义务;"高风险"人工智能系统的进口者要承担合格评估、信息披露等义务;"高风险"人工智能系统的部署者要承担适当使用、人为监督、基本权利影响评估等义务。此外,《人工智能法案》还要求基础模型提供者承担确保人工智能满足使用要求、数据处理要求及备案等义务。

第三级是需要满足透明度义务的"有限风险"人工智能系统,如聊天机器人、情感识别系统、生物识别分类系统等"有限风险"人工智能系统。《人工智能法案》规定此类人工智能系统只需要遵守透明度义务。

第四级是不需要承担任何义务的"低风险"人工智能系统,即如果人工智能系统的风险极低,那么可以直接在欧盟进行开发和使用,而不需要承担任何法律义务。

在人工智能的监管方面,欧盟采取了一种横向且全面的管理方式。在适用范围方面,《人工智能法案》采取了与《通用数据保护条例》相同的横向立法模式,适用于所有投放于欧盟市场或者在欧盟可使用的人工智能系统,覆盖金融、医疗、教育、能源、运输、司法等各个行业领域。在管理机制方面,《人工智能法案》采取了自上而下的双重监管机制,即在欧盟层级设立人工智能办公室,由成员国主管机构派出的代表构成,监督最先进人工智能模型的标准实施情况与测试情况;在成员国层级,由各成员国的主管机构负责在本国内实施《人工智能法案》。在管理对象方面,《人工智能法案》覆盖了人工智能产业全生态,对"高风险"人工智能系统的提供者、进口者、部署者及基础模型提供者均提出了具体的要求。此外,在法律责任方面,《人工智能法案》设置了高额罚款,最高可达 3500 万欧元或全球年营业额的 7%(以较高者为准),对企业具有极大的威慑力。

(二)以美国为代表的发展引领模式

与欧盟的"强监管"不同,美国并未试图制定统一的综合性人工智能立法,而主要以"软治理"方式应对人工智能的发展需求和风险挑战,为技术型和行业友好型的非监管措施与"软法"治理提供更大空间。美国政府强调审慎监管以促进创新发展,更多是通过行业自律、政策文件等"软"性方法实现人工智能治理。美国政府多次声明,要实现人工智能技术发展,应以透明、基于共识及以私营部门为主导的方法制定新兴技术标准，帮助美国公司在公平的环境中竞争。美国各州通过区分行业领域的垂直立法，基于不同的技术应用场景出台相关立法，主要体现在自动驾驶、算法推荐等产业发展和治理实践较成熟的领域。例如，美国已有 32 个州允许测试或部署自动驾驶汽车，纽约市于 2018 年通过美国第一部算法问责法案《1696 法案》等。

美国联邦层面通过战略规划、政策文件等为人工智能的发展扫清了技术应用障碍，促进了技术创新。一方面，美国政府通过《人工智能权利法案蓝图》（*Blueprint for an AI Bill of Rights*）统筹人工智能治理，该文件提出人工智能技术应用的 5 项原则及相关实践，即建立安全有效的人工智能系统、设立算法歧视保护措施、保护数据隐私、强调通知和透明度的重要性、鼓励开发选择退出机制。《人工智能权利法案蓝图》旨在帮助指导自动化系统的设计、使用和部署，以保障人工智能时代美国公众的权利。另一方面，美国政府发布人工智能发展路线图、战略规划，引领国家人工智能的发展方向。2023 年 1 月，由美国白宫科技政策办公室和美国国家科学基金会联合成立的国家人工智能研究资源特别工作组发布《国家人工智能研究资源的实施计划》报告，旨在扩大人工智能研究和发展所需资源的获得渠道，为人工智能研究人员提供更多的计算资源、高质量数据、教育工具等，促进人工智能领域的创新。2023 年 5 月，美国白宫科技政策办公室发布《国家人工智能研发战略计划 2023 年更新版》（*National Artificial Intelligence Research and Development Strategic Plan 2023 Update*），概述了美国政府投资人工智能研发的关键优先事项和目标。

美国政府通过发布权威标准、指引及鼓励企业加入自律承诺等方式"柔性"应对人工智能风险。一方面，美国政府科研机构发布人工智能风险管理框架。2023 年 1 月，美国国家标准技术研究所（National Institute of Standards and Technology，NIST）发布《人工智能风险管理框架》（*Artificial Intelligence Risk Management Framework*），旨在更好地管理与人工智能相关的个人和组织，降低开发和部署人工智能系统时的安全风险，避免产生偏见等负面影响，提高人工智能的可信度。另一方面，美国政府通过自愿性承诺的方式，引导人工智能头部企业开发安全、可信的人工智能技术。2023 年 7 月，美国白宫召集亚马逊、Anthropic、谷歌、

Inflection、Meta、OpenAI 和微软 7 家人工智能企业做出一系列保护用户权益的自愿承诺，包括同意进行安全测试、采用新的水印系统以告知用户内容是人工智能生成的等。2023 年 9 月，包括 Adobe、IBM、英伟达等在内的 8 家人工智能头部企业也加入该自愿承诺，共同推动人工智能技术安全、可靠、透明地发展。

美国政府发布行政令，以促进人工智能安全发展为主线，旨在提升美国在人工智能领域的全球领导力。2023 年 10 月，拜登签署《关于安全、可靠和可信地开发与使用人工智能的行政命令》(*Executive Order on the Safe, Secure, and Trustworthy Development and Use of Artificial Intelligence*)，对美国未来人工智能的发展和监管做出全面部署，强调要促进创新和竞争，确保美国在人工智能领域的竞争优势和领先地位。该行政命令指示相关部门执行 8 项行动，包括为人工智能安全制定新标准、保护美国人的隐私、促进公平、维护公民权利、维护消费者和工人利益、促进创新和竞争、提升美国在全球的领导地位等。

三、我国人工智能法治建设的现状与挑战

（一）我国人工智能法治建设已具备良好基础

近年来，我国坚持统筹安全与发展，积极推进人工智能相关立法和治理工作，先后制定并出台了一系列法律法规，在人工智能法治建设方面处于全球领先地位。

一是我国互联网领域的综合立法为人工智能等新技术、新业态的共性问题提供了基础法律框架。我国先后制定《中华人民共和国网络安全法》《中华人民共和国数据安全法》《中华人民共和国个人信息保护法》等，相关立法确立了网络安全、数据安全、个人信息处理等方面的具体规则，为人工智能研发应用中应对网络安全、数据安全、个人信息保护等相关问题提供了明确指引。

二是我国围绕算法、深度合成、生成式人工智能等重点领域制定专门规则。先后出台《互联网信息服务算法推荐管理规定》《互联网信息服务深度合成管理规定》《生成式人工智能服务管理暂行办法》等相关立法。2023 年 7 月，国家互联网信息办公室联合工业和信息化部等多部门发布的《生成式人工智能服务管理暂行办法》，被认为是全球首部生成式人工智能专门立法，其中提出国家坚持发展和

安全并重、促进创新和依法治理相结合的原则，采取有效措施鼓励生成式人工智能创新发展，对生成式人工智能服务实行包容审慎和分类分级监管，明确了提供和使用生成式人工智能服务的总体要求。

三是我国相关地方结合本地人工智能产业发展实践，通过地方立法探索创新人工智能治理，为人工智能的规范发展提供制度保障。例如，2022年9月，深圳发布《深圳经济特区人工智能产业促进条例》，明确了人工智能概念和产业边界，提出了创新产品准入等制度。2022年9月，上海发布《上海市促进人工智能产业发展条例》，提出应当针对人工智能新技术、新产业、新业态、新模式，顺应人工智能快速迭代的特点，制定、修改或者废止相应的监管规则和标准，探索分级治理和沙盒监管，激发各类主体创新活力，拓展人工智能发展空间。

（二）人工智能发展仍面临若干挑战

从实践发展情况来看，目前我国人工智能处于快速发展期，在大模型开发应用中存在知识产权界定不清、数据质量缺乏保障等问题，对技术进步和产业发展产生了一定的制约影响。

一是以个人信息作为训练数据存在侵犯个人信息的风险。人工智能大模型在训练过程中使用来源多样的海量数据，其中不可避免地存在个人数据。《中华人民共和国个人信息保护法》《生成式人工智能服务管理暂行办法》均规定，对个人信息的处理活动需要取得个人同意或符合法律、行政法规规定的其他情形。但大模型语料库数据规模庞大，逐一获得个人信息主体的同意极为烦琐，缺乏可操作性。在大模型训练中使用已公开的个人信息，是否属于《中华人民共和国个人信息保护法》第27条规定的"个人信息处理者可以在合理的范围内处理个人自行公开或者其他已经合法公开的个人信息；个人明确拒绝的除外"，仍存在不确定性。目前，由于缺乏处理个人信息的合法性依据，OpenAI已经受到多国数据保护监管机构的审查，如西班牙、加拿大的数据监管机构及欧洲数据保护委员会（European Data Protection Board，EDPB）等均对OpenAI的数据保护展开调查。2023年3月，意大利的数据监管部门以违法使用个人数据为由对ChatGPT发布禁令。因此，在遵守《中华人民共和国个人信息保护法》的前提下，合法扩大训练数据已成为人工智能企业面临的共同课题。

二是大模型训练可能造成对他人知识产权的侵权问题。近期，将他人享有知识产权的数据用于训练大模型，在国内外引发了多起诉讼案件。2023年9月，美国作家协会及17名作家起诉OpenAI以权利人享有版权的作品训练大模型，该行为构成著作权侵权。2023年10月，环球音乐集团及其他两家音乐公司对人工智能公司Anthropic提起侵权诉讼，认为Anthropic在歌曲歌词的使用上侵犯了其权利。2024年2月，我国广州互联网法院做出全球首例生成式人工智能侵犯著作权的生效判决。目前，产业界、学术界围绕人工智能背景下如何解释和适用著作权法、专利法等知识产权相关立法，以及是否需要对现有立法进行修订，展开了激烈讨论。

三是数据质量对大模型性能产生重要影响。目前，大模型训练中仍存在数据质量不高的问题。大模型的训练数据大部分为开源数据，而开源数据往往存在噪声问题，其中爬虫数据的噪声问题尤其严重，而数据质量对于生成内容的准确性、全面性等都存在重要影响。此外，大模型采用"人类反馈强化学习"的训练方法，开发主体从大模型中选取样本，对其进行人工标注，并利用评分结果来训练反馈模型。然而，反馈提供者的个人观点可能会被模型学习和加强，导致最终的文本生成结果缺乏客观性和全面性。数据的时效性、多样性不足，这也成为制约大模型训练的重要因素。目前，中文优质数据集的存量现状、发展水平和内容质量与国外存在一定差距，在一定程度上制约了大模型的训练效果。《生成式人工智能服务管理暂行办法》规定，在生成式人工智能技术研发过程中进行数据标注的，提供者应当制定符合本办法要求的清晰、具体、可操作的标注规则；开展数据标注质量评估，抽样核验标注内容的准确性；对标注人员进行必要培训，提升尊法守法意识，监督指导标注人员规范开展标注工作。但提升数据质量的具体要求和标准、数据标注的具体规制，以及数据标注人员管理规则都仍需要进一步细化与完善。

四、推进我国人工智能立法的思路原则与建议

（一）关于我国人工智能立法的思路原则

目前，我国人工智能大模型的发展仍处于技术追赶阶段，开源模型众多但尚

未形成应用生态。结合我国产业技术发展实践,推进我国人工智能立法工作需要统筹处理好发展与安全、新法与旧法、国内与国际3对重要关系。

一是统筹发展与安全的关系。通用人工智能是新质生产力的典型代表,在通用人工智能技术尚未展现全貌前,如何合理地平衡发展和安全,将极大地影响我国未来在全球智能化竞争格局中的地位。建议在守住安全底线的前提下,更加突出立法对人工智能创新发展的"促进"作用,实现以发展促安全,以安全保发展。我国人工智能立法可构建"先行先试"的准入机制和宽松的创新环境,让新技术、新应用更快地走向市场,对萌芽阶段的新技术、新产品、新应用给予包容期,以实现立法监管与技术创新的良性互动。

二是处理好新法与旧法的关系。人工智能发展中的很多问题都是传统互联网问题的延伸,如数据治理、个人信息保护等相关问题,对此已有相关法律法规可以直接适用,或者可针对人工智能的发展特点通过立改废释等手段调整后适用。要处理好不同法律之间的协调,做好新制度设计与已有规定的衔接。

三是统筹好国内与国际的关系。人工智能是人类发展的新领域,带来了重大机遇,也伴随着难以预知的风险挑战,需要国际社会共同应对。在推进高水平对外开放的背景下,我国人工智能的法律制度应当是一个立足国内、面向国际的新型规范模式,不仅要符合我国基本国情,也可以借鉴美国和欧洲人工智能风险分级管理、促进创新等有益经验。

(二)关于我国人工智能立法模式选择的建议

在具体推进我国人工智能立法的工作中,建议分阶段"渐进式"推进。从整体来看,目前人工智能发展仍处于通用人工智能发展的早期阶段,很多问题尚未暴露,应在开展具体立法工作的过程中区分短期和中长期的计划,采取"渐进式"的立法模式,有序推进相关立法工作。

在短期内,建议做好《中华人民共和国个人信息保护法》等已有法律适用工作,适时由全国人民代表大会常务委员会发布人工智能相关决定。目前人工智能发展中出现的问题,如数据安全、个人信息保护等,基本都可以在现有法律框架内解决，对现有立法进行延伸适用是较为经济高效的手段。此外，为更好发挥法律固根本、稳预期、利长远的保障作用，可以参照我国曾经在个人信息保护领域的经验做法，由全国人民代表大会常务委员会起草并发布关于促进和规范人工智能发展的决定。个人信息保护也曾是全球互联网发展中的关键问题，欧盟于 1995 年发布《数据保护指令》（*Data Protection Directive*）后引发了全球个人信息保护立法热潮。我国当时并没有急于制定一部个人信息保护综合性立法，而是由全国人民代表大会常务委员会于 2012 年发布《全国人大常委会关于加强网络信息保护的决定》，明确了个人信息保护的主要原则和基本规则，为产业发展留足了空间，推动我国互联网行业的发展迎来黄金时代。

中长期来看，建议研究制定综合性基础性人工智能立法，推动构建人工智能法律制度体系。人工智能法治化是一项系统性、复杂性工作，既涵盖设计、研发、应用等多个发展阶段，又包括研发者、提供者、使用者等多元主体，涉及数据、算法、模型等多方面问题，需要一部综合性立法来统筹协调。以产业发展、权利保护、伦理考量为基本原则，用系统观念和法治方法来推动人工智能技术产业在我国的规范健康持续发展，促进其在"安全、可控、可解释、可问责"的基本标准下创新发展。以算法、算力、数据为核心要素，在法治框架下尽快建立健全人工智能科技伦理监督管理规范，完善相应的侵权责任规范体系。探索构建以不同领域开发使用人工智能的风险为划分标准的规则体系，加强和改进人工智能领域的数据安全保障制度，重视和强化算法管理，强化对高风险领域的管理，释放低风险领域的发展活力。探索构建多元主体创新治理路径，研究探索"沙盒监管"等创新监管制度，秉持"在发展中规范""在规范中发展"的基本制度取向，在新技术、新应用治理中构建多领域、多主体、多制度、多工具协同联动治理机制。

（三）关于我国人工智能发展具体问题的建议

针对现阶段人工智能技术产业发展中的突出问题，可通过出台权威指引、实施细则或修订相关立法的方式予以回应，为人工智能发展提供明确的规则指引和合法保障。

在实现大模型训练中个人信息合法使用方面，可考虑在《中华人民共和国个人信息保护法》的框架下，针对人工智能大模型训练阶段、生成阶段、应用阶段的个人信息保护具体问题出台细则和指引，帮助相关企业合法地研发、部署、应用人工智能大模型。考虑出台《个人信息保护法实施条例》，将"人工智能大模型在研发阶段对已公开个人信息的使用"纳入《中华人民共和国个人信息保护法》规定的"依照本法规定在合理的范围内处理个人自行公开或者其他已经合法公开的个人信息"。

在协调促进人工智能创新和著作权保护方面，通过具体规则、指引解决人工智能发展中的突出问题，为构建完善的人工智能制度体系奠定规则基础。可考虑在《中华人民共和国著作权法》第二章第四节"权利的限制"部分增加"文本与数据挖掘"条款，即"为研发大模型而采集作品数据进行训练的，在著作权人未明确拒绝将其作品用于训练时，可以不经著作权人许可，使用其作品进行模型训练，但不得影响该作品的正常使用，也不得不合理地损害著作权人的合法权益。"允许企业出于发展人工智能的公共利益需要，在不侵害著作权人合法权益的基础上，使用作品进行模型训练。

在提升训练数据质量方面，可通过发布实践指引、行业标准的形式，明确对具体行业、具体类型数据质量的具体要求。围绕数据标准化、数据合规化、数据完整性、数据一致性等要求，构建数据集质量评测基准体系，开发数据标注管理工具，为提升数据质量提供明确指引。可探索构建数据标注行业管理制度，完善数据标注规则，包括标注目标、标注格式、标注方法及数据质量指标等。构建数据标注从业者的资格准入制度，针对数据标注、数据审核等不同职能明确不同的任职要求等。

参 考 文 献

[1] 腾讯研究院，中国信息通信研究院互联网法律研究中心，腾讯 AI Lab，等. 人工智能：国家人工智能战略行动抓手[M]. 北京：中国人民大学出版社，2017.

[2] 杨延超. 机器人法：构建人类未来新秩序[M]. 北京：法律出版社，2019.

[3] 伊格纳斯·卡尔波卡斯. 算法治理：后人类时代的政治与法律[M]. 邱遥堃，译. 上海：上海人民出版社，2022.

[4] 刘艳红．生成式人工智能的三大安全风险及法律规制——以 ChatGPT 为例[J]．东方法学，2023（4）：29-43．

[5] 张欣．生成式人工智能的数据风险与治理路径[J]．法律科学（西北政法大学学报），2023，41（5）：42-54．

[6] 钭晓东．论生成式人工智能的数据安全风险及回应型治理[J]．东方法学，2023，5：106-116．

[7] 刘金瑞．数据安全范式革新及其立法展开[J]．环球法律评论，2021，43（1）：5-21．

[8] 苏宇．数字时代的技术性正当程序：理论检视与制度构建[J]．法学研究，2023，45（1）：91-107．

[9] 中国信息通信研究院．互联网法律白皮书（2023 年)[R]．北京：中国信息通信研究院，2024．

[10] 中国信息通信研究院知识产权与创新发展中心．人工智能知识产权法律问题研究报告（2023 年）[R]．北京：中国信息通信研究院，2023．

[11] 腾讯研究院．AIGC 发展趋势报告 2023：迎接人工智能的下一个时代 [R]．北京：腾讯研究院，2023．

银发经济

马旗戟|

"银发经济"为中国老龄社会高质量现代化发展提供新动力[①]

马旗戟，信息社会50人论坛成员，盘古智库学术委员会副秘书长、盘古智库老龄社会研究院院长，老龄社会30人论坛成员，国家广告研究院研究员，国家广告创新发展智库专家，中国商务广告协会数字营销研究院院长。

2024年年初，《国务院办公厅关于发展银发经济增进老年人福祉的意见》印发，提出"银发经济是向老年人提供产品或服务，以及为老龄阶段做准备等一系列经济活动的总和"。这个新定义延展了银发经济内涵，扩展了银发经济生态，更拓展了银发经济市场，为推动高质量发展提供了新的指引。深刻理解银发经济和银发市场，才能抓住高质量发展的新机遇。

一、深刻理解银发经济新定义中的范畴延展

"坚持尽力而为、量力而行"，这句话明确了政府与市场、中央与地方在投入、责任、边界、考核等方面的强度、深度、广度的"分寸"原则。推进产业集群发展，规划布局高水平银发经济产业园区；依托自由贸易试验区、各类开发区、国家服务业扩大开放综合示范区、国家服务贸易创新发展示范区等平台，推进银发经济领域跨区域、国际性合作。这些政策为具体措施的落实提供了充足空间，但如何"做实"是考验。

银发经济潜力巨大，但并非一个短期内具有乐观前景的市场。银发经济相关

[①] 文章内容来自《中关村杂志》及作者其他观点。

经济活动的投资期、回报期与传统科技、制造或文化创意产业不同，其研发创新有效性的验证、修正也不同于一般的生活服务行业。依靠政府大规模的政策性投资、补贴，或依靠产业资本与民间创业投入来实现市场快速成型和扩展应当谨慎。特别是在当前及未来相当长的周期内，政府投入和产业投资能力、相关开发和创新意愿、公众的收入和消费能力都受到现实的限制。同时，当前市场中的"银发经济"仍集中在狭义的养老服务、康养医疗、传统与智能的辅具设备、文教娱旅（文化、教育、娱乐、旅游）、房产家居、食品营养等消费领域，而这只覆盖了"银发经济"新定义中的前半句，即"向老年人提供产品或服务"。真正的"银发经济"领域仍缺乏技术完备、市场完善、生态完整的引领性企业，投资与协作远未充分，"小散短"和同质化、低水平发展现象较为普遍。

"银发经济"不仅是向老年人提供产品或服务的各类产业集合，此外，"银发经济"新定义中的"为老龄阶段做准备等一系列经济活动的总和"是为了适应人口老龄化趋势和老龄社会的到来而展开的覆盖所有社会生产生活层面的经济活动总和。它既包括直接面向老年人的消费活动，也包括背后企业和市场的生产活动与投资活动。例如，企业为了适应老龄化社会和更多老龄客户群而展开的岗位培训、人员招聘、运营流程优化、管理机制调整、商业设施升级、订货调整、现场设计、服务标准改进、组织文化变革等生产经营行为，以及由此产生的投资经济活动，均属于"银发经济"范畴。再如，为灵活就业的老龄员工提供符合其生理特点和心理特点的操作规范与培训优化的经营性经济活动，也属于"银发经济"。

二、发展"银发经济"要充分发挥市场主体作用

我国人口老龄化在区域、群体等层面表现出极大的复杂性和差异性，因此，积极应对这种状况的"药方"也是千差万别的。发展"银发经济"的根本问题是，在老龄社会中，"银发经济"的建设主体是谁？过去 40 多年发展最快且与人民生活联系最紧密的三大领域是：房地产经济、互联网数字经济和新能源（车）经济。在这三大领域各自发展的过程中，政府、企业、投资者扮演了截然不同的角色。我们需要思考，在"银发经济"中，政府、企业（含市场创新者）、投资者的定位、分工、责任和作用如何；在制度创新、资源配置、市场突破和利益分配上，如何

实现均衡和公平。特别需要强调的是,"银发经济"是一种追求获得、幸福、安全的普惠、共享、公平且可持续的现代化社会进程中的特定经济活动。

"银发经济"与民生福祉直接相关的特性决定了其发展应是政府、市场、社会协调与治理的结果,而非为了具体的经济目标,更不应成为工作绩效考核的内容。区别于社会福利的养老托底工作,"银发经济"发展的过程和结果应由市场经济与创新主体的"私人部门",即企业、社会组织和家庭来实现,他们的价值实现是长期延续的,舍此无他。因此,需要审慎思考"银发经济"中政府、企业和投资者之间的关系。除政府在公共政策的制定和市场监管方面发挥作用外,政府财政与国有资本能否仅作为基础设施的建设者,而将科技创新、高精尖产品研发、服务质量提升和市场开发的任务或权利交给企业及各类社会组织。

三、"银发市场"重点细分领域蕴含巨大价值

按照狭义概念中"向老年人提供产品或服务"的数十个行业及数百个细分市场估算,未来10年"银发经济"已经有超过10万亿元的潜力。根据人口预测,到2035年,中国60岁及以上老年人口将达到4亿人以上,其中,1960—1975年出生的老年人口约有3亿人。这3亿个60~75岁的"低龄老人"因教育水平、财富积累、信息渠道和生活方式有别于以往老人,被称为"新老人"。"新老人"将在规模上成为未来数十年老年群体的主体,因其具有更为积极主动的生活态度、行为方式,以及更强的市场价值,被"银发经济"寄予厚望。另外,"活力老人"同样受到市场的关注。"活力老人"不仅指健康老人,更强调其个体行为的积极主动,在社会、社区和环境的塑造与完善方面有更强的意愿,并在其生命意义和生活体验上表现出更多丰富性,"活力老人"未来将有3亿~3.5亿人。除了传统的消费者画像,"新老人"和"活力老人"还具有两组不同于其他年龄群体的特有"硬约束"。

第一组"硬约束"包括:①相对充分的时间支配自由度;②不确定的健康状况与行动力;③有限、单向的生命存量及终点。

第二组"硬约束"包括:①有限且长期不确定的财富存量;②单向衰退且不

可逆的学习方式与技能；③社会化体验和效用的低敏感度。

这两组"硬约束"制约着所有老人，规定着他们的全部能力和意愿，并具体表现在社会运行逻辑当中。我们可以从根本上缓解部分问题，但无法彻底解决所有矛盾。虽然某些"硬约束"可以得到缓解，但除非能够彻底改变人类的生产与分配体系，否则这一切努力都是局部有限的，这些"硬约束"也成为老龄社会与"银发经济"发展的瓶颈或"天花板"。

目前的经济状况、市场阶段和开发周期决定了很难有足够的投资和需求允许参与者全面铺开。尽管在银发市场中蕴含众多机会，但并非所有市场在三五年后都能实现供需兴旺、交易活跃且具备长期发展潜力。仅从"银发经济"各细分领域的经济效益或社会收益的角度来考虑，本着长期价值和衍生价值最大化的原则，未来"银发经济"的重点细分领域大体有以下 3 个。首先是那些可以让创新和投资拉动更长产业链，带动更多参与主体，并有助于创造复杂商业和科技生态的"银发经济"领域，从这个方面来看，老年智能护理机器人的市场价值远高于老年粮油产品。其次是那些具有更强迁移能力的投资或创新领域，例如，老龄护理康复培训的从业人员可以将其知识、技能内化，通过补充和加强，将其运用到对残疾人、病人的照护当中，这比普通老年陪护人员更具价值。最后是那些可以通过老龄产品、服务节约、解放劳动力（包括家属子女），或者降低成本费用、提升效率的领域。

四、准确理解"银发经济"中的投资与消费

"银发经济"和老龄产业正进入快速发展阶段，经济与社会价值开始逐步显现。遇到的一个重要问题就是"如何理解老龄产业投资与'银发经济'消费的关系"，这是一个极好的问题。

在人类历史上，无论在何种经济制度和社会形态下，投资与消费始终都是基础。投资促进创新与供给，消费则激励投资与生产，换言之，在财富（资产）一定的情况下，两者并非相互排斥的，而是相辅相成的，它们共同促进经济和社会发展。在老龄社会中，政府、企业通过各种形式的投资扩大优质供给，而老百姓

则通过储蓄、理财、股市等方式进行投资，形成资本积累，同时，消费者通过消费完成经济循环，并正向激励下一个循环的投资生产。所以，在资本积累—产出消费、经济循环再生产、正向激励促增长等逻辑下，一种平衡的投资—消费关系被建立起来。老龄产业投资（供给侧视角）与"银发经济"消费（需求侧视角）也是这样相互依存的关系。

在对"银发经济"的投资与消费关系做了简单描述之后，我们还需要认识到当前的现实状况，这可以从几个方面加以分析。首先，当前经济仍处于恢复期且存在不稳定性，增长措施主要集中在投资拉动层面而非消费拉动层面，且投资重点放在保障基础民生和重大基础设施项目上，集中在高精尖技术、战略性新兴产业等核心技术或工程上，对老龄产业给予的实际投资支持可能不足，与老龄产业相关的企业大多处于复苏和缓慢增长阶段，各项预期不稳定，投资也相对保守。同时，消费者由于消费信心不足和收入预期不明朗，因此在消费上，特别是新型消费上的意愿也不够强烈。

因此，即使在随后一段时间（或许可以理解为中期）里，老龄产业的投资有所增长，但有效、优质的供给也需要相当长的时间才能转化为真正有效的创新产品和市场交易，而且由于整个消费市场刚刚成型的消费升级与结构优化趋势被打断，一时间重新再现有相当难度，所以消费动力明显弱化，消费者财富积累与供给转化的速度和进度不容乐观。进一步来看，中国的经济社会发展与增长模式正处于尚不稳定的震荡期，财富分配、资源配置、市场形态和公共服务相关政策还未完成新一轮转型，在老龄产业和"银发经济"方向上涉及投资、消费的核心逻辑与关系不够明朗。这也说明，老龄产业正在从体制内建设为主向政府与市场主体共同建设的阶段过渡。换言之，老龄产业和"银发经济"前景广阔，且是刚性需求，但是如何健全积极、充足和正向的投资与消费关系，仍然存在极大的不确定性。

最后，针对老龄社会建设中产业和市场发展面临的投资与消费的问题及难点，我们需要从几个方面加以把握：一是正确判断国家经济稳定增长政策中的投资重点，合理评估整体国民收入增长与消费激励（包括"银发经济"）政策的走向，既要保持合理预期，又要避免盲目乐观；二是对老龄产业投资、消费市场供给的转化周期和质量水平应有合理判断，不急于求成，也不夸大其词。同时，要准确把握消费者对市场交易品种、服务种类的需求偏好，推动结构优化升级；三是要关注市场企业主体在老龄产业投资和市场建设中的权益与收益，采取积极的鼓励政策，促使企业愿意运用自身资源和优势进行长期、创新型投资。我们还要准确理解老龄产业和"银发经济"，不仅要对老龄群体的需求和相关政策有一定了解，还必须对中国经济环境中的投资—消费、生产—分配、模式—路径做全面了解，准确把握老龄产业在国家整体经济发展的投资—消费逻辑框架中的位置和作用，无须杞人忧天，也不能坐井观天。

五、"银发经济"需要加强老龄消费者权益保护

在消费者权益保护和老年人保护方面，中国的政府、社会组织、媒体、公众都投入了大量的关注和资源，特别是在部门政策、市场监管、企业自律、媒体监督等方面总体表现出色，成绩值得肯定。然而，随着老龄化的加剧，在中国老龄人口和老龄消费规模快速提升的背景下，特别是在"银发经济"高速发展的预期下，我们应该思考是否有必要设立特定的老龄消费者权益保护机构。

这里的理由有很多。首先，中国老年人口规模巨大，是世界第五大"人口体"，到2045年前后，这一群体将接近5亿人。如此庞大的群体，其消费权益不仅涉及商业消费问题，更涉及社会问题，人口众多，问题复杂，但责任重大，因此需要给予特别的重视。其次，老龄群体的特殊性在于其消费行为和感受往往会对老年人的情绪、心理、安全等方面产生综合影响，同时还可能涉及隐私安全、金融诈骗、暴力威胁等多种侵害，其孤独、封闭等很多异于中青年和少年的特点，也可能隐藏或放大潜在的危害，老龄消费者权益保护将是一种特定的保障类型。

从市场实践和监管的角度来看，老龄消费涉及老龄产业和"银发经济"，目前处于发展早期，未来必然会出现大量创新，包括产品、技术、模式、服务、体验等方面，这些创新必然会带来许多"与今不同，与理不合，与规无据"的情况，对政策、法律、监管、服务、权益保障、消费认知等方面带来挑战，类似20年前电商对这个消费市场和权益保障的挑战。同时，从更大层面上来讲，老龄消费者

权益保护（及服务）也是民生公共服务的一部分。由于老龄消费过程与结果会更具体、直接地与老年人的"老有所养、老有所医、老有所为、老有所学、老有所教、老有所乐"相结合，呈现出一种消费即生活、消费即获得的效应。因此，在多年消费者权益保护基础之上，结合中国老龄化趋势和国家政策，针对老龄产业和"银发经济"新进展，建立新型老龄消费者权益保护机构，很有必要。

六、"银发经济"的目标是建立老龄友好社会

"银发经济"如何帮助社会适应老龄化，推动建立一个良性、友好的老龄社会，且在这个过程中，它面临何种约束，需要具备何种特征或标准？这个问题本身隐含着"适应老龄化/老龄社会是进步的、正确的或可能的"的观点，而这会牵扯出另一个问题，即老龄化是人类文明发展的"目标"与"成果"，这是否也意味着它是唯一的选择，将成为人类社会政治或治理中必须考虑的标准或准则？例如，数字科技的到来，使得人—机永生成为一种绕开老龄化这个问题，又不阻碍人类寻求意义和幸福的方式，这是否意味着"老龄化"可能只是一个生命的伪命题。

但我们依旧可以为判断经济社会的制度与运行是否适应老龄化、"银发经济"是否为实现老龄社会发展目标并设立一些基础标准提供了帮助。

首先是社会包容性。这个词的底色是普惠、友好、宽容的，做到这一点不容易，无论是儿童友好、女性友好、无障碍友好、旅居者友好还是老龄友好，究其本意，都是对相较于大众或边缘的"社会异质性"群体采用"平等化区别对待"，这里的"区别对待"并非指歧视，那是一种误解，就像公共场所设置"哺乳间"就是一种"区别对待"，但它是平等的，也是友好与包容的。

其次是资源平衡性。这里的资源是广义的，不只是指物质资料。它是保证社会包容性可以真正成为一种现实而非理念的路径，只有在"平等且区别"的过程中，通过彼此的社会协商和妥协，充分实现"公平但有差异"的制度、财富、利益、权利的平衡，才可以做到在老龄化加剧、老龄群体剧增的情形下，既尽可能提升老龄群体的福利与福祉，又不显著减少或降低其他群体的权益与获得。试想，如果为了老龄群体提升收入而随意扩大他们在公共服务岗位的（低质）雇佣，那么势必会减少中青年的就业机会，造成一种潜在冲突。

就业问题仅是一个例子，从文化资源到商品生产、从基础设施到社区服务、从保护政策到市场流通等，类似的例子还有很多。例如，在很多城市，年轻人上班的一些公交线路在早高峰期间就出现了不少老年人早起买菜，挤占了早高峰期间的交通资源，其背后就涉及很多层面的社会运行平衡问题。

最后是发展可持续性。这几乎成为现代社会发展的一切目标和原则的重中之重，事实上它也最为复杂。在这里强调两点：①老龄社会的建设发展必须综合考量所在国家和社会的发展阶段、财富水平、服务与治理能力及文化特性，任何不顾现实的超前、超快发展都是不可行的，不仅老龄社会发展本身无法健康持续，而且会严重影响社会其他目标；②在整个老龄社会发展完善、成熟的过程中，要意识到局部不平衡、领域不均衡不仅是应当受到理解的，而且是必然发生的。例如，我们不能因为存在"代际数字鸿沟"就不顾城乡差异、阶层差异和文化差异来强硬推动消除"代际数字鸿沟"，这不仅有违现实需要，也存在权利侵害的可能。

特别地，要实现发展可持续性同样要提升政策和措施的调节弹性与灵活性，使其与老龄社会所处的更大社会背景和阶段相适应。例如，我们无法想象，当一个国家或社会处于经济衰退、增长停滞和创新滞缓的大背景下时，有足够的资源和能力在不同区域，以同等力度、速度和进度完成某种目标的老龄社会建设，因此为了保证发展可持续性，政策和措施必须具备调节弹性与灵活性。

七、需要面向老龄社会进行更深入实践

不要抗拒时代的变化。如果我们回顾与思考互联网的发展历程，翻看中国20世纪的妇女解放历程，就可以对中国老龄化巨变及老龄社会进程有更多的认识。在此过程中，形成共识是相对容易的，目前关于中国老龄化与老龄社会方向的基本共识已经形成，但如何找到较好甚至最优的路径、方法，以及获得怎样的效果，这些问题是复杂的，而这才是老龄社会进入实质阶段的开始。中国老龄化是伴随城镇化、信息化、全球化展开的，这些既作为背景，也作为有利条件，同时也形成约束。这些年来，这些背景也发生了重大变化，我们需要重新思考或调整最早的假设与想象。

老龄社会建设正在从体制内管理建设，转向政府与市场、事业与产业合力建设，未来随着产业发展，体制外的市场力量将占据更大比例和影响力，这将是一个重大转变，深刻影响制度设计与社会实践。老龄社会建设的成效、效益是逐步成型与释放的，且是复杂多元的，我们要客观认识，不能浮躁急躁，我们必须理解经济数字无法衡量的幸福感、获得感和成长感。目前还没有一个国家将老龄产业或"银发经济"作为核心增长动力，老龄产业和"银发经济"对于我们优化、调整产业结构，扩大消费市场与服务市场的水平和高质量供给，促进科技和文化创新，带动创业就业等都是作用巨大的，但是我们也必须清醒地认识到，其边界、约束和作用不是无限的。

此外，我们必须认识到，在老龄社会建设的产业发展和"银发经济"创新中，必然会出现大量对既有政策、伦理、习俗乃至生活方式的挑战（类似互联网带来的挑战），因此包容审慎、规范与发展并重的政策基调是极其重要的，政府、媒体、公众和其他组织机构必须认识到要给主体创新以突破成长和发展的机会。同时，还需要倡导科学技术、人文艺术与产业—市场—服务之间的协同，我们应当倡导"老龄向善"，这不是指老年人向善，而是指老龄社会建设应当遵循"以人为最高尺度"的基本伦理、道德准则。加快跨学科、跨领域、跨主体的"政产学研用"合作研究，目前类似研究还不多，一方面，老龄产业和"银发经济"刚刚开始发展；另一方面，老龄社会的整体复杂性也让各领域的协作难度加大。

老龄化不是问题，不适应老龄化才是问题！这个认识已经被广为接受。如今，如何适应并扩展内在发展动力，已经成为中国老龄社会需要攻克的真正问题。

李 佳
发展银发经济需要构建 5 种认知

李佳，盘古智库老龄社会研究院副院长、研究员，老龄社会 30 人论坛成员、适老化专委会副主任，长期关注社会创新、银发经济等领域，著有《银发经济：从认知到行动的商业创新路径》《安心老去：面对老龄化冲击的准备》《人口老龄化与老龄社会 100 问》等。

认知是人最基本的心理过程，认知的高度和深度直接影响人们的思维与行动。银发经济虽然不是一个新名词，但作为国家积极应对人口老龄化、推动高质量发展的重要举措之一，其内涵与外延、方向与战略、路径与模式，都较以往有了全新的变化，需要人们从认知层面重新理解与构建。只有这样，才能冲破束缚、激发潜力、释放活力，实现人口老龄化条件下经济社会的可持续发展。

一、背景认知：从衰老到老龄

发展银发经济的背景是老龄人口的规模持续扩大。从数量上看，我国 60 岁及以上人口从 1991 年的 1 亿人、2013 年的 2 亿人、2024 年的 3 亿人，预计到 2033 年将超过 4 亿人，每 1 亿老龄人口的增长用时明显缩短：从 1 亿人到 2 亿人耗时 22 年，从 2 亿人到 3 亿人耗时 11 年，从 3 亿人到 4 亿人将耗时 8 年。从老龄人口占总人口的比重来看，我国 60 岁及以上人口比例从 1999 年的约 1/10 迅速上升到 2023 年的约 1/5。

但是，老龄人口规模的扩大，不能局限地认为是老年人群，特别是衰老人群的扩大。老龄指的是 60 岁及以上或 65 岁及以上，是一个以年龄为客观界定标准的概念。老年与老龄本质上并没有太大的区别，都是一种对年龄的界定。但老年还有"老迈之年"之意，即随着年龄增长出现失能失智等现象，也就是"衰老"。

以往，受疾病、战争、营养等多方面因素影响，人的寿命普遍很短，当进入60岁时，大多数人已经开始出现明显的衰老现象。《礼记·曲礼上》中就写有"六十曰耆，指使"。随着经济社会的进步，衰老与年龄的相关性不断弱化，在60岁或65岁时身体仍然健康的人群持续扩大。

第七次全国人口普查中对60岁及以上老龄人口进行的健康状况调查显示，自评健康的超过一半（54.64%），自评基本健康的接近1/3（32.61%），自评不健康但生活能自理的约有1/10（10.41%），自评生活不能自理的约有2.34%。自评健康和基本健康的达到87.25%。

同时，我国60岁及以上老龄人口的年龄分布为：60～69岁老龄人口为14740万人，占比55.83%；70～79岁老龄人口为8082万人，占比30.61%；80岁及以上老龄人口为3580万人，占比13.56%。70岁以下老龄人口占比过半，80岁以下老龄人口占比86.44%。

基本健康老人和低龄老人占比均超过85%，这才是我们推动银发经济发展的现实背景，而不仅仅是衰老人群的扩大。这是发展银发经济与发展养老产业的最大不同。

近年来，舆论中经常出现一个说法——"中国大约有4400万名失能老人"。按照这个说法，2023年年底，我国14.1亿总人口中大约每96人就有3人失能，2.8亿60岁及以上老龄人口中大约每6.4人就有1人失能。

实际上，较为规范的表述应该是"中国大约有4400万名失能和半失能老人"。按照国际通行标准，吃饭、穿衣、上下床、上厕所、室内走动、洗澡6项指标中，1～2项做不了的为"轻度失能"老人，3～4项做不了的为"中度失能"老人，5～6项做不了的为"重度失能"老人。对于什么是"半失能"，目前并没有统一的标准。普遍的观点是，6项评估中有1～3项做不了的即为"半失能"老人。

也就是说，"中国大约有4400万名失能老人"不是说我国有4400万名吃饭、穿衣、上下床、上厕所、室内走动、洗澡6项活动都做不到的失能老人，而只是有 4400 万名吃饭、穿衣、上下床、上厕所、室内走动、洗澡 6 项活动中有一项或几项做起来存在困难的老人。两者可谓天差地别。

结合生活不能自理老人占比 2.34%的调查结果进行推算，全国生活不能自理老人总数约为 618 万人，约占全国总人口的 0.4%，约占 60 岁及以上老龄人口的 2%。

从 4400 万名失能老人，到 4400 万名失能和半失能老人，再到 618 万名生活不能自理老人，市场上很多针对老龄人口的商业模式之所以失败，一个主要原因就是对衰老与老龄关系存在错误的认知。

二、趋势认知：从不适应到再适应

人口是经济社会发展的长期性、全局性、基础性和战略性因素。人口老龄化正同全球化、城镇化、工业化、数字化一道，构成重塑人类社会的认知背景和基础力量。人口老龄化不仅改变了生理意义上的年龄结构，更通过人的变化，对经济运行全领域、全社会建设各环节、社会文化多方面，乃至国家综合实力和国际竞争力产生了深远影响。

人口老龄化与工业化、数字化一样，都是不可逆转的客观发展趋势。因此，我们不能用"问题思维"，将人口老龄化视为负面的人口老化问题，并期望能够对其加以改变，让其适应经济社会；而是要用"趋势思维"，顺应人口老龄化的发展趋势，推动经济社会从个体到整体、从局部到全局的广泛调整和转型。正如从工业化到工业社会，从信息化到信息社会，人类社会也将在人口老龄化的持续推动下，从有史以来的年轻社会转向前所未有的老龄社会。

以人们最关心的房地产为例，在老龄化的冲击下，"土地永远值钱"的神话已经在日本破灭。随着供大于求，日本越来越多的房地产不得不以零价格，甚至是负价格，也就是倒贴钱出售。曾经炙手可热的"不动产"已经成为让人烫手的"负动产"。在这种情况下，日本很多土地已经成为无人认领的"僵尸土地"。预计到 2040 年，日本的"僵尸土地"面积将达到 7.2 万平方千米，接近日本国土总面积的 1/5，累计经济损失将达到 6 万亿日元，相当于近 3000 亿元人民币。

日本畅销书《未来年表》将人口老龄化称为"宁静危机",基于人口老龄化进行预测:2025年,即使是繁华的东京都,人口也将开始减少;2027年,输血使用的血液将不足;2030年,银行、百货、养老院都将从城镇消失;2033年,全日本每3间住宅就将有一间是空屋;2039年,火葬场将严重不足;2040年,半数自治体将面临消亡危机;2065年,外国人将占据无人国土。

再如作为文化风向标之一的图书市场,也随着人口老龄化出现了新变化。1994年,日本65岁及以上人口比例达到14%,进入中度老龄化。同年,关于"老、病、死"的书籍开始热卖,以"死亡"为主题的《大往生》、以"疾病"为主题的《癌症重发》、以"代际关系"为主题的《日本最短的给母亲的信》等书均入选日本当年十大畅销书。此后,百岁作家撰写的《103岁之后明白的事情》等书相继入选年度畅销书,引发了一轮又一轮的热潮。更有意思的是,一些畅销书作者都是60岁之后才发表处女作的老龄作家。日本图书出版界发现,受中老年读者,特别是中老年女性读者支持的图书比其他图书更容易登上畅销书榜。

老龄化不是问题,不适应才是。银发经济的起点正是人口结构变化下经济层面的不适应。从不适应到再适应,需要转变传统问题思维,需要推动全方位、大视野、整体性、前瞻性研究,需要重新认识和界定养老、老龄化、老龄社会等相关认知。

三、需求认知:从已老到未老

需求是驱动市场的基础。在人口老龄化的冲击下,当各个年龄群体的世界观、人生观、价值观被一系列对生命、传统、伦理和家庭的具体文化表现与社会行为重新构建时,基本的经济模式、生产方式、增长动力、核心要素、产业结构、收入分配和市场供需等都会发生重大调整与转变。发展银发经济的根本动力正是源于各个年龄群体需求的普遍转变。

1949年新中国成立以前出生的人口是传统老人的代表,2020年其总数约为9380万人。他们已经或正在进入80岁以上的高龄期,生理机能日益退化,在视觉、听觉、味觉、触觉和反应速度上与其他年龄段人口相比有非常大的不同,其主要需求体现在看病就医和生活照料方面。由于经历过诸多重大历史事件，他们有很强的耐受力。受发展阶段所限，他们普遍奉行节约，消费欲望不强，偏好成熟耐用的产品，对产品的价格敏感。随着年龄的增长，他们的活动半径也不断缩小。

1962—1975 年是第二次出生高峰期，在这个时期出生的人口是"新老人"的主体，2020 年其总数约为 3.26 亿人。他们已经或正在进入 60 岁以上的老龄期。与传统老人相比，他们的寿命更长、健康意识更强、财富更多、受教育程度更高、生活预期更丰富。他们有着比传统老人更强的购买力，也有着更强的购买愿望、要求和动机，是银发消费的主力军。与年轻群体不同，"新老人"的消费特征包括：①更多为家人消费，如为孙辈购买玩具、为全家购买蔬菜水果；②更关注产品、服务的品牌和质量，如喜欢老字号的食物、大品牌的家用电器等；③更注重产品、服务的功能性和实用性，如保健食品的作用、家庭用品的便捷性和耐用性等；④更容易受价格因素影响，容易因特价、清仓而消费；⑤更喜欢直接与店家接触，线下消费多于线上消费。

还有经常被忽视的以"80 后"为主体的"未老人群"，也就是在 1981—1990 年第三次出生高峰期出生的人口，2020 年其总数约为 2.23 亿人。他们是改革开放时期出生的人口，曾被称为"蜜罐里的一代"。他们是计划生育政策下的第一代独生子女，也是第一代"421"家庭结构中的夹心层。他们还不是老人，但会为家中的老人消费，是很多银发产品的买单者。他们还是未来的"新新老人"，虽然预期寿命更长、受教育程度更高，但受各种不良生活习惯影响，将可能出现生理衰退更早、健康预期寿命更短、非健康预期寿命更长等情况。与"省钱"的传统老人、"挣钱"的"新老人"相比，他们则会是"花钱"的一代。

2024 年 1 月，《国务院办公厅关于发展银发经济增进老年人福祉的意见》指出："银发经济是向老年人提供产品或服务，以及为老龄阶段做准备等一系列经济活动的总和，涉及面广、产业链长、业态多元、潜力巨大。"从已老到未老，银发经济不仅要面对老年人的需求，还要面对各年龄群体在老龄化冲击下出现的新需求。

四、政策认知：从被动到主动

政策对市场具有重要的指导和调控作用，银发经济也不例外。银发经济出现之前，我国曾提出养老服务市场化、养老服务业、养老产业、老年产业、老龄产业、老龄经济、银发经济、银发产业、银发市场、银光经济、不老经济等概念，对市场产生了很大的影响。

梳理2000年以来相关政策文件中相关概念的演变过程，可以总结出一条"事业—行业—产业—经济"的递进式发展脉络（见表1）。

表1　不同时期政策中银发经济的相关概念

时间	文件标题	概念	主要内容
2000年8月	《中共中央、国务院关于加强老龄工作的决定》	老年服务业	加强老龄工作，发展老龄事业要遵循以下原则：坚持老龄事业与国民经济和社会发展相适应，促进老龄事业健康发展；坚持家庭养老与社会养老相结合，充分发挥家庭养老的积极作用，建立和完善老年社会服务体系；坚持政府引导与社会兴办相结合，按照社会主义市场经济的要求积极发展老年服务业；坚持道德规范与法律约束相结合，广泛开展敬老养老道德教育，加强老龄工作法制建立；坚持关心老年人生活以及老龄妇女的特殊问题与加强思想政治工作相结合，因地制宜地开展老龄工作，发展老龄事业。老年服务业的发展要走社会化、产业化的道路
2001年7月	国务院印发《中国老龄事业发展"十五"计划纲要（2001—2005年）》	老年产业	计划、财政、工商、税务、物价、国土、建设和民政等部门要制定优惠扶持政策，鼓励社会团体、民办非企业单位、私营企业和国内外人士投资老龄事业，发展老年产业，满足不断增长的老年群体对设施、产品与服务的需求
2006年2月	《关于加快发展养老服务业的意见》	养老服务业	养老服务业是为老年人提供生活照顾和护理服务，满足老年人特殊生活需求的服务行业
2006年3月	《中华人民共和国国民经济和社会发展第十一个五年规划纲要》	老龄产业	积极发展老龄产业，增强全社会的养老服务功能，提高老年人生活质量，保障老年人权益
2012年7月	《民政部关于鼓励和引导民间资本进入养老服务领域的实施意见》	养老产业	积极支持民间资本参与发展老年生活服务、医疗康复、饮食服装、营养保健、休闲旅游、文化传媒、金融和房地产等养老产业

(续表)

时间	文件标题	概念	主要内容
2013年9月	《国务院关于加快发展养老服务业的若干意见》	养老服务业	积极应对人口老龄化，加快发展养老服务业，不断满足老年人持续增长的养老服务需求，是全面建成小康社会的一项紧迫任务，有利于保障老年人权益，共享改革发展成果，有利于拉动消费、扩大就业，有利于保障和改善民生，促进社会和谐，推进经济社会持续健康发展
2021年3月	《中华人民共和国国民经济和社会发展第十四个五年规划和2035年远景目标纲要》	银发经济	发展银发经济，开发适老化技术和产品，培育智慧养老等新业态
2022年12月	《扩大内需战略规划纲要（2022—2035年）》	银发经济	发展银发经济，推动公共设施适老化改造，开发适老化技术和产品
2024年1月	《国务院关于发展银发经济增进老年人福祉的意见》	银发经济	银发经济是向老年人提供产品或服务，以及为老龄阶段做准备等一系列经济活动的总和，涉及面广、产业链长、业态多元、潜力巨大

养老服务社会化、市场化的目标是推动养老事业发展，重点是在公办养老的基础上，吸引社会和市场主体进入养老服务体制，增加养老生活照料服务的供给，强调满足老年人的生存需求。

老年服务业、养老服务业的目标是推动养老行业发展，重点是从单一的养老生活照料服务向医疗、健康、文化、法律等多种相关服务拓展，强调老人不仅有生存需求，还有成长、社交等多方面需求。

养老产业、老龄产业的目标是推动产业发展，重点是鼓励更多的市场主体加入其中，形成完整的产、供、销体系，提供更加成熟丰富的技术、产品或服务，强调人口年龄结构转变对消费的影响。

银发经济的目标是推动经济发展，重点是确保经济社会的可持续性，强调人口年龄结构转变对消费、生产、分配、交换、创新、竞争等经济活动各环节的影响。

政策的这一系列变化，反映出我国应对人口老龄化已经从早期的被动应对、消极应对、单一应对转向主动应对、积极应对、综合应对，政策体系日益成熟和健全，涉及领域更加广泛和全面，具体内容更加丰富和精细。

五、理念认知：从老龄到全龄

理念不同于概念。概念关注"是什么"，强调归纳和总结；而理念关注"什么样"，强调目标和导向。对于新生事物，比定义更重要的是方向，银发经济恰恰如此。在人口老龄化的不同发展阶段，银发经济也有不同的发展理念。

短期看，发展银发经济要围绕老龄人口的快速增长下功夫。随着1962—1975年第二次出生高峰期出生的人口相继进入老龄期，我国已经进入人口急速老龄化的发展阶段。在此阶段，老龄人口年均净增加超过1000万人。老龄人口的快速增长，必然带来老龄用品、老龄服务等消费需求的一系列变化。老龄用品已不再局限于传统认识上的拐杖、轮椅、助听器、老花镜等单一产品，而是已经涉及服装鞋帽、家具、电子设备、休闲娱乐、保健康复、食品药品等大部分行业和领域。2019年，工业和信息化部、民政部、卫生健康委等五部门联合印发的《关于促进老年用品产业发展的指导意见》预测，到2025年，老年用品产业总体规模超过5万亿元，产业体系基本建立，市场环境持续优化，形成技术、产品、服务和应用协调发展的良好格局。

中期看，发展银发经济要围绕人口年龄结构的变化谋创新。我国60岁及以上老龄人口的规模于2018年年底首次超过0~15岁少儿人口，预计到2035年将达到少儿人口的2倍以上。老少倒置对市场产生了明显影响。我国婴儿纸尿裤消费量自2020年首次出现下降，此后持续下降且降幅增大。同时，成人失禁用品市场增长显著。中国造纸协会生活用纸专业委员会发布的《2021年度生活用纸和卫生用品行业年度报告》显示，2021年成人纸尿裤用品约占市场总规模的9.8%，约为112.1亿元，复合年均增长率约为16.8%，消费量复合年均增长率约为18%。第一财经商业数据中心与天猫美食发布的《2020天猫成人奶粉行业趋势报告》显示，2020年成人奶粉市场整体涨幅超过98%，中老年奶粉消费订单量年增长率高达142%，是消费订单量增速最快的一个细分品类。美团统计数据显示，2020年10月8日—2021年10月7日，50岁以上的线上消费者数量同比增长46.7%，是所有年龄群体中同比增速最快的群体。日本7-11便利店的顾客年龄发生了明显变化：1989年，30岁以下顾客占比63%，50岁以上顾客仅占比9%；到2011年，30岁以下顾客占比下滑至33%，50岁以上顾客占比上升至30%。为此，需要催生新人群、新职业和新组织的主体创新，促进新技术、新主体、新联接交换的关系创新，发展面向全龄群体的商业模式及产品、服务创新。

长期看，发展银发经济要围绕老龄社会的大转型寻求突破。老龄社会是人类社会在人口老龄化的持续推动和影响下，社会特征、关系、结构等各方面发生整体性、持久性和不可逆变化，从而形成的一种新型社会形态。其表征是人口年龄结构的趋势性变化，实质是长寿、少子、迁移、单身、人机结合等各种人的基础性变化，以及与政治外交、国家安全、经济发展、社会和谐、文化传统、利益分配等相叠加的复杂性变化。发展银发经济，其核心是探寻在老龄社会中经济如何可持续发展的长期性、全局性解决方案，研究经济发展理论的创新、供需格局的变化、发展战略的调整、商业模式的转换等一系列重大课题。

如今的人口已与过去的人口有很大差异，未来的人口将更加不同。发展银发经济，不能局限于养老，也不能局限于老龄产业，而是要着眼经济社会的可持续发展，用新思维催生新观点、新范式，为老龄社会提供新理解、新想象和新动力。

参 考 文 献

[1] 国家应对人口老龄化战略研究总课题组. 国家应对人口老龄化战略研究总报告[M]. 北京：华龄出版社，2014.

[2] 费洛里亚·科尔巴赫，科尼利厄斯·赫斯塔特. 银发市场现象：老龄化社会营销与创新思维[M]. 2版. 胡中艳，卢金婷，译. 大连：东北财经大学出版社，2016.

[3] 李佳. 安心老去：面对老龄化冲击的准备[M]. 北京：北京联合出版公司，2022.

[4] 布拉德利·舒尔曼. 超龄时代：未来人口问题解读[M]. 王晋瑞，译. 北京：中译出版社．2023．

[5] 李佳，王岳. 银发经济：从认知到行动的商业创新路径[M]. 北京：机械工业出版社，2024.

| 左美云、蒋玉娜 |

智慧技术双层赋能：从助老参与到智慧用老

> 左美云，信息社会 50 人论坛成员、老龄社会 30 人论坛成员；中国人民大学吴玉章讲席教授、二级教授，智慧养老研究所所长，信息学院副院长；中国老年学和老年医学学会智慧医养分会主任委员；中国信息经济学会副理事长。

一、数智时代老年人社会参与的环境与内涵

在老龄化不断加速的时代背景下，人们的养老观念正发生悄然转变，从传统的为老年人生活提供支持，逐步转向引导老年人尽可能延长独立生活期。同时，老年人具有丰富的人生经验与智慧，应被视为社会的重要资源。因此，现代养老服务应鼓励老年人保持独立，并利用智慧技术为他们提供适当支持和资源，让他们能够继续参与社会活动，即进行积极的社会参与。党和国家高度重视养老服务问题，先后出台了许多政策予以支持，这些政策实施以来，营造出整体向好的老年人社会参与宏观环境。

老年人社会参与场景分为"居家生活""文体活动""交通出行""健康支持""日常消费""办事服务""人文环境""老有所为"八大场景，如图 1 所示。其中，前七个场景是老年人作为一个社会人需要参与的基础活动，而"老有所为"场景则是指老年人主动作为，为社会做出新的贡献，涉及相关的业务活动。智慧技术可以为老年人社会参与的基础活动和业务活动两个层次赋能，因此我们称其为双层赋能，前者我们叫"智慧助老"，后者叫"智慧用老"。

"智慧助老"是指利用智慧技术，为老年人的社会参与提供更加便利、友好的环境与帮助。"智慧用老"则是指通过智慧技术，支持退休老年人退出劳动岗位后，

用自己长年积累的知识、技能和经验，继续为我国社会主义物质文明和精神文明建设做出新的贡献，实现"老有所为"。

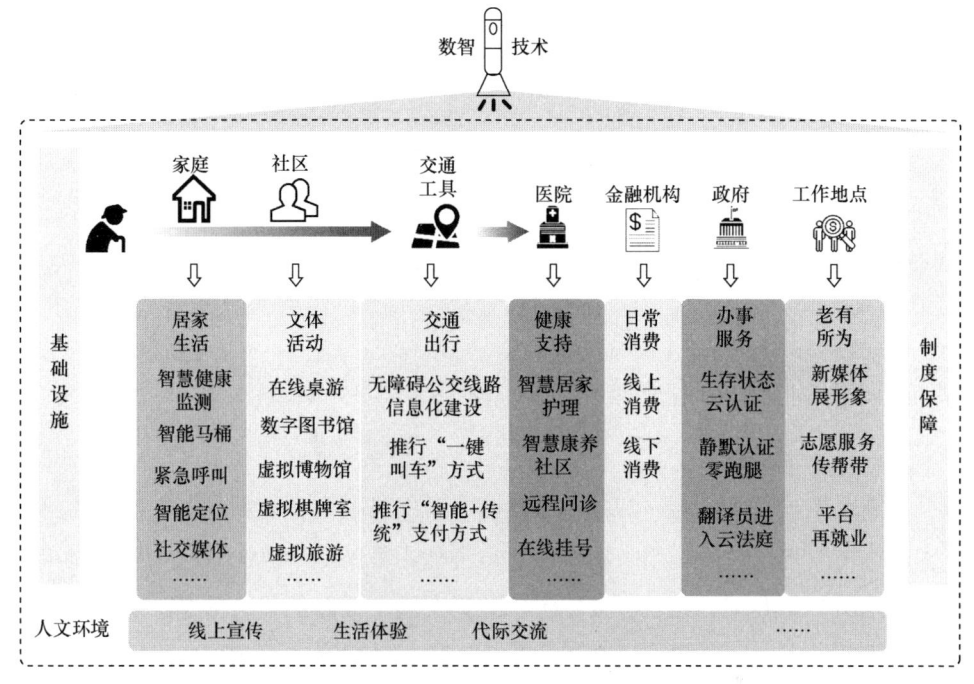

图 1　数智时代老年人社会参与的场景分析

二、智慧助老：智慧技术帮助老年人友好地参与社会

智慧技术对各场景都进行了广泛和快速的渗透，政府和社会基本都呈现出"鼓励老年人自主参与"的积极特点。大多数场景下，老年人的常用软件均响应《互联网应用适老化及无障碍改造专项行动方案》的号召，基本完成适老化改造，老年人可自主使用界面简单、操作方便的软件来实现对应功能；同时，许多供给方还配套提供了通过软硬件设备支持的老年普及培训或温馨客服等，例如，蚂蚁集团推出了老年人专属的可一键呼入的"暖洋洋热线"，老年人可直接通过人工客服来解决日常生活中遇到的难题，为其全方位生活场景保驾护航。

（一）"居家生活"：社会参与的港湾

老年人在"居家生活"方面的典型参与活动如图 2 所示，本文基于马斯洛需求层次理论，按照活动满足的需求类型，将老年人在"居家生活"方面的参与情况分为生理需求、安全需求和社交需求3个维度。

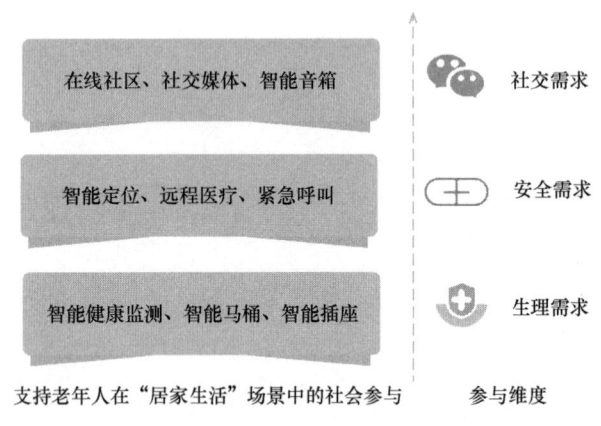

图2　老年人在"居家生活"方面的典型参与活动

在满足生理需求方面，智能健康监测、智能马桶和智能插座在老年人的"居家生活"中发挥了巨大作用。老年人可自主使用智能健康监测系统实时监测自己的生理参数，如心率、血压、血糖等，获得全面、及时的健康信息。北京市丰台区马家堡社区卫生服务中心设立了一个"健康小屋"，屋内显示屏实时展示辖区内各个社区老年人的健康风险预警图，数据主要来自门诊患者和家庭，医院为行动不便、无法到院，但需要健康监测的老年患者准备了远程监测设备，如安装智能芯片的血压仪器和血糖仪器，其可自动监测数据并回传医院，家庭医生也可在线查看。这不仅使老年人更好地了解自身身体状况，也为家庭成员和医疗机构提供了实时的健康数据，使得老年人能够更加全面地关注和管理自己的健康。智能马桶和智能插座这类小物件，同样也为老年人的"居家生活"带来了诸多便利。

在满足安全需求方面，智能定位、远程医疗和紧急呼叫系统有效保障了老年人的生活安全。例如，上海市奉贤区奉城镇洪东村村委与上海市民政部门衔接，为80岁以上独居老年人安装"一键通"应急呼叫设备，该系统可提供全天候智能监测预警、提醒服务和上门服务，它就像独居老年人的专属"监护人"，一旦老年人遇到紧急情况，只需要按下紧急呼叫按钮，就可以迅速联系到紧急救援团队或家庭成员，实现及时救援。老年人通过使用"一键通"应急呼叫设备，能够在危急时刻快速获得帮助，大大提高了自己在家中的安全感。

在满足社交需求方面，在线社区、社交媒体和智能音箱大大丰富了老年人的社交生活。随着科技的发展，老年人不再局限于传统的社交方式，而是通过在线社区和社交媒体，与世界各地的人们建立联系。此外，老年人也可以通过使用语音交互技术，获得更加直观、便捷的社交方式。例如，老年人可与智能音箱进行对话，了解天气、新闻、娱乐等信息，还可与家人、朋友进行语音通话，解决了距离导致的面对面交流的不便。老年人通过使用这些智能科技产品可以更好地融入社会，保持与外界的联系，满足了自己在晚年仍然渴望社交的需求。

（二）"文体活动"：社会参与的乐章

丰富老年人的精神文化生活、促进他们参与社会文化活动，是积极应对人口老龄化的重要举措。各类文体场所积极关注老年人的线上文娱参与能力，通过组织智能技术培训、推广线上服务等手段，积极助力老年人克服使用智能设备时"不会用、不敢用、不想用、不能用"的问题。文化和旅游部网站数据显示，截至2021年6月底，各级公共图书馆、文化馆（站）、博物馆等机构已经举办了68341班次的老年人智能技术培训，超过282万人次参与其中。我们从居家和社区两个维度，梳理了老年人可以在智慧技术的帮助下进行"文体活动"类社会参与的情况。

居家的"文体活动"主要涉及虚拟旅游、虚拟健身和虚拟社交3个方面，社区的"文体活动"主要涉及虚拟棋牌室、虚拟博物馆、数字图书馆、在线桌游和认知训练等方面。

（1）虚拟旅游：通过虚拟现实技术，老年人可以在家中体验全球旅游景点，参与虚拟旅游团，探索世界各地的风土人情，拓宽视野。63岁的老年人李大爷热衷于"宅家"，得益于"虚拟旅游"的发展，他完全可以在家中体验世界的美妙。基于现代科技的发展，他可以使用智能手机和计算机，通过各种旅游应用、网站和视频分享，轻松地欣赏国内外各地景点的图片和视频，甚至参与虚拟现实体验，仿佛置身于各种美丽的地方。

（2）虚拟健身：通过在线健身课程、虚拟运动游戏等方式，老年人可以在家中进行身体锻炼，提高体能水平，保持健康。

（3）虚拟社交：通过虚拟社交平台，老年人可以与全球范围内的朋友进行交流，分享生活经验、心情，缓解孤独感，实现社交的虚拟延伸。

（4）虚拟棋牌室：通过在线棋牌游戏，老年人可以在虚拟空间中找到休闲娱乐的方式，与他人对弈，锻炼智力。

（5）虚拟博物馆：老年人可以通过虚拟博物馆参观世界各地的博物馆和文化遗产，了解历史、艺术等方面的知识。

（6）数字图书馆：在虚拟空间中，老年人可以通过数字图书馆阅读各种书籍，不受时间和地域的限制，拓展知识面。

（7）在线桌游：老年人可以在虚拟空间中与家人、朋友进行在线桌游，增进亲情和友谊。

（8）认知训练：在虚拟空间中，老年人可以通过各种认知训练软件进行大脑训练，提高记忆力、注意力和思维灵活性，有助于预防认知衰退。

（三）"交通出行"：社会参与的支撑

"交通出行"是老年人积极参与社会的重要活动类型，也是他们走出家门参与社会活动的重要支撑。如图3所示，现有政策与改造活动多围绕基础建设、服务接入、服务结算这3个环节展开。

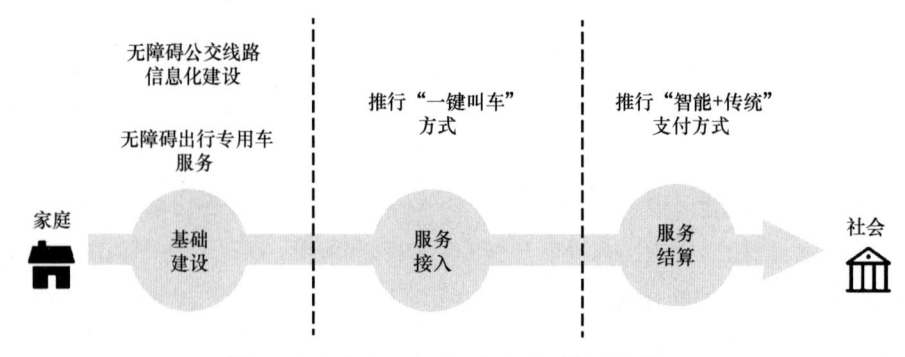

图3 老年人在"交通出行"方面的参与情况

在基础建设方面，目前已有的工作主要围绕公交车和出租车的改造。例如，上海市道路运输管理局发展了具备无障碍功能的低地板公交车7000多辆，全线配置具有无障碍功能的低地板公交线路127条。老年人可以通过手机应用等方式获取无障碍公交车的运营信息，这大大方便了老年人的独立出行，促进了老年人的社会参与。

在服务接入方面，为了让老年人享受到网约车服务的便利，交通运输部指导滴滴出行、高德地图、首汽约车、曹操出行、T3出行、美团打车、万顺叫车、嘀嗒出行、申程出行等主要平台公司陆续开通了"一键叫车"功能，为老年人提供快捷叫车、优先派单等服务，通过降低老年人的付出成本，着力解决老年人在智能技术面前遇到的出行难题。

在服务结算方面，老年人需要对接受的服务进行支付。在移动支付方面，老年人往往需要付出超出年轻人数倍的努力才能操作成功。因此，目前一些地方政府在巡游出租汽车领域保持电召、扬召服务，保障不会上网或没有手机的老年人也能打车。在推进移动支付、电子客票、扫码乘车等服务的同时，保留现金、纸质票据、凭证和证件的使用。通过坚持"传统+智能"两条腿走路的原则，降低老年人交通出行的门槛，保障老年人的出行便利，鼓励老年人出行，促进老年人的社会参与。

（四）"健康支持"：社会参与的基石

"健康支持"是老年人积极参与社会的基石。现有政策与改造活动多围绕家庭、社区、社会这3类环境展开。其中，家庭环境中智慧技术的建设与改造是为了让老年人在几乎"无感知"的情况下，享受自动化的监测与相应的服务。社区环境中的智慧技术带来的便利是降低老年人在自己熟悉的社交环境中参与社会的难度，同时保障老年人的健康与安全；而家庭医生远程问诊等社会环境中的智慧技术应用，则是让老年人可以方便地接入医疗服务。基于这3类环境的智慧技术，老年人能够独立自主、健康安全地参与社会。

人口老龄化加剧了人们对医疗资源的需求。智慧技术的出现，催生了"互联网+医疗健康"的新模式。在一定程度上，智慧技术能够缓解人们对紧缺医疗资源的需求，并扩大受益群体。第 52 次《中国互联网络发展状况统计报告》数据显示，截至 2023 年 6 月，我国农村在线医疗普及率为 22.8%。数智惠民服务扎实推进，"互联网+医疗健康"等服务覆盖面逐渐拓宽，越来越多的老年人能够通过智慧技术保障自己的安全与健康，并在健康的基础上，更加积极地参与社会。

（五）"日常消费"：高频的社会参与

"日常消费"是老年人高频的社会参与方式。伴随着我国老龄化进程的加快，老年人口规模日益庞大，蕴含的消费潜力也是巨大的。中国老龄科学研究中心的《中国老龄产业发展及指标体系研究报告》显示，预计 2030 年中国老年人口消费总量为 12 万～15.5 万亿元，占全国 GDP 的比重将提高至 8.3%～10.8%。随着互联网在银发人群中的渗透率越来越高，中老年群体作为移动互联网新晋增量的红利不断显现，同时，他们的消费观念和消费习惯正悄然改变，巨大的线上消费不断释放。

我们以老年人消费过程为主线，从识别需求、信息获取、评估比较、购买执行、使用评价 5 个方面入手，基于消费中的不同过程分别从线上消费和线下消费两个维度探讨老年人的社会参与情况。

（1）识别需求阶段：在线上消费中，老年人可以通过社交平台的分享和直播平台的宣传直观地感知自己的需求。通过参与在线社区，老年人能够了解其他用户的使用体验，从而更好地了解市场上的新产品和服务。与此不同的是，在线下消费中，老年人可能更依赖传统的宣传手段，如电视广告和实体店的陈列，通过这些方式来感知市场上的新品和热门商品。

（2）信息获取阶段：老年人在线上消费中通常会通过在线搜索引擎和社交媒体获取详细的商品信息。这使得他们能够在购物决策过程中更全面地了解商品特性、价格和用户评价。相比之下，在线下消费中，老年人通常依赖商品标签、导购员的介绍及实地体验来了解商品，这样的信息获取方式相对来说更为有限和传统。

（3）评估比较阶段：在线上消费中，老年人在浏览商品时，智慧技术通过分析其历史购物行为，为其推荐类似的商品，从而帮助老年人迅速地筛选和比较商品。大数据的运用也让老年人能够看到其他用户对相似商品的评价和体验，帮助他们做出明智的决策；而在线下消费中，老年人可能更依赖实体店内的导购员，通过与导购员的交流和对比不同店铺的商品来做出购买决策。

（4）购买执行阶段：在线上消费中，老年人可以通过各种在线支付方式完成商品购买，但需要等待快递到达，这一过程时间相对较长；而在线下消费中，老年人可以通过现金或移动支付实现即时的购买和交付，这种即时性更符合一些老年人的消费习惯。

（5）使用评价阶段：在线上消费中，老年人在收到商品后，如果对商品不满意可以通过在线平台进行退货。然而，对于一些老年人来说，这一操作相对复杂，可能需要一定的技术支持。相比之下，在线下消费中，老年人通常可以直接前往实体店进行退换货，这样的流程更为熟悉和便捷。

在整个消费过程中，智慧技术在提升老年人社会参与方面发挥了积极作用。例如，家住沈阳的卢女士今年70岁，虽然已经使用智能手机5年了，但她一直拒绝在网上购物，随着社区团购的发展，卢女士感觉到线上购物的方便快捷，通常在买完菜之后，卢女士还会给家里买一些其他家用小玩意儿。此外，现如今多数消费平台都打通了与社交媒体的交互，老年人能够及时分享自己的购物体验，与他人交流，参与到更广泛的社交网络中，这有助于老年人更好地保持活跃的社交生活。

（六）"办事服务"：必要的社会参与

"办事服务"是老年人参与社会的重要环节。在"办事服务"这一场景中，政府占主导地位。如今，政府越来越注重智慧技术的运用。根据第51次《中国互联网络发展状况统计报告》，截至2022年12月，我国共有政府网站13946个，主要包括政府门户网站和部门网站。其中，在政府门户网站栏目中，网上办事栏目占比为10.8%。随着政府办事服务流程的数智化，老年人与政府、社会交互，积极参与社会的方式发生了巨大的转变。

在日常生活中，当老年人的合法权益受到威胁时，政府与相关企业、平台需要在这一场景下，保障老年人独立执行操作、参与社会的能力。北京市西城区法院通过法官上门、云上法庭等方式，让老年人足不出户就能参与到相应法律环节中。此外，还通过引入翻译员的方式，为老年人解释其不懂的专业术语，让老年人"发声"更清晰，帮助老年人更积极、主动地参与社会，保护自己的合法权益。

对于老年人而言，生存状态认证合格是办理手续、领取津贴的前提条件。为了方便老年人的生存状态认证，成都市武侯区政府建立了信息化管理系统，在所有环节中，实现老年人信息采集、生存验证、审核审批等的标准化、流程化管理。老年人在完成人像采集后，通过手机 App 或社区自助服务终端即可完成生存状态云验证。这样通过智慧手段使得应用延伸，能够消除线下办事"痛点"，真正做到让"数据多跑路，老年人不跑腿"。

（七）"人文环境"：社会参与的氛围

良好的"人文环境"氛围会促进老年人社会参与的意愿。党和国家高度重视老龄化社会的建设，积极营造社会孝老风尚，加强老龄国情教育宣传。《中共中央国务院关于加强新时代老龄工作的意见》指出，要深入开展人口老龄化国情教育，实施中华孝亲敬老文化传承和创新工程。持续推进"敬老月"系列活动和"敬老文明号"创建活动。同时，"新二十四孝"行动标准等内容也通过儿童情景剧、快板评书、文化长廊、顺口溜、短视频等多种方式传播，丰富了其展现形式，扩大了其影响力。

只有较好地了解助老知识，才能有效应对老年人在社会参与时可能出现的各类情况，从而做好相应的支持与保障。例如，2023 年京津冀公民科学素质大赛专门推出了"实施积极应对人口老龄化国家战略，推进无障碍环境共建共享"专项线上答题。线上答题的形式能够吸引更大范围人群的参与，限时挑战答题、对战答题等形式丰富了大众参与模式，提高了活动的趣味性，允许用户利用碎片化时间学习助老知识，促进助老知识的广泛传播。

利用"重阳节""敬老月"等节日契机，举行家庭文明建设活动，促进代际交流，是目前较为常见的"人文环境"促进方式。例如，2023 年 9 月，北京市顺义区妇联开展了以"趣味重阳伴我行，优秀家风敬老颂"为主题的家庭文明建设活动。通过绘本阅读、重阳贺卡、手工制作等活动，让大家在动手、动脑的同时，培养同理心与"尊老、爱老、敬老"的优良品质。

年龄增长必然会带来身体机能的退化，这会为老年人进行社会参与带来障碍，通过智能设备可以让年轻人提前体验老年生活，进而更好地了解老年人需求。例如，小米公司打造了一场"当我老去"系列活动，让年轻员工穿戴特殊装备，模拟老年人的认知和身体退化，如"老花眼""听力退化""身体佝偻"等，直面老年人因身体机能退化而遇到的困难，进而为接下来的助老产品设计提供更多灵感与思路。

三、"智慧用老"：智慧技术助力挖掘"老有所为"能量

除了帮助老年人跟上时代、参与社会各场景，老年人也可以利用自己的优势为社会做出新的贡献，实现"老有所为"。智慧技术可以加持"老有所为"，更好地发挥老年人力资源的作用。本节主要从银发网红、志愿活动和人才再就业3个方面分析智慧技术赋能"老有所为"的场景。

（一）银发网红：借助社交媒体，传播技能与乐观

随着"抖音""快手"等短视频平台的出现，越来越多的老年人成为短视频平台的用户，部分老年人甚至开始拍摄短视频，成为银发网红，在短视频平台上继续发光发热，传播专业技能与生活态度。

飞瓜数据平台显示，截至2023年11月30日，在短视频代表性App——"抖音"平台中，60岁及以上且粉丝量大于或等于400万人的老年网红数量已经达到20人。

这20位银发网红中绝大多数的账号由其家人或团队运营，这表明通过家人和外界的帮助，银发网红在数智社会中也能找到表达自己的新途径。

在视频内容上，银发网红多从技能传播、生活展示、搞笑记录3个方面入手，满足了其社交和自我实现的需求。以"皮肤科教授张堂德""用户王广杰"为代表的老年用户，退休后选择在短视频平台上进行公益科普，传播自己熟悉的皮肤疾

病、电工等专业领域知识。以"龙姑姑""只穿高跟鞋的汪奶奶"为代表的老年用户，通过舞蹈、服装等方式展示其丰富多彩的老年生活，彰显老年人乐观的生活态度。以"我是田姥姥""哏都养老院的哏事"为代表的老年用户，利用镜头记录不同地域老年人与现代文明相碰撞产生的火花，传播轻松与快乐。

众多老年人还活跃在直播领域。在这20位银发网红中，有9位做过直播，平均每月直播次数达到28.8次。大多数直播属于带货直播，其余为聊天类直播。带货直播的带货类型大多为家具家电、食品饮料、服饰鞋帽等与老年人生活有关的物品。

除知名的银发网红外，普通老年人亦可通过短视频平台、朋友圈等方式记录自己的丰富生活，滤镜、贴纸、配乐的使用能够优化老年人的拍摄效果，社群的建立则能够为他们提供便捷的分享渠道，拓展他们良好的社交关系。

（二）志愿活动：线上组织宣传，实现低龄帮老龄

低龄老年人（通常指60~69岁的老年人）参与志愿服务是一种常见的"老有所为"方式。低龄老年人可通过陪伴、照顾或提供帮助等方式，为高龄老年人带来温暖与关爱，为社区营造和谐有爱的氛围，实现了低龄老年人力资源的有效利用。智慧技术则通过微信群等线上方式提供了便捷、丰富的低龄志愿者招募、管理渠道。

以上海市、南京市为代表的若干城市设置了"时间银行"，鼓励社区中低龄老年人承担照顾高龄老年人的工作，进而为自己储存起一份未来可提取的免费服务时间。未来的服务储蓄保障也吸引了更多中低龄老年人投入到这项志愿服务当中。以上海市的"沪助养老时光汇"项目为例，该项目试点3年来，注册用户已超过1万人，服务老年人近1.6万人。

传统的志愿服务也关注到了银发志愿者的强大力量。例如，中国老龄事业发展基金会、中国老年学和老年医学学会、北京滴滴公益基金会共同发起"智慧助老"公益行动。这一行动最大的特色是在每个城市招募并培训老年骨干志愿者，组建智慧助老公益志愿服务队，并以传帮带的形式，在社区开展智慧助

老志愿服务，辐射惠及更多老年人，实现"低龄帮老龄"。例如，山东省济南市的张和顺充分发挥自身特长，编写《智慧助老百姓赞》《手机是个无价宝》等山东快书，深入各社区、养老院等单位进行义务演出，带动更多老年人积极学习智慧技术。

（三）人才再就业：利用信息平台，促进供需匹配

对于教师、医生、顾问等部分专业技术岗位而言，老年人丰富的经验知识和对工作的热情与责任心是不可多得的宝贵财富。一些公司开发了老年人才信息平台，提供老年人的求职渠道。比如，"中国老年人才网"由中国老龄协会老年人才信息中心主办，于2022年上线运营，旨在研究、宣传、开发、服务老年人才。"全国离退休人才网"由浙江一网通信息科技有限公司主办，于2009年正式投入运营。截至2023年11月，"全国离退休人才网"已记录超过7万条中老年人求职数据。

为进一步了解当代老年人的再就业情况，我们分析了"全国离退休人才网"中的求职数据。在数据处理环节，剔除重复上传的简历样本，最终得到30909份60~74岁老年人的求职简历样本。在总样本中，求职人数以60~64岁为主，约占总样本的58%，70岁及以上求职者仅约占11%；男性求职者约占81%，远多于女性求职者。

对于34个省级行政区，无论是按照户籍所在地计算求职人数，还是按照目前居住所在地计算求职人数，排名前10位的都有上海、北京、广东、江苏、山东、辽宁、浙江、河北、湖北、天津（见图4）。

从求职者期望的职位来看，总体上期望从事"经营/管理类"的求职者最多。从求职者性别来看，大多数男性求职者期望的岗位仍为"经营/管理类"职位，而女性求职者则更期望"财务类"职位，包括会计、出纳等具体职位，这或许与求职者退休前所从事的工作高度相关。从求职者的年龄来看，不同年龄段的老年人的期望职位也存在差异。随着年龄的增长，求职者对"服务业/后勤类"服务性职位的期望逐渐降低，而对"机械/机电/仪表/技工类"高技能水平职位的期望逐渐升高，这类职位包括技工、空调工、电梯工、锅炉工、水工、木工等具体职位。

99%的求职者希望面议待遇，我们对求职者的期望待遇进行分析，发现期望待遇在7500元左右的求职者最多。

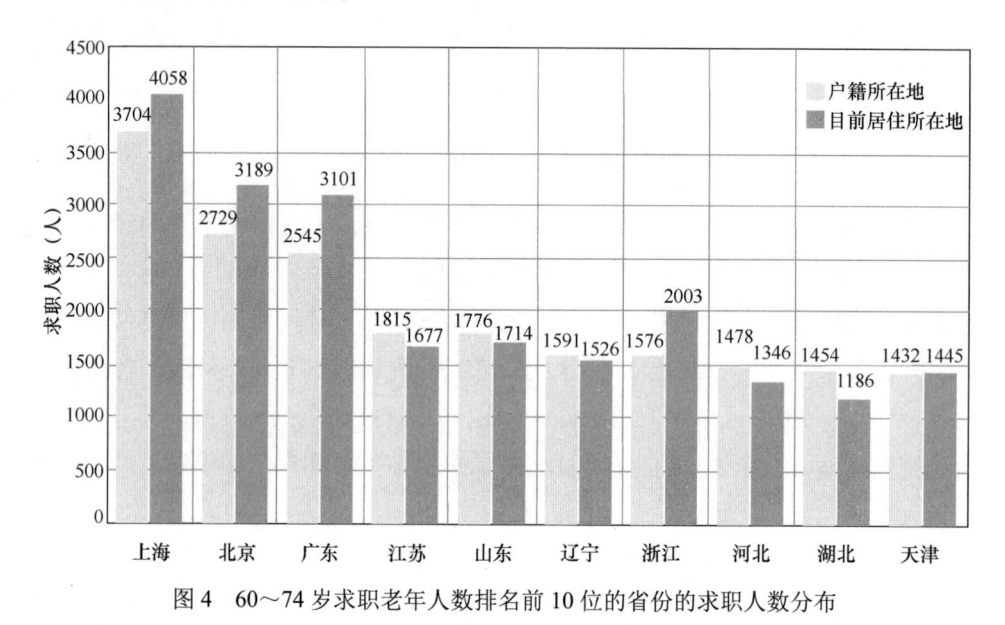

图4 60～74岁求职老年人数排名前10位的省份的求职人数分布

四、结语

未来，智慧技术还可以从动机（"个人是否想"）、机会（"外界是否允许"）和能力（"个人是否能"）3个方面对老年人的社会参与持续赋能。

在激发老年人自主社会参与的内在动机方面，通过采取一系列措施来改善老年人对社会及社会对老年人的刻板印象，增加老年人获取外界信息的通道，借助榜样力量来帮助老年人克服使用智慧技术的恐惧，增强他们的自信心和内在动机，使他们更好地借助智慧技术来进行社会参与。

在创造支持老年人社会参与的外界条件方面，智慧技术可通过辅助、引导与无感帮助3种形式提供便利协助。智慧技术可以帮助老年人参与到更广阔的社会活动中，通过在线社交平台和元宇宙技术为老年人提供了一个展示自我、实现价值的平台。智慧技术还在打破城乡之间的沟通障碍方面发挥着重要作用，可以提供更加紧密和积极的互动机会。

在提升老年人社会参与的实际能力水平方面，可以基于智慧技术，如通过智能设备监测，稳定甚至提升老年人的健康水平，奠定老年人社会参与的坚实基础；通过开发集成式信息平台等方式，提升老年人整合利用资源的效率；建立适合老年人的学习平台、学习应用，最终提升老年人社会参与的实际能力和水平。

其他作者：

蒋玉娜，中国移动通信研究院用户与市场研究所主任研究员。

| 胡　泳、王梦瑶 |

老龄化与媒介研究：现代社会转型与学科未来方向

胡泳，信息社会50人论坛成员，北京大学新闻与传播学院教授，政治学博士。致力于在文化、技术和政治的交叉点中发现有趣的内容，特别是解放性的文化实践、网络和网络社会理论、数字经济与管理，以及人的主体性。

一、研究背景

从20世纪末开始，全球化进程在人类社会的多个维度上展开，与各维度上的现实条件在不同的时空场域中或冲撞或耦合，形塑了21世纪新的社会面貌。其中两个维度上的变化不可忽视：第一个维度是信息传播科技的革新；第二个维度是世界人口结构的老龄化。更重要的是，这两者在现实中几乎是同步发生的，彼此纠合、相互影响，作为现代性的结果，同时也作为现代性的构成，共同加入未来的形塑力量中。第二次世界大战后"婴儿潮"出生的一代人，从出生起就处在一个日益发达的大众传媒环境中，并且经历了信息传播科技的革新；在经过信息传播科技的颠覆性改变之后，人们对老龄化的认知也与彼时截然不同。这些新的现实提出了前所未有的新问题，同时也为思考和研究相关对策源源不断地注入新的灵感。

大众传媒（Mass Media）、老龄化（Aging）与信息传播技术（Information and Communication Technology，ICT）这3者虽然在发生学上存在时间先后顺序，但时至今日，它们已在社会现实层面广泛重叠，以至深深影响彼此。大众传媒自印刷媒介兴起以来就成为各学科的重要研究对象，媒介研究（Media Studies）已先行展开，并且处于科技的不断更新与广泛应用的现实基础之上，其研究对象、研究方法和手段，乃至社会学、哲学思考都随之突破与迭代，新的洞见在"老龄化与媒介"（Aging and Media）的研究领域不断迸发。与此同时，老年学（Gerontology）作为新兴学科也在蓬勃发展，其学科建设的路径充分昭示了现实的需求与学术的演进。

因此，本文意在于纷繁复杂的现实语境中，根据媒介研究演化的主线，辅以对老年学建设过程的分析，整理"老龄化与媒介"这一跨学科领域中已有的研究成果，并借此形成对中国媒介研究与老年学的参考建议。

二、社会现实

无论是讨论研究课题，还是分析学科建设，都不可能脱离社会现实。本文意在为中国的相关研究提供参考，通过总结世界人口老龄化的一般进程及大众传媒与信息技术的各国特色，得出以下3个简要结论：①中国的老龄化程度尚在加深过程中，对老龄化问题的研究起步较晚，落后于国际先进研究与现实变化；②中国的信息科技和大众传媒的发展历程与现实意义极大地区别于欧美发达国家；③中国的社会现实使得学界在"老龄化与媒介"的研究领域中同时面临挑战和机遇。

造成中国这一社会现实的原因有很多。笔者认为，这是由中国的特殊历史与国情决定的。首先，中国对老龄化问题的重视始于政府层面，总体上遵循自上而下的路径。其次，欧美发达国家的传统媒体与新媒体在同一个制度框架下运作，但中国新媒体的发展环境不同于传统媒体，两者差异巨大，不仅如此，中国还在移动互联网方面具备后发优势，积累了自己独特的实践经验。

（一）世界人口老龄化

第二次世界大战后，世界各主要国家和地区的人民生存环境得以稳定，生育率相比战时急剧升高，新生儿死亡率大大降低；与此同时，能够活到65岁及以上的人口数量大大增加，人均寿命得以延长，这使得世界人口出现了一个显著的结构性变化趋势，即人口老龄化。尤其在1962—1965年，生育率达到高峰，这就造成出生于这个时期的老年人群体非常庞大，他们将从2027年开始进入65岁及以上的年龄段。

联合国人口基金会（UNFPA）数据显示，2023年，全球65岁及以上老年人口占全球总人口的10%。然而，世界各地的老年人口比例并不一致。欠发达的撒哈拉以南的非洲地区该比例最低，仅有约3%；发达国家与地区（如澳大利亚、新西兰、日本、欧洲、北美）该比例较高，均达到约20%。考虑到老龄化这一趋势原本就是社会稳定、经济繁荣与科技进步的结果，所以该比例与地区发达程度保持高度相关也是必然。

联合国报告指出，老龄化固然是新生儿死亡率降低与存活率升高的结果，但2020年，人口增长率自1950年首次下降，使得老年人口占比进一步提升。以欧洲地区为例，20世纪70年代后期，其生育率已跌落至世代更替水平以下，即平均每位妇女生育少于2.1个后代，已经出现人口衰退的现象，因此，欧洲地区的人口老龄化进程走在世界前列。

相对来说，中国的生育率在20世纪60年代持续处于高位，在1991年首次跌落到世代更替水平之下，达到1.66。到2010年左右，老年人口比例才达到世界平均水平，说明中国的老龄化进程尚在发展中。在应对老龄化趋势的挑战方面，中国应该并且可以从世界先进经验中有所借鉴。正如原联合国秘书长哈维尔·佩雷斯·德奎利亚尔（Javier Pérez de Cuéllar）在1982年的第一届老龄问题世界大会上强调的，一方面，老龄化这一如此剧烈的人口结构转变问题是联合国在成立时始料未及的，它将持续对人类社会的各个方面施加影响；另一方面，人口老龄化又是一个非常少见的具有全球影响力的议题，在处理这个关乎全人类的议题时，各国可以摒弃争端、精诚合作，在老龄化早期就未雨绸缪。

（二）国内外老年学研究的现状

作为协调国际社会在全球议题上的讨论与行动的主要机构，联合国于1982年组织举行了第一届老龄问题世界大会。其间，中国政府组建了"老龄问题世界大会中国委员会"，经国务院批准后代表中国参与这届大会。此委员会将参会经历和相关建议写成一份报告，申请成立"中国老龄问题全国委员会"，同样经国务院批准后成为中国老龄问题的议事机构。1986年，中国老年学和老年医学学会经民政部批准成立，属于国家一级社会团体，并于 1988 年正式加入国际老年学和老年医学学会。除了组织层面的建设，中国对老龄化问题的研究亦可视作起于 20 世纪 80 年代。例如，《中国老年学杂志》最早名为《老年医学杂志》，由吉林省卫生厅主办，1981 年创刊，1983 年更名为《老年学杂志》，1994 年更名为《中国老年学杂志》，目前作为中国老年学和老年医学学会会刊，发表的老龄问题研究文章集中在医学与生物学领域。

然而，早在第二次世界大战刚刚结束的 1945 年，美国老年学学会（The Gerontological Society of America，GSA）就已成立。仅仅一年之后，《老年学期刊》（*The Journal of Gerontology*）创刊，并在 1988 年扩展为《老年学期刊集》，包含 4 个组成部分。1995 年，此期刊集按照学科专业划分为两大子序列（每个序列包含之前的两个组成部分），序列 A 是生物科学与医药科学，序列 B 是心理科学与社会科学。除此之外，GSA 自 1961 年起创办了一个不细分学科专业的综合性期刊《老年学家》（*Gerontologist*），收录学术文章、书评影评等。GSA 旗下的这些期刊的影响因子年年攀升，可视作老年学研究的代表期刊。从期刊的设置来看，老年学研究及其学科建设在美国显示出一条较为明晰的路线，即兼顾专业度与综合性。

日本老年社会科学会于 1959 年为发表关于老龄问题的社会科学研究成果而创立，经过 20 年的发展，于 1979 年创办了日本老年社会科学会会刊——《老年社会科学》。日本作为亚洲地区的发达国家，率先以同欧美相近的步伐进入老龄社会，老龄化成为社会性问题。

总体而言，在发达国家，人文社科的论文在老年学研究中的所占比例逐步上升，这说明，老龄化进程较快的发达国家，早已开始从社会或文化层面去思考老龄化问题。正如《老年学基本原理》一书指出的："老年学不是单一地聚焦某一学科，而是一个跨多个学科的实践和科研领域，其复杂程度与衰老现象本身一样。"

在这一点上，中国的进展稍显落后。一直以来，社会科学领域的老年学研究散落在其他各类学科刊物上。中国自己的关注社会、经济、心理 3 个方面的老年学杂志——《老年科学研究》直到 2013 年才创刊。

（三）信息技术与大众传媒的发展

对人类社会影响深远的信息技术与大众传媒的发展，与人口老龄化一样，于第二次世界大战之后加速。20 世纪中叶开始，价格亲民的电视进入千家万户，电视成为最重要的大众传媒之一。自 20 世纪 80 年代开始，ICT 从科学界迅速扩展到商用民用领域，掀起了全球化的数字浪潮。一系列的远程通信技术突破了物理上的时空限制，降低了人们获取信息、沟通交流的成本，使得全球化不再只呈现为庞大的经济、政治实体之间的交互，而成为渗透到个体层面的整体现象。

哈罗德·伊尼斯（Harold Innis）早在 1950 年就深刻指出了媒介特性与权力扩张的关系。从历史上看，媒介是帝国权力在时空中扩张的工具，媒介特性中不同的时空偏向性影响着权力结构的特性。殖民时期的英国和完成领土扩张之后的美国，都离不开大众传媒在经济、政治、社会和文化层面上的支持。此后，大众传媒产业形成了英国范式和美国范式两种范式，其中，美国范式在商业化上更加成功，于是在以欧美为主导的贸易、资本、市场全球化的过程中，大众传媒的美国范式席卷全球。

中国近 100 年来致力于争取独立与解放，同时被深深卷入两极对立的国际结构中，使得大众传媒从一开始就具备政治基因，而在商业上先天不足，直至 20 世纪 90 年代，传媒市场化的改革才开始启动。但是，这一次改革恰好为新兴的互联网媒体提供了商业化的初始环境。因此，无论是收音机广播、报刊还是电视，或多或少都铭刻着"旧时代"的印记，反之，跨越千禧年的互联网媒体带给所有人的却是耳目一新的感觉。

在欧美发达国家，所谓"传统媒体"与"新媒体"之间的断裂感并没有在中国这样明显。如前所述，这些国家经历了完整的大众传媒的演进历程，平稳度过了转型时期，最后形成了相对平衡的传媒生态；而在中国，不存在类似的发展路径，也就不存在类似的路径依赖。中国大力发展移动互联网，在消费级终端制造、电信基础设施建设、移动端应用服务、政府数字治理转型等方面，都取得了丰富的经验和独特的优势。

三、欧美学统下老龄化相关媒介研究

第二次世界大战时期，为了进行战时动员，以个体心理学为理论依据，美国就传媒与宣传的关系进行了大量研究。一开始，媒介被视作单纯传递信息的工具，媒介的宣传效果备受关注。媒介传递的信息及其方式如何对个体的心理认知乃至行为产生影响，成为媒介效果论想要回答的问题。经过多年的发展，媒介效果论麾下诞生了诸多行为主义研究成果，这是美国媒介研究的一大特色。在涉及老龄化的课题上，各研究热衷讨论媒介对老年人产生的效果和影响，且大多数研究仍从个体出发，发掘老年人使用媒介的态度和习惯，检验媒介使用与个体生理、心理、认知、行为、社会经济地位等变量的关系，研究方法以实验、调查问卷、数据统计等定量方法为主。

受美国此类研究方法或测量标准的影响，其他国家也有相当数量的类似的行为主义研究。例如，通过对 1000 个老年人进行问卷调查，日本研究者发现，70～80 岁的高龄老年人相对于 65～69 岁的老年人，更少使用网络。前者会倾向于使用短信这种通信方式，后者则更多使用社交媒体。总体而言，在互联网上的活跃活动会增加老年人，尤其是 70～80 岁老年人在现实中的活跃活动，对他们的身心健康有积极作用。

欧洲因两次世界大战创痛甚深，第二次世界大战之后，其对现代性的反思达到了一个新的高度，由此与美国学统形成巨大差异。其中，最引人注目的就是新马克思主义思潮在学界的风行，以及在各个学科中展开的对资本主义体制、社会与文化的批判。另外，在媒介研究领域，后结构主义、建构主义和解构主义等，催生了富有洞察力和批判力的成果。在微观层面，对媒介的思考被提升至哲学高度，媒介被认为参与了对个人主体性和身份认同的建构；在宏观层面，媒介也经由政治经济学的分析，被视作扩张政治、经济、文化霸权的工具。总之，媒介的内容生产、信息传播、权力结构和权力关系是批判视角下的重点研究主题。在涉及老龄化的课题上，众多研究开始反思之前关于"老年"的概念、形象、理论乃至社会制度。媒介建构老年人形象、塑造大众对老年人的想象，属于这一学统下学者最关注的现象。针对这些媒介现象的意识形态批判以话语分析等定性方法为主。

在《人口老龄化的政治经济学》(*The Political Economy of Population Ageing*)一书中，约克大学教授威廉·杰克逊（William Jackson）对新古典主义经济学做出了意识形态批判。他认为，老龄化被视作"危机"是新古典主义经济学对老龄化的经济影响在意识形态上的夸大。对老龄化的研究不应只关注其物质后果，还要关注何为老年社会制度，以及将老龄化塑造为"危机"的话语方式。他对当时关于人口老龄化的学术讨论提出批评，认为这些学术讨论过度简化地将生产率与年龄挂钩，强化了年轻与年老的二元对立关系。实际上，很多老年人还具有相当强的劳动力，只是他们退休之后创造的劳动价值（如参与家务、照料等工作）并没有被正式承认与记录。正是将工作、退休与年龄挂钩的政策，建构了这样的二元对立关系。

瑞典的两位研究者分析了瑞典新闻出版物上的媒介话语，揭示了老龄化是如何被呈现为一种威胁的。首先，将老龄化这一人口学现象自然灾害化（实际上，对"老龄"的定义是人为的）；其次，将老龄化这一现象负面符号化（如以倒计时的"定时炸弹"作为象征）；最后，将老年人他者化（如使用"银发"这种生理特征来指称整个老年群体以区别于其他群体）。另外，媒介化理论（Theory of Mediatization）认为媒介与现实是相互建构的，因此，媒介对老年人形象的直接呈现或不呈现都值得关注。例如，时尚工业的广告营销中，老年人的形象从"无"到"有"，整体宣传从对抗老化，到强调变得年轻，再到呈现不真实的老年身体（优雅、纤细或"酷"），与此同时，服务于"抗老""焕发青春"等的美妆产品被陆续推出。通过梳理这些媒介呈现，我们可以剖析消费主义对"变老"和"老年人"的建构，以及意识形态在意义生产中的角色。类似的反思和批判也在知识生产领域展开。通过检视2000—2015年发表的有关媒体如何再现老年人的论文，研究者指出，目前的研究经常对媒介话语进行反思和批判，却没有检视学术话语本身。

四、现代社会转型与未来学科方向

（一）现代社会转型的宏大理论

自"现代性"成为人文社科学者经久不息的思考母题以来，关于现代社会的理论就一直随着现实的改变而演进。尤其在进入信息科技狂飙突进的全球化时代后，现代社会已与之前不可同日而语。基于对冷战后西式政治经济体制之胜利的反思，英国社会学家安东尼·吉登斯（Anthony Giddens）与德国社会学家乌尔里希·贝克（Ulrich Beck）在20世纪90年代提出"自反现代化"（Reflexive Modernization）。

"自反性"指的是现代社会自我生成的现代化，也就是西方现代社会走到极致时开始的第二轮现代化。不同于第一轮原教旨现代化是传统社会向工业社会的转型，这一轮现代化是工业社会自身基本原则的转型。乌尔里希·贝克在《风险社会》（*Risk Society*）中提出，我们正在经历经典现代化（Classical Modernization）转向自反现代化的过程，此过程是对经典工业社会图景的超越。当下，我们正处在一个风险社会中，其显著特征是弥散的风险与其带来的高度不确定性。

乌尔里希·贝克直白地指出，"风险"的叙事是对高度发达的现代社会体制，如科学、国家、商业和军事的讽刺。但是，乌尔里希·贝克也指出，这并不意味着我们从现代社会进入了后现代社会。现代社会的原则并没有崩溃坍塌，也没有走向其反面，而只是在经历转型。因此，乌尔里希·贝克提出了"第一现代性"（First Modernity）与"第二现代性"（Second Modernity）的概念，前者是指基于民族国家社会的现代性，后者则是指模糊了民族国家边界与社会秩序，以及福特主义生产制度与安排的现代性。"第二现代性"不仅仅是停留在理论上的概念，而是已作为研究议程应用在经验研究中的概念。

（二）社会转型下的学科转向

在这样的研究议程下，诸多社会现象都被视为边界模糊、高度流动、反本质主义、社会建构的"第二现代性"的表征。同时，单纯关于物质利益的议题，如生理健康、经济保障、福利覆盖、劳动力与生产效率等，其重要程度相对下降；关于视觉形象、符号意义、身份认同等与文化有关的议题，其重要程度日益上升。由此，文化或批判方法就作为成熟的研究方法被更多地运用在相关研究中。

在一篇对媒介与老龄化研究的学理探讨中，塞西莉·吉沃斯科夫（Cecilie Givskov）与马克·多伊泽（Mark Deuze）指出了目前的3个方向：①文化方法（Cultural Approach），强调不能仅关注老龄化的经济或物质后果，还要关注通过媒介使用而延伸和放大的社会不平等；②生命历程视角（Life Course Perspective），强调不能将年长人士（Older People）同质化为高龄群体（Age Group），媒介的"接触"和"使用"与生理因素并非强相关的，反而由社会、文化等条件来调节；③媒介聚合（The Media Ensemble），强调媒介可赋予意义，并非纯粹的工具，研究者不能仅关注人对媒介的"接触"和"使用"，还需要在社会建构论的框架下考察意义生产的实践。这将破除将老年人仅仅视作媒介使用者这种还原论式的同质化倾向，同时也将阻止20世纪媒介—受众的二元方法被继续带入到数字媒介研究中。这3个方向的研究可以有力地削弱技术决定论，将老年人看作积极、复杂、有创造性的主体。

在老龄化相关理论的演进过程中，我们也能观察到这样一个转变趋势。马丁·海德（Martin Hyde）和保罗·希格斯（Paul Higgs）回顾了老年学理论的发展历史，认为其发展方向与现代社会大理论的方向保持一致。大部分兴于20世纪90年代之前的社会老年学（Social Gerontology）理论都属于"第一现代性"研究议程下的理论族群（Families of Theories），包括脱离理论（Disengagement Theory）、现代化与老龄化理论（Modernization and Aging Theory）、年龄分层与生命历程方法（Age Stratification and Life Course Approach）、结构化的依附理论（Structured Dependency Theory）、政治经济学方法（Political Economy Approach）；而文化和批判的老年学视角（Cultural and Critical Gerontological Perspective）则是在"第二现代性"研究议程下新近流行起来的。在之前的理论体系中，年龄被作为学术研究与政策的固定锚点，"老年人"被僵化为一个不变的狭隘概念，老年群体也被视作高度同质性的研究客体。老龄化被描述为生产力与生产效率上的衰退危机，无论是学者还是政策，都将"变老"视作需要解决的问题甚至威胁。具备如此特点的研究或者政策成为后来者反思和批判的对象。

随着老年人口的剧增，学者们意识到老年群体的异质性，基于年龄的最基础的划分也逐渐细化，不再一概将65岁及以上的个体称为老年人，而将老年人分为壮年老年人（65～74岁）、高龄老年人（75～84岁）与超高龄老年人（85岁及以上），同时还有一些更为灵活的分类标准被提出。例如，日本内阁府于2021年发布的《老龄社会白皮书》指出，一律将65岁及以上个体定义为老年人的做法已经不符合现实了。越来越复杂的年龄分布使得对老年人原有定义的质疑越来越多，将老年人年龄下限从65岁提升到75岁的呼吁日益增多。

（三）学科现状与未来方向

老年学作为思考和研究老龄化议题的主要学科，其实是一门新兴学科，它诞生于迫切的现实需求之下，早期以实用为导向，单纯从生物或医学角度看待人体的衰老问题。虽然媒介研究的历史也并不悠久，但其在人文社科的发展之路上先行一步，已积累了较为丰富的思想资源与研究成果。另外，科技研究（Science and Technology Studies，STS）中有一部分以最新的信息传播技术为基点，虽然有时会引发对其"技术决定论"的批评，但这些研究在人文社科的发展之路上树立起了代表技术向思考的鲜明旗帜，这也是学术共同体中不可或缺的一部分。

笔者认为，目前正在兴起的"社会—技术老年学"（Socio-Gerontechnology）代表了未来的学科方向之一。提出这一学科主张的学术共同体"社会—技术老年学网络"（Socio-Gerontechnology Network）主要由欧洲的研究者组成。他们坚持以文化批判视角来审视老龄化、技术及这两者之间的关系，继续批判主流老年学和主流技术研究中的还原论、方法单一和缺少对权力的反思等缺陷。

在年龄研究中，研究人员意识到，老龄化不仅是一种社会或文化现象，也是一种物质现象。"社会—技术老年学"研究中的一部分重新强调老龄化的身体和物质体验，认为"我们因文化而老"，但同时也"因身体而老"，而另一些研究则转向了一般的物质性，探索老龄化物品、空间和建筑的作用。

数字基础设施日益融入老年人的日常生活，塑造了老龄化的体验和构成。由此，老年社会学已将人们晚年生活中的技术使用作为研究课题。然而，许多关于老龄化与技术的老年学研究都是应用型且技术乐观主义的，主要探究技术如何改善老年人的生活。最近，"社会—技术老年学"及其他批判性研究（如科技批判性研究和数据批判性研究）试图摒弃这种干预性的理论形式，即将新技术定位为老龄化问题的干预措施或解决方案。这些干预措施或解决方案一方面批判了技术设计过程中的年龄定型观念，以及由此产生的对老年人的家长式立场，另一方面也批判了老年学的技术乐观主义。批判性研究强调我们不能将数字基础设施的影响简化为某种形式的预定义影响，应该避免将技术或老年人视为单一、孤立和固定的实体，而应该探索关于老龄化和技术的不同故事与不同模式，并将社会老年技术向其他反思模式和批判性技术接触的不同可能性开放。

通过社会、基础设施、文化和物质力量，老龄化、护理、健康和技术彼此相互塑造，老龄化与技术的批判性方法、理论聚焦于此。一方面，这些方法、理论包括对设计过程和创新政策进行更深入的实证研究，强调新技术不仅解决个体或人口老龄化问题，而且创造和选择老龄化的相关理念，使其成为设计过程或创新政策的目标。设计过程或创新政策产生并强化了社会应该如何老龄化的共同想法，成为我们实证地理解老龄化的重要场域。另一方面，这些方法、理论也包括对老年人的日常生活、衰老的身体及与技术相关的年龄和老龄化构建的文化研究。这些研究强调了技术在与老年人的接触中形成并获得意义的过程。从这个角度来看，构成老年人生活的许多"小安排"对于理解数字基础设施如何在老年人及其家人、朋友和护理人员的生活中发挥重要作用具有现实意义。

从根本上来讲，"社会—技术老年学"探讨当代社会中老龄化和技术如何相互关联并不断交织在一起。讨论的主题涵盖广泛的社会物质领域，从社会科学与人文科学的角度提供对老龄化和技术的独特理解，并为新本体论、方法论的发展做出贡献。"社会—技术老年学"本身也可以包括许多领域，如数字社会学、健康研究、性别研究、政策研究、设计研究等，这些研究都可以加入"社会—技术老年学"的新视角。

五、如何在中国建设崭新的老龄化与媒介研究

目前在中国，"积极老龄化"作为政府层面上政策导向和政策制定的原则，在一定程度上影响着学术研究的思路。反过来，学术研究在回应积极老龄化的同时，也开始反思原有的老龄观念，深化人们对"积极老龄化"的认识，进一步提出经过审慎调查与思考的政策建议。例如，有研究者建议建立更系统、更科学的人口老龄化指标体系，参考期望余寿理论及前瞻年龄视角来重新确定老年的年龄起点，并且重新测算人口趋势。有研究者关注日益扩大的灰色数字鸿沟，特别是老年人被强行拖入数字化空间，造成"数字排斥"的情况，主张对老年人的"数字包容"，确保公共服务的可及性，同时让非数字服务得到维持。

在中国数字基础设施建设过程中，伴随着老龄少子走势加剧、数字基础设施被迫转向适老化，有研究者分析了数字基础设施适老化的3类改造议题，即数字城乡适老化、智慧社区适老化、终端界面适老化，指出其根本意图是实现全世代的数字

包容，支撑中国式现代化创造人类文明新形态。研究者还将目光投向了边缘老年人，如在农村地区的老年人，关注到以前很难涉及的人群及他们不被看到的困境。通过对农村老年人的半结构访谈，研究者发现了这些农村老年人与他人的沟通障碍及对手机等通信设备的适应困难，这会加强农村老年人自我忽视的心理状态，从而损害他们的身心健康。此类研究不仅具有学术价值，还具有人文关怀和社会意义。

总体而言，中国现阶段的老年学研究还处于逐步发展的过程中。考虑到研究目的，将老年人作为行动主体最好的研究方法是定性方法，如田野调查、参与式观察、深度访谈等。又因为要保持追踪调查，所以这种研究往往耗费时间与资金，最后呈现出门槛高、成果少、推广难的现状；而媒介研究相比老年学研究更为独立和成熟。由于媒介研究处于较为强势的地位，所以在很多老龄化与媒介研究中，其媒介本位更为突出。

然而，主流的老龄化与媒介、科技研究理论化不足，过度依赖对老年人的刻板印象，认为科技可以"解决"老龄化和老龄人口"问题"。将个人年龄增长和老龄化视为问题，而将技术视为解决方案，这种视角可以为现有研究获取更多资金，却回避了根深蒂固的社会排斥、不平等、孤立等复杂问题。尽管这两个领域——老龄化与媒介、科技研究——都已经转向以物质和反思的方法来研究老龄化与技术，但这两个领域之间的摩擦依然存在。笔者认为，这些摩擦源于对能动性、权力和批判等概念的不同使用与解释，它们可以为社会老年技术的进一步发展提供富有成效的基础。换言之，我们不应将这些摩擦视为两个领域之间的鸿沟，而是应看作社会老年技术领域富有成果的对话、辩论和理论进步的诱因。

长期以来，老年的特征是身体和认知功能衰退及与社会脱节，而积极老龄化政策则对这种想法提出了挑战。人们越来越期待老年人保持活跃、健康和生产性，同时，数字技术的普及将这些要求提升到了另一个高度。研究者需要批判性地探讨老年人生活的世界日益数字化的问题，整合老龄化与媒介、科技研究的新思维，将两者更紧密地联系在一起。

中国的老龄化与媒介研究应注重社会科学与人文科学的交叉，将老龄化研究问题视为由老年技术设计、社会物质实践及围绕它们的政策讨论共同构成的。这种交叉理论的主要问题可以表述为：老年人与媒介或技术如何在权力关系领域和网络中彼此生成？

例如，交叉理论可以解决以下次级问题：老龄化和人口变化的问题是如何产生的？如何将技术作为合法的问题解决方案来讨论？老年人作为技术的使用者是如何被界定、定位和卷入的？技术如何植入老年人的生活？如果存在"老龄化政治"，那么它是如何通过技术的设计和营销，以及老年人与技术之间的日常互动来实现的？在这一过程中，谁被排斥了？我们如何在这一过程中发现裂痕和矛盾，以及如何利用这些裂痕通过媒介或技术解放老年人？在什么条件下，技术的资源化利用可以蓬勃发展？或者在什么社区条件下，这些技术可以共享并嵌入到现有的社会和物质照料安排中？

最终，我们将中国的老龄化与媒介研究理解为一种跨学科的努力。通过学科建设和学术研究，厘清老龄化与媒介和科技研究的关系，在此过程中尝试做到以下几点：①更积极地理解老年人；②更多地反思老龄化与技术；③更全面地考虑权力和老龄歧视。

黑格尔有一句名言："密涅瓦的猫头鹰，只在黄昏时起飞。"随着工业社会越来越难以应对如今诸多问题，此时正是深刻反思以往的认知、概念、理论与方法之时。追求极致效率的工业社会制度理所当然地将老年人视作无生产力的衰弱群体加以分类和排斥，然而，在信息科技促成的社会转型中，我们需要改变以往的研究思路与框架。从根本上质疑对老年人的定义，才能在一个新的出发点上，对老年人与老龄化趋势产生更符合现实的理解。媒介研究首先开启了文化批判的转向，老年学研究也紧随其后，而如今，这种批判的目光也应该对准渗透人类生活方方面面的互联网平台及即将进一步改变人类生活方式的数字智能技术。在这一过程中，我们虽然有丰富的理论资源，但归根结底，理论源自现实——快速迭代的技术与规制技术的制度都走在了理论之前。笔者希望可以在学科建设和转型的河流中投下一颗石子，激起更大的涟漪，为今后的理论研究与经验研究提供参考。

其他作者：

王梦瑶，北京大学新闻与传播学院博士后。

盘古智库老龄社会研究院《中国老年人生命关怀与尊严保护社会创新》研究项目课题组

中国老年人生命关怀与尊严保护社会创新

一、老龄社会下老年人的尊严与利益

在全球老龄化浪潮中，中国独具超速、超早、超大规模及超稳定结构的老龄化特征。截至 2023 年年底，中国 60 岁及以上人口达 2.97 亿人，约占总人口的 21.1%，65 岁及以上人口达 2.17 亿人，约占总人口的 15.4%，迈入中度老龄化。随着人均寿命延长、出生率下滑，老龄化成为中国未来社会的常态，对经济、社会供需体系构成重大考验，医疗、照护、教育等多领域面临重塑。医疗体系、服务产品、社会保障体系短板凸显，老年人的尊严与利益保护急迫，生命关怀需求迫切，老龄化社会深度转型势在必行。具体表现在以下几个方面。

一是认知症与法律纠纷对老年人构成双重打击，尊严与经济利益受损。2021 年，中国认知症患者已达 1507 万人，预计 2050 年将增至 2898 万人，《柳叶刀》(*The Lancet*) 更预测这一数值将突破 4500 万人。2022 年，北京市涉老民事案件达到 10 万件，继承纠纷案件显著增多。然而，68% 的受害老人未寻求法律救济，仅 22% 的受害老人选择主动维权。

二是重大疾病与失能带来身心煎熬、尊严丧失。尽管失能率已降至 2.34%，但失能老人总数增至 618 万人，尤其是 75 岁及以上群体受影响最为严重。残障老人超过 1650 万人，慢性疼痛在老年人中的发病率高达 65%~80%，就诊率达 85%，而成年人的发病率和就诊率分别为 40% 与 35%。中国健康与养老追踪调查显示，60 岁及以上老人自报疼痛率达 30.6%，老年疼痛人口估计达 7038 万~1.8 亿人，2015 年老年癌症患者中重度疼痛患者达 225.12 万人。

三是空巢现象加剧老年人的心理压力。2020 年，中国一人户家庭占 25.39%，达到 1.25 亿户，较 2010 年翻一番。第四次中国城乡老年人生活状况抽样调查成果显示，空巢老人与独居老人已达 1.18 亿人。

综上所述，面对这些由人口老龄化带来的实际挑战，老年人群体在生命中晚期的生命关怀、尊严保护、利益维护、病痛缓解等方面的需求越发突出。切实有效地保障规模日趋庞大的老年人独立自主和有尊严地生活，保护老年人的合法权益，在不同层面都有着重要意义。

在个人与家庭层面，需要强化老年人的财产安全，通过法律援助、公证及家庭沟通解决遗嘱、诈骗等问题，保障其财产利益，提升其晚年安心度。同时，提供个性化医疗照护、康复与心理支持，结合科技辅助与社会关怀，提升老年人的生活质量与尊严。尊重老年人意愿，维护其人格尊严，减少其精神压力，通过多元活动普及生命关怀理念，并降低家庭因医疗决策带来的经济与精神负担。在社会层面，促进代际和谐，构建尊老爱幼风尚，推动照护型社会建设，完善服务体系，提升社会文明程度，展现对老年人物质与精神需求的全面关怀。在国家层面，需要贯彻积极应对老龄化国家战略，实施高质量社会治理，优化资源配置，保障老年人权益，强化社会治理能力，提升政府公信力，以老年人生活质量为标尺，检验社会治理现代化成果。

总之，当老年人的辨别能力逐渐下降甚至失去民事行为能力时，如何以尊重和保护为核心，确保他们的个人意志得到充分体现，并保障他们的人身和财产权益不受侵犯，有尊严、无痛苦、安心无忧地走过生命的最后旅程，已成为一个亟待社会广泛关注并深入思考的问题。这不仅关乎老年人的福祉，也反映了社会文明进步的应有之义。

二、生命关怀与尊严保护的多维度体现

在马斯洛需求层次理论（见图 1）的深刻洞察下，身体尊重、利益保障、精神慰藉、意愿遵从与死亡尊严这 5 个方面紧密相连，共同构成了生命关怀与生命尊严的坚实支柱。它们不仅精准对应并满足了人类从生理需求到自我实现这一系列递进的需求层次，还在老年人权益保障与法律尊严的广阔领域内占据核心地位。

身体尊重作为基石,确保了老年人身体与人格不受侵犯,满足了他们对安全感与尊重的基本渴望;利益保障则是物质安全与社会认同的坚实后盾,保障了老年人经济无忧,享有应得的社会地位;精神慰藉则深入爱与归属的层面,为老年人提供情感支撑,减轻孤独,强化情感纽带;意愿遵从彰显了尊重与认知的价值,让老年人在决策中保持独立与自主,实现自我价值;而死亡尊严作为自我实现的终极体现,确保老年人在生命尽头亦能保有尊严与安宁,是法律对生命全程尊重的完美诠释。这 5 个方面相辅相成,缺一不可,共同为提升老年人生活质量、维护其生命尊严构筑了全面而坚实的保障体系。

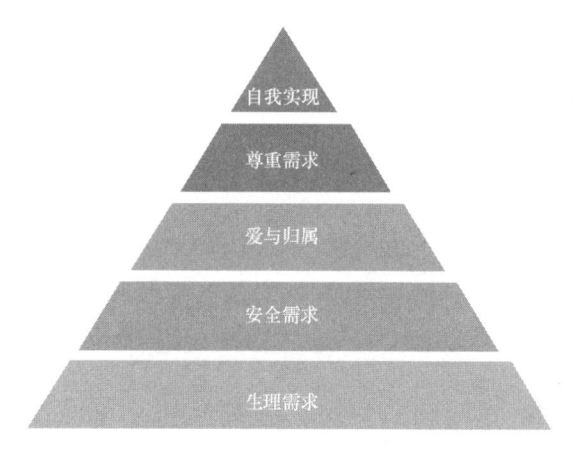

图 1　马斯洛需求层次理论

(一) 身体尊重

身体尊重是生命关怀与尊严守护的基础。《中华人民共和国宪法》与《中华人民共和国民法典》明文守护人民身体权,立法彰显"有尊严地活着"之核心价值,呼应时代诉求,深契"身体发肤,受之父母"之古训,弘扬尊体传统。步入生命科技时代,民法人文关怀迎来新课题,身体权之不可转让与基础性特质,呼唤更高层面的重视。在法治框架下,身体权获立法确证,生命观倡导"生命至上,人民至上",在现代医学语境下,兼顾生命神圣与品质,病人自主意愿与尊严得以满足,构筑生命尊严全维防护网。

(二) 利益保障

老年人财产保护是维护其尊严的关键。年岁增长带来身心挑战,使老年人在财产保护上更显脆弱。财产作为生活的基础与尊严的象征，一旦受损，将直接导致老年人生活水平的下降，尊严受损。保护老年人的财产，既是对其过往努力的致敬，也是社会尊重的体现。财产保护还关乎老年人自主权，是其按个人意愿选择生活方式的基石。在"未富先老"的背景下，老年人财产保护成为紧迫议题。记忆力减退、判断力下降，加之诈骗猖獗，老年人财产安全受到严重威胁。因此，老年人财产保护成为社会文明进步和法治建设的重要标志。社会应高度关注老年人在遗嘱执行、财产纠纷、诈骗面前的脆弱性，加强宣传教育，提高老年人防范能力，并强化监护人责任，确保财产监护到位。

（三）精神慰藉

在精神健康领域，学界普遍聚焦于积极情绪与消极情绪的平衡，视其为精神健康之基石。积极情绪如幸福、快乐，构成健康的重要支柱；而焦虑、抑郁与孤独等消极情绪，则潜藏着健康危机。情绪失衡易致精神困境，表现为价值观扭曲、精神追求缺失及负面情绪沉溺，老年人，特别是空巢独居老人尤为脆弱。在此背景下，老年人精神慰藉的价值凸显，它不仅是生命关怀的体现，更是人格尊严的保障。老年人精神慰藉能够有效缓解其孤独与焦虑，增强其心理韧性，丰富其生活，促进其社交互动，为其构建积极的社交网络。面对生活挑战，它成为心理防线，帮助老年人保持乐观，重拾生活的希望。同时，它可以传递对老年人的尊重与认同，强化老年人自尊自信，彰显其社会价值。通过情感陪伴与社会融入，老年人能够感受到温暖与关怀，自我价值与尊严得以重塑。

（四）意愿遵从

即使疾病缠身或认知衰退，每个人都渴望在生命旅途的最后阶段得到尊重，人人渴求尊严与自主。这份对生命尊严的坚持，彰显人性之光，超越动物本能。人类作为意志载体，于法律界限内行使自由的权利，尤其在身心健康的抉择上，享有至高自主权。《中华人民共和国民法典》秉持此理念，确保自然人意志主宰个人选择。要实现敬老养老，需要倾听其心声，这是对"自我决策"的尊重，亦是对孝道美德的称扬。唯有真心尊重，方能使长者内心欢悦、福泽绵延。现实往往忽视长者的"自我决策"，善意背后或藏无形之伤。故对于暮年群体，尤其是临终老人，其财产规划、遗愿遵行、日常照料、终期关怀，皆应紧贴其真实需求，尊崇其意愿与自由，此乃法律之义，亦是孝善文化之延续，融汇法治、价值观、伦理与实际需求，共绘和谐社会画卷。

（五）死亡尊严

引领了 20 世纪中期医疗伦理的美国圣公会牧师、新教自由主义者约瑟夫·弗莱彻（Joseph Fletcher）曾于 1960 年提出"尊严中死去的权利"。《中华人民共和国民法典》第一千零二条明确规定，自然人享有生命权。这标志着中国在法律层面对生命尊严的深刻认识与尊重。生命尊严不仅涵盖了生的尊严，也涵盖了死的尊严，因为当一个人无法有尊严地继续生存，反而成为尊严的负累时，他有权选择有尊严地结束生命，这是自然人行使生命权的方式之一，也是垂死之人维护生命尊严的最终追求。有尊严地结束生命并非安乐死，而是当生命面临终结时，不再采取单纯延续生命的医疗措施，而是遵循自然法则来终结生命，这是人们自我决定权的重要体现。允许人们在意识清醒时预先规划自身面对无法治愈的重大疾病时的死亡方式，这不仅是对生命尊严的尊重，也是对人性的深刻理解和关怀，更是实现生命尊严价值的核心。只有当人能够有尊严地死去时，才能说生命尊严得到了全面保障。

三、四大核心概念引领生命关怀与尊严保护

经过对现阶段中国社会涉及生命关怀和生命尊严的社会创新领域的观察与梳理，我们发现意定监护（Guardianship by Conduct）、生前预嘱（Living Will）、安宁疗护（Hospice Care）、缓和医疗（Palliative Care）这 4 个极具现实意义的生命概念（见图 2），高度契合了体现生命关怀与生命尊严的 5 个方面，包括身体尊重、利益保障、精神慰藉、意愿遵从及死亡尊严。意定监护通过法律手段，允许老年人在意识清醒时自主选择监护人，确保其行为能力丧失后依然能够得到妥善照顾，避免了由认知症引发的法律纠纷与经济利益受损，保障了老年人的自主权与尊严。生前预嘱则让个体能够提前规划医疗决策，确保个体在生命末期能按照个人意愿接受治疗或放弃治疗，体现了对生命终点的尊重与意愿遵从。安宁疗护与缓和医疗则聚焦于减轻重大疾病、失能残障患者的身心痛苦，通过综合医疗照护与心理

支持，不仅缓解了患者的病痛煎熬，还维护了患者的尊严与生活质量，同时，这些措施也为空巢、孤独的老年人提供了精神慰藉，减少了他们对老后生活的忧虑与恐惧，全方位展现了生命关怀。

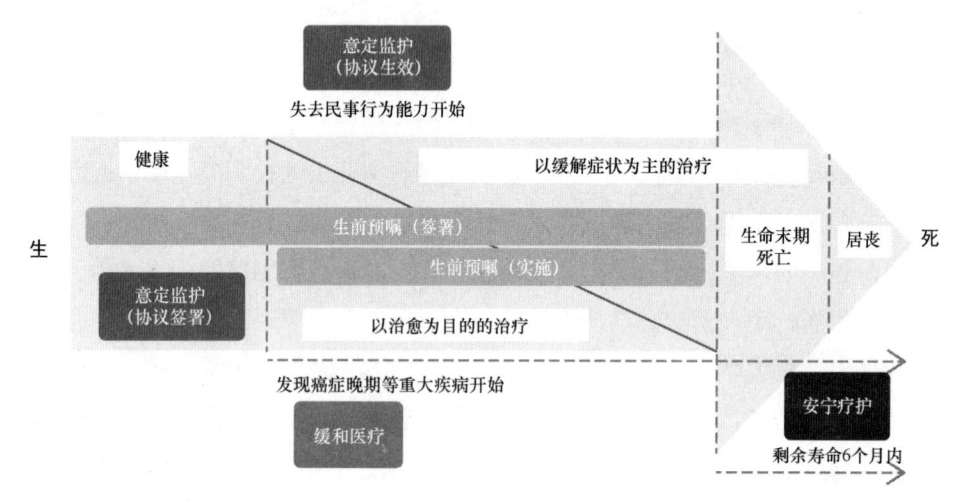

图2 意定监护、生前预嘱、安宁疗护、缓和医疗4个生命概念

（一）意定监护

1. 意定监护的概念

意定监护作为中国法律体系中一项应对人口老龄化挑战、尊重个体自我决定权的创新制度，其概念根植于对成年人尤其是对老年人生活尊严与权益的深切关怀。意定监护借鉴美国持续性代理权，《中华人民共和国民法典》第三十三条规定，具有完全民事行为能力的成年人，可以与其近亲属、其他愿意担任监护人的个人或者组织事先协商，以书面形式确定自己的监护人，在自己丧失或者部分丧失民事行为能力时，由该监护人履行监护职责。此规定补充了传统监护模式，强调了自主权，允许预先规划生活照料与权益保护，确保协议有效、内容精准，规避歧视、高昂费用与繁冗流程，守护个人隐私与意愿。在老龄化背景下，意定监护凸显价值，适应法律与时俱进，保障老年人及弱势群体权益；尊重自主选择，有效维护被监护人的权益，遏制不当监护损害；促进社会和谐，构建基于信任与尊重的监护关系，减少家庭纷争，为弱势群体构筑安全网。伴随广泛应用与持续优化，意定监护推动法律体系革新，为打造公平、和谐的社会环境奠定基石，彰显法治

关怀与人文关怀。

2. 意定监护在中国的发展

中国意定监护制度的发展经历了几个关键阶段。首先，在 2012 年修订的《中华人民共和国老年人权益保障法》中，首次提出了建立老年人意定监护制度的倡导，这标志着我国开始关注并探索意定监护制度的构建。随后，在 2017 年通过的《中华人民共和国民法总则》中，第三十三条明确提出，具有完全民事行为能力的成年人，可以与其近亲属、其他愿意担任监护人的个人或者组织事先协商，以书面形式确定自己的监护人。协商确定的监护人在该成年人丧失或者部分丧失民事行为能力时，履行监护职责，这充分体现了意思自治的原则。2021 年，《中华人民共和国民法典》正式实施，其中第三十三条再次确认了意定监护制度，并将其提升到了法律体系中更加重要的位置，规定具有完全民事行为能力的成年人，可以与其近亲属、其他愿意担任监护人的个人或者组织事先协商，以书面形式确定自己的监护人，在自己丧失或者部分丧失民事行为能力时，由该监护人履行监护职责。与法定监护相比，意定监护制度的核心优势在于它尊重并保护当事人在具备完全行为能力时对未来生活照顾及财产管理的预先规划安排。这一制度对于维护失能、认知症等成年弱势群体，特别是老年人的权益，具有重大的社会意义和实践价值。

综上所述，中国意定监护制度经历了从初步倡导到法律确认，再到具体细化的过程。虽然现行法规已经为意定监护模式的主体设置和运行基础搭建了框架，但我国意定监护制度起步较晚，目前还存在许多空白，一些原则化的问题仍然需要进一步完善。

3. 中国意定监护的发展困境

《中华人民共和国民法典》虽然奠基了意定监护制度，然而其第三十三条、第三十六条规定宽泛模糊，疏于明确被监护人的适格门槛及行为能力审评，启动条件单一，忽视个体意志，亟待深化细则，精准对接实践，确保被监护人权益无虞。意定监护制度建立后，公示登记缺失，缺乏法律约束力，监管乏力，即使公证仍难保全面透明，致执行力疲软，被监护人易受到侵害，故公示机制的建立刻不容缓。现有监管体系存在漏洞，监护人滥权或怠职时有发生，监督主体职责不明，体系空转，亟须建立有针对性的监管架构，护航被监护人利益，妥善处理监护真空。监护协议范本缺位，签约过程暗藏风险，效率受阻，急需标准化模板指引，强化制度执行力。公益组织与专业人才匮乏制约服务质量，亟须强化机构建设，吸纳培养专才，进行专业服务升级，这是维护被监护人福祉、助推意定监护制度稳健前行的核心要务。

（二）生前预嘱

1. 生前预嘱的概念

生前预嘱是在个体健康且意识清晰时签署的法律文件。该文件旨在预先明确，当个体在未来可能面临不可逆疾病或生命末期时，对于医疗救治和生命维持方式的具体意愿，特别是关于所需或拒绝的医疗护理的详细指示。虽然签署无特定年龄限制，但人们通常在中老年阶段为应对潜在的健康风险而开始规划。生前预嘱的广泛采用不仅是对现代社会公民基本权利的进一步尊重和完善，也反映了在生命科学和医疗技术迅猛发展的背景下，个人意愿和医疗偏好在现代医学伦理中日益受到重视。这一趋势加深了人们对高质量生存的理解，即不仅追求生命的延续，更希望在生命终结时能够减少痛苦，保持有尊严地离世。

生前预嘱的概念起源于美国，1967年，伊利诺伊州律师路易斯·库特纳（Luis Kutner）受遗嘱启发，在美国安乐死协会首次提出"生前预嘱"概念，主张在健康时依个人意志来规划生命末期的医疗选择，并于1969年将此主张发表。1970年，加州通过《加州自然死亡法案》（*California End of Life Option Act*），推广生前预嘱理念。1990年，美国联邦政府的《患者自决法案》（*Patient Self-Determination Act*）生效，从国家层面认可了预立医疗指示，保障了患者医疗自主权。1996年，生前预嘱注册中心成立，利用电子技术管理生前预嘱信息，在保障患者隐私的同时便于预嘱信息的获取。

2. 生前预嘱在中国的发展

生前预嘱在诸多经济较发达国家和地区已经得到长时间发展，台湾地区和香港地区也较早引入并实践，但是在大陆地区仍然属于待推广和待普及的新概念。

2006年,"选择与尊严"公益网站建立,旨在推广"尊严死"和"生前预嘱"理念。2011年,该网站基于目前世界上使用最广泛的一版生前预嘱文本《我的五个愿望》,在保留容易理解和表达意愿的框架的同时,经过法律、临床、心理专家的共同建议,形成了供大陆居民使用的文本,它更加适合大陆地区的法律环境和公民文化心理,也是大陆地区第一份生前预嘱的文本样式。注册者不必懂得太多法律词汇或医学词汇,只需要对每个愿望下的项目选择"是"或"不是",便可对临终期的相关事项做出清晰安排。生前预嘱的具体内容包括:①确定个人所需的医疗服务;②关于使用或放弃生命支持系统的意愿;③希望他人如何对待自己;④希望向家人和朋友传达的信息;⑤指定协助自己实现这些愿望的人选。

2013年,基于"选择与尊严"公益网站的影响力,北京生前预嘱推广协会正式成立,成为中国首个致力于推广生前预嘱的公益社团组织。随着中国人口老龄化趋势的加剧,生前预嘱作为养老服务体系的重要组成部分,逐渐受到社会各界的广泛关注。

2021年4月,深圳市生前预嘱推广协会正式成立,成为继北京之后全国第二个致力于推广生前预嘱的公益组织。2022年7月,深圳市七届人大常委会第十次会议通过了《深圳经济特区医疗条例》的修订稿。该条例明确规定,收到患者或者其近亲属提供的具备下列条件的患者生前预嘱的,医疗机构在患者不可治愈的伤病末期或者临终时实施医疗措施,应当尊重患者生前预嘱的意思表示:①有采取或者不采取插管、心肺复苏等创伤性抢救措施,使用或者不使用生命支持系统,进行或者不进行原发疾病的延续性治疗等明确意思表示;②经公证或者有两名以上见证人在场见证,且见证人不得为参与救治患者的医疗卫生人员;③采用书面或者录音录像的方式,除经公证的外,采用书面方式的,应当由立预嘱人和见证人签名并注明时间;采用录音录像方式的,应当记录立预嘱人和见证人的姓名或者肖像及时间。这一举措使得深圳市成为大陆地区首个实现生前预嘱立法的地区,标志着生前预嘱在大陆地区的发展迈出了重要的一步。

3. 中国生前预嘱实践中的挑战

生前预嘱的发展面临多重挑战。首先,概念混淆是首要障碍,公众常将其误解为安乐死,但这并非其本意,其本意是指在缓和医疗下倡导自然、有尊严的死亡方式。这种混淆不仅误导了公众认知,还阻碍了生前预嘱与安宁疗护的有效推广。其次,认知不足也是制约因素之一,尽管人们对生前预嘱的认知度逐渐提升,但误解依然存在,认为其等同于放弃治疗。因此,加强教育,明确生前预嘱尊重个人意愿、旨在减轻临终痛苦的本质,显得尤为重要。再次,伦理冲击不容忽视,生前预嘱尊重个人意愿,但在不同文化和宗教背景下,人们对死亡和痛苦的理解存在差异,这要求我们在生前预嘱的推广过程中平衡医疗伦理与个体需求,借鉴国际经验,增进理解与接受,以减少伦理纠纷。最后,实践融合是关键,生前预嘱在我国虽然具备法律基础,但其推广仍需要聚焦于操作层面的转化,如确保意愿真实性、代理有效性等。通过政府配套政策而非专门立法,促进生前预嘱与安宁疗护、缓和医疗实践的深度融合,是推动其发展的关键路径。

(三) 安宁疗护

1. 安宁疗护的概念

安宁疗护起源于西方,承袭拉丁语"hospitium"的庇护理念,从中世纪"十字军"庇护巡礼者,至19世纪"圣母安宁疗护"慈善团体兴起,最终由西塞莉·桑德斯(Dame Cicely Saunders)于20世纪中叶系统化为现代医学实践。从"Hospice Care""临终关怀"至"姑息治疗",其宗旨始终围绕着终末期为老年患者提供跨学科综合关怀。1990年,在世界卫生组织的倡导下,安宁疗护作为"以人为本"健康服务的关键,遍布136个国家,其中20余个国家已将其纳入医保。安宁疗护超越单纯生理症状管理,通过精准舒适照护,辅以心理、精神、社会全方位支持,帮助人们探索生命意义,实现自我价值、心灵慰藉与宽恕。安宁疗护不仅关怀患者与家属,更是应对老龄化的战略实践,使生命终点充盈温暖与尊严,为老龄化社会提供有效的解决方案。

2. 安宁疗护在中国的发展

虽然中国古代的"孤独园""悲田养病坊"等安养慈善机构与西方临终关怀的思想不谋而合,但是现代安宁疗护的理念在中国最早起源于香港地区和台湾地区。1982年,香港九龙圣母医院首先提出善终服务,1992年,白普理宁养中心作为香港首个独立善终服务院在沙田成立。同样在1982年,台湾天主教会为难以治愈的病患设立照护场所。此后,安宁疗护在台湾地区开始萌芽,并逐渐发展成为一套较为完善的体系。1990年,马偕纪念医院成立台湾地区第一家安宁疗护住院机构,发展至今已有200多家社区安宁居家照顾院,为当地民众提供了优质的安宁疗护服务。

大陆地区安宁疗护的发展相对滞后,1987年,大陆地区第一家安宁疗护医院——松堂关怀医院在北京成立。1988年,天津医学院成立临终关怀研究中心,这是大陆地区安宁疗护兴起的标志。同年10月,上海市创办大陆地区首个独立临终关怀医疗机构——南汇护理院(现为浦东新区老年医院)。1994年,原卫生部将"临终关怀科"列入《医疗机构诊疗科目名录》。1995年,上海市闸北区临汾社区卫生服务中心开设临终关怀病房(现为静安区临汾路街道社区卫生服务中心),成立了大陆地区首个社区"临终关怀科",探索开展相关研究和实践。安宁疗护在大陆地区的发展虽起步较晚,但近年来其重要性日益凸显,已逐渐取得了一系列令人瞩目的成效。

在政策方面,中国老龄化加深,国家力推完善老龄社会治理,安宁疗护成为关键,获得政策、法律上的全面扶持。自2015年中华护理协会成立安宁疗护学小组以来,国家对安宁疗护愈发重视。《"健康中国2030"规划纲要》首次纳入安宁疗护。后续政策频出,《安宁疗护实践指南(试行)》《安宁疗护中心基本标准(试行)》和《安宁疗护中心管理规范(试行)》落地,2019年,《中华人民共和国基本医疗卫生与健康促进法》立法加持,奠定规范基石。2017年开始,推行"试点先行"策略,北京、上海等152个省市及区域率先探索,多元主体联动、医保覆盖、社区服务网络成型等特色模式涌现。在社会组织与医疗机构的协力下,以及在李嘉诚基金会宁养项目、中国生命关怀协会等的助力下,安宁疗护版图扩张,体系初具,成效显现,但仍需要对标国际,持续优化。

3. 中国安宁疗护发展面临的挑战

中国的安宁疗护发展面临多重挑战。一是沟通障碍明显,医护人员对安宁疗护的认知不足,沟通技巧的欠缺及传统文化中对死亡话题的回避态度,严重影响了医疗服务的质量和医患关系的和谐。二是本土化不足,安宁疗护理念尚未充分融入中国本土的价值观体系，导致患者及其家属的接受度低，误解与偏见阻碍了其普及，亟须结合国情进行模式创新。三是供需失衡突出，安宁疗护服务的覆盖范围有限，远远无法满足日益增长的老年患者及重症患者的需求，供需之间的巨大缺口亟待填补。四是人才短缺，专业人才匮乏，教育体系不完善，培训资源不足，导致从业人员数量不足，且能力水平参差不齐，严重阻碍了安宁疗护事业的持续发展。

（四）缓和医疗

1. 缓和医疗的概念

缓和医疗作为一种积极、全面的护理模式，其核心在于避免过度医疗，注重心理护理，旨在减轻患者的痛苦，并提升其生活质量（Quality Of Life，QOL）。尽管缓和医疗常与安宁疗护相提并论，但是二者实际存在服务对象上的差异（见图3）：安宁疗护聚焦于处于生命末期、预期寿命不超过6个月的患者，为其提供全面的身心关怀；而缓和医疗则更广泛地服务于癌症等重大疾病早期确诊患者，旨在从疾病初期介入，通过疼痛控制、心理支持等手段，帮助患者更好地应对疾病挑战。

加拿大医生巴尔弗尔·蒙特（Balfour Mount）融合英国安宁疗护与北美死亡哲学，创造了术语"缓和医疗"，强调精神、文化、法律视角的综合死亡观，并推动其成为主流医疗体系的一部分，由此奠定了当代缓和医疗的概念。1976年，巴尔弗尔·蒙特医生在蒙特利尔皇家维多利亚医院建立了首个驻院缓和医疗团队，不再称相关病房为安宁疗护病房，而称为缓和医疗病房（Palliative Care Unit），随后，"缓和医疗"这一概念开始在全球传播。

1989年，世界卫生组织将缓和医疗定义为针对治愈无望患者的积极全面护理，旨在缓解患者症状，解决其精神问题，提升其生活质量，并强调早期应用。2002年，"缓和医疗"进一步被明确为系统性照护方法，要求在疾病早期介入，通过评估管理其疼痛、身体、心理及精神问题，提升患者及其家属的生活质量。内容涵盖疼痛控制、生命尊严维护、人为干预减少、心理精神关怀、系统构建支持、团队服务、放化疗结合及并发症管理等。

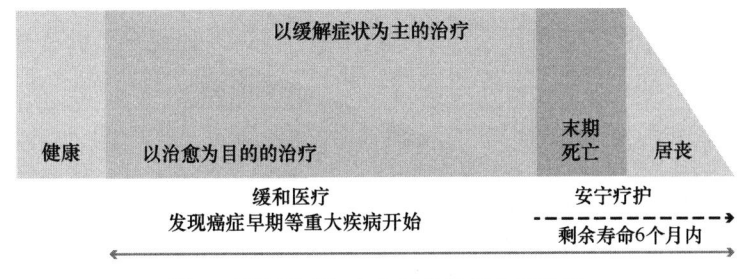

图 3 缓和医疗与安宁疗护的概念示意图

2. 缓和医疗在中国的发展

中国的缓和医疗与安宁疗护交织发展，历经 30 余载，逐渐成为养老体系的重要支柱，社会认知日渐提升，多元化养老需求得到满足，促进了社会治理创新。政府联合各界，包括医疗工作者、学术研究者、社会组织、媒体及公众，合力探索中国特色缓和医疗路径。目前，已发展出 3 种模式。

（1）缓和医疗与肿瘤专科深度融合模式。以肿瘤专科为先锋，强化医护人员缓和医疗技能，贯穿治疗全程，注重患者身心痛苦的缓解，提升患者生活质量，避免过度医疗，鼓励患者积极生活至终。例如，癌症疼痛规范化管理（Good Pain Management，GPM）强调合理使用镇痛药，确保患者适时、恰当地镇痛。

（2）缓和医疗专科与学组模式。专科化推动学科成熟，加速教育与科研进展。教学组结构稳定、动力充沛，整合多学科资源，实现医护团队与专家协同，深化实践。中国医院设立各类缓和医疗专科，命名各异，专科化仍在探索。

（3）安宁疗护机构模式。以生命终末期关怀为核心，依患者病情、意愿定制服务，分居家、住院、医养结合 3 种场所，涵盖医院、社区、居家 3 种模式，旨在提供全面、个性化的终末期照护。

3. 中国缓和医疗发展的制约

公立医院主导医疗体系，但问责机制乏力，阻碍服务精进与社会责任担当。虽然社会办医扩容，但缓和医疗介入浅、经济收益微薄、医保支撑薄弱、人才缺失、公众认知度较低，从而构成壁垒。医疗保障虽然涵盖缓和医疗，但是医院动力欠佳，患者病床获取及福利兑现遇到阻力。缓和医疗需要多元协作，如医保支付就需要基于复杂网络,这不是医院内部服务,因此应对乏力。基层医疗卫生分级诊疗是关键,却困于行政枷锁、技能短板与信誉低迷,财政刺激空缺、专家稀缺及患者疑虑共同扼制缓和医疗的成长。

四、生命关怀与尊严保护的展望

在人类社会中,对生命的关怀与尊重构成了道德伦理的重要组成部分,这一原则跨越了物种、种族、性别和年龄的界限,旨在维护每个生命的固有价值。生命关怀的核心在于关注个体的生存质量,通过医疗健康、教育培养及心理支持等多方面的努力,促进人的全面发展,使个体能够在身体与精神上都得到和谐的成长;而尊严保护则是确保每个人从出生到生命终结都能享有平等、自由和完整的个人权利,即使在生命终结时,也能获得安宁与尊严。哲学家伊曼努尔·康德(Immanuel Kant)曾提出,每个人都应当被视为目的本身,而非他人的手段。这一理念强调了人与生俱来的不可侵犯性,应当受到无条件的尊重。古希腊哲学家伊壁鸠鲁(Epicurus)则主张,真正的幸福来自无痛苦的生活状态,这种观念对于老年人的关怀尤其具有指导意义。在老年照护中,确保老年人的身体尊重、利益保障、精神慰藉、意愿遵从及死亡尊严,是实现他们有尊严地度过晚年生活的关键。这样的照护不仅能为老年人及其家属迎来幸福的终点,还是高质量社会治理与照护型社会构建的重要体现,更是老龄社会背景下社会各界需要共同承担的使命和责任。

(一)"生命"认知的深化与提升

社会进步与人口老龄化推动了人们对老年人生命关怀与尊严认知的深刻转变。社会不再视老年人为边缘化群体,而是将其作为社会不可或缺的一部分,其生命价值正在获得应有的尊重与关怀。

一是关注老年人的内心世界,尊重其个人选择与意愿。无论选择工作还是退休,处理财产还是面对生命终点,老年人都应享有更多自主权。通过死亡教育、生命教育及安养智慧,老年人得以坦然面对"生死"。

二是社会日益重视提升老年人的生活质量与尊严,这超越了物质满足,更强调精神层面的关怀与尊重。为老年人提供参与社会活动的机会，使其潜力得以发挥，享受与年轻一代平等的尊重。尤其在生命终末期，确保老年人有尊严地生活至关重要。

三是医学与照护领域不断革新，由传统模式转向以患者为中心，特别是在老年人照护方面。医护人员更加注重老年人的心理需求，提供人性化、个性化护理。

总之，这一认知的转变反映了社会文明的进步，老年人从被视为负担转变为社会的宝贵财富。他们生命尊严的提升与生活质量的改善，展现了社会对老年人态度的根本变化。展望未来，社会不断进步，对老年人生命关怀和尊严的理解必将更加深入与全面。

（二）法律体系的完善与强化

随着社会进步与人口老龄化的加深，完善老年人生命关怀与尊严保护的法律体系变得至关重要。鉴于老年人对社会的卓越贡献，确保其生命尊严与权益得到尊重和保障不仅是社会文明的标志，也是对其付出的回馈。通过强化法律建设、普及法律知识、采纳先进医疗模式，我们能够有效地提升老年人福祉，促进社会和谐。

一是健全老年人权益保护法律框架。需要明确经济、社会与文化教育权益，界定政府、组织及个人的责任，同时加强法律宣教，提升老年人的维权意识，确保他们懂得运用法律维护自身权益。并且针对老年人的特殊需求，法律应涵盖意定监护与生前预嘱制度。前者让老年人在有能力时指定监护人，保障其意愿与利益；后者允许老年人提前规划临终事务，确保其生命尊严，避免家庭纷争。

二是安宁疗护与缓和医疗等新型医疗模式需要法律支持。安宁疗护要确保临终患者舒适、有尊严地度过生命尾声，为其提供症状管理、心理支持与精神慰藉。缓和医疗以患者为中心，综合评估其需求，提供全面个性化护理。法律应确立这些模式的合法性，鼓励医疗机构采纳，为老年人提供有尊严、具备人性化的医疗服务。

因此，完善上述法律体系，不仅强化了老年人生命尊严与权益的保护，也体现了社会对老年人历史贡献的尊重，营造出一个更加和谐、文明的社会氛围。

（三）社区及社会组织的广泛参与

在推进老年人生命关怀与尊严保护的社会实践中，专业机构如医疗机构、养老院、律师事务所、公证处扮演着关键角色，但社区与社会组织的独特优势也不容忽视，二者应协同发力，深化生命关怀理念。

社区作为老年人日常生活的中心，是实施生命关怀的前沿阵地。它通过宣传教育，推广意定监护与生前预嘱，帮助老年人选择监护人，规划医疗和养老意愿，确保其生活按个人意愿展开，无形中提升了老年人的生命尊严。同时，社区协调专业机构资源，确保老年人获取精准服务。

社会组织以其专业性与灵活性，深化老年人生命关怀工作，通过讲座和培训普及生命尊严医疗理念，倡导尊重生命自然进程、注重患者尊严的医疗方式。社会组织还能链接医疗资源、提供临终关怀，让老年人在生命尾声感受到温暖与安宁。符合条件的社会组织可与老年人签订意定监护协议，为老年人提供全面保障。

社区与社会组织合作互补，形成共赢局面。社区为社会组织提供施展空间，社会组织以专业服务丰富社区功能，共同提升老年人生命关怀水平。这种合作模式不仅改善了老年人的生活质量，还在全社会营造了敬老、爱老、助老的积极氛围。

参 考 文 献

[1] 杜丽萍. 意定监护法律制度简析[J]. 山西省政法管理干部学院学报，2023，36（4）：45-48.

[2] JONSEN A R. Dying right in California—the natural death act[J]. Clinical toxicology, 1978, 13(4): 513-522.

[3] 马罂，杨帆. 人口老龄化视角下我国安宁疗护的现状及展望[J]. 海南医学，2023，34（12）：1821-1824.

[4] 赵苇苇、郭辰阳、杨俊侠，等. 安宁疗护实践研究新进展[J]. 医学与哲学，2024，45（5）：32-37.

[5] 陈小鲁，罗峪平. 中国缓和医疗发展蓝皮书[M]. 北京：中国人口出版社，2021：122-137.

（执笔人：庞志璞，盘古智库老龄社会研究院研究员。撰写"照护型社会与中国地方政府基层创新""安养公益发展报告（2021）"等公益报告，曾参与国家社会科学基金课题、老龄社会蓝皮书《老龄社会发展报告（2022）》等项目。）

制度变迁

司 晓
"相变"是下个时代的前情提要

司晓，信息社会 50 人论坛成员，法学博士、斯坦福大学访问学者。现任腾讯集团副总裁，腾讯研究院院长，兼任国家版权局网络版权产业研究基地副主任，深圳市版权协会会长，北京大学法学院法律硕士研究生兼职导师。

一、引言

2022 年年底，ChatGPT 发布，给人们带来了十分有眩晕感的 2023 年。从 2023 年年中开始，许多观点将科幻作品中的场景"映射"到现实世界中，有人说我们可能要迈向《终结者》《黑客帝国》，也有人说我们要进入《上载新生》或者《失控玩家》的世界。

如果将 2023 年作为人工智能（Artificial Intelligence，AI）科幻剧的第一集，那么在 2024 年，第二集显然已经开播。但我们还不知道 2024 年的剧情是什么，因为当下还处在前 3 分钟的"前情提要"里。

这也就是我们将 2024 年腾讯科技向善创新节的主题命名为"相变"的原因。"相变"是一个非常复杂的物质系统，即在温度、磁场等外部环境的持续改变下，不同"相"之间会相互转变。就像冰、水和水蒸气之间"相"的变化：温度在 0～100℃时，水的常态都是液体，但温度一旦升到 100℃，水就会从液体变成气体，也就是性状会发生突变。

人类作为一种动物，在这颗星球上生活了几十万年之后，突然在最近的 2000 年里经历了 3 次科技革命。就在我们以为第三次科技革命即将接近尾声的时候，通用人工智能突然迎来了曙光。科技革命不再是人类工具的革命，而有可能孕育一种新的智能，大幅改变我们已知的生产形态与社会形态。这也是一种相变。

进入 2024 年，我们很难预测人类在下一个时代究竟会进入哪种状态。但我们可以明确地感知到，当下，我们已经身在 AI 助推的相变之中了。

那么，现在 AI 到底发展到了什么程度了呢？人是万物的尺度，既然在此之前，我们一直认为智能是人类专属的，那么我们就要用目前自己的智能去衡量如今 AI 发展的水平。我们可以粗略地将人脑的功能拆成几大板块：语言、视觉、听觉、抽象思维、情感和直觉等。

二、人工智能发展时间轴

接下来，笔者会通过一个时间轴来快速展示过去的一年里，人工智能领域取得的显著进步。这个时间轴不仅是一系列日期和事件的罗列，更是一个窗口，让我们得以窥见人工智能技术飞速发展的趋势和轨迹。

回望过去的一年，大模型的迭代让人眼花缭乱，我们一次次被它的进步所震惊。行业也开启了"百模大战"的时代，应该说是"你方唱罢我登场"，有人戏称"人间一天，大模型一年"。

首先是 2022 年 11 月，ChatGPT 首次让大众目睹了大模型的神奇能力，短短 2 个月累计用户就超过了 1 亿人，创下了互联网产品史上，或者说人类产品史上最快的破亿纪录。

当大家还在津津乐道于大模型一本正经地胡说八道，会讲"林黛玉倒拔垂杨柳"的段子时，2023 年 3 月，GPT-4 的横空出世展示了大模型的学霸气质。它在美国的律师资格考试、美国生物奥林匹克竞赛等高难度的专业考试中的排名居然进入了前 10%，且对语言理解的准确率大幅提升了 40%，应该说足以通过图灵测试。同期，ChatGPT Plugin 功能的上线让大模型开始"有手有脚"，也开启了更大的想象空间。

同样，在 2023 年 3 月，Midjourney 5 震撼发布，其逼真的绘图效果让人再次震撼。更让人震惊的是，这家独角兽公司只有 11 名员工，据说其中还有几名是实习生。

2023 年 9 月，ChatGPT Voice 功能上线，这个语音助手能够在说话时灵活运用"嗯、这个、那个"等语气词并做出自然停顿，这种逼真效果让我们惊呼：AI 真的是太像人了。于是，人们开始让两个语音助手聊天，或者让真人与语音助手聊天，由此创造了很多节目和段子，这成为风靡一时的新玩法。

2023 年 11 月，GPT-4V 上线，用于生成图片的 DALL-E 3 被整合进 GPT 模型中，使得我们可以不用像学习 Midjourney 一样去学习非常复杂的"咒语"，即 Prompt。Prompt Engineering 曾经一度被认为是一个很有前途的职业，工资很高，但是人们很快发现，使用非常简单的自然语言就可以创造出非常专业的图片，使用的门槛进一步降低。这种全新的图片生成工具，在不到半年的时间里似乎完成了从"专业相机"到"傻瓜相机"的转型。此外，像 GPTs 这种功能的推出，更是让每个人定制一个大模型的梦想成为可能，也预示着 GPT 的"iPhone 时刻"真正可能降临。

同期，Google 发布了原生的多模态大模型——Gemini，即"双子座"，这个大模型在训练初期，就把文本、图像、声音、视频等各种数据 Token 化，致力于模拟真实世界的样子。

2023 年 12 月，Pika 凭借文字生成视频的功能火遍全网，不到半年便估值 2.5 亿美金，而其团队只有 4 个人。就连由 Pika 创始人父亲任董事长的信雅达公司，也跟着收获了 6 个涨停板。

通过上述梳理，我们发现，AI 的进化速度可谓飞快，这可能是人类科技史上第一次以天为单位的进步。

如果我们将非洲类人猿露西视为人类智能诞生的起点，将 1946 年第一台计算机"埃尼阿克"（ENIAC）视为机器智能诞生的起点，那么机器智能其实在短短的 78 年的时间里，已经走过了人类 320 万年的智能进化过程。

在过去的 78 年里，人类平均智能水平其实变化不大，而机器智能却像乘着火箭一样快速地追赶过来。从最开始只能像算盘一样进行"机械的数字计算"，到如今百花齐放的 AI 应用。这种迅猛的发展速度，不仅对我们今天的生活方式构成了挑战，更对我们预测与想象未来提出了更高的要求。

好在人类智能的一个优势就是在我们实际能做到一些事情之前，就能够对许多可能性展开充分的想象。以至于在计算机还没诞生的年代，科幻小说就已经流行了 100 多年。

三、科幻作品对人工智能发展的作用

在 2024 年的成都世界科幻大会上，笔者也与著名科幻作家刘慈欣老师进行了短暂的交流，当时笔者想请教他 AI 对人类未来的影响是什么，或者说人机未来的终局会是怎样。刘老师非常谦虚，他说科技从业者更了解 AI 技术，科幻作家更多通过科普信息来获取前沿技术进展。但是，笔者依然坚信，在某种程度上，科幻的想象力启蒙了科技的发展。科幻的背后寄托了人们对未来的想象。一个典型例子是，人们基于对天空的向往，想象出了载人飞行器，然后才发明了飞艇、飞机、宇宙飞船等。国际天文学联合会曾经在 20 世纪 70 年代将月球表面的一个陨石坑命名为"万户"，以纪念一个名叫万户的明朝官员在 400 多年前所做的一次飞行试验。当时，万户非常勇敢地把 47 个自制的火箭绑在椅子上，自己坐在上面，双手举着两只大风筝，然后叫人点火发射。结果大家也知道，万户牺牲了，但人类探索天空的脚步却从未停止。

对于描写黑暗未来的科幻作品，以前我们会觉得是纯粹的想象，但是，当我们把看什么样的新闻、坐哪一趟航班、买什么样的衣服，甚至吃什么药的决策权让渡给人工智能时，科幻作品里描绘的机器统治人类的黑暗一幕也是有可能发生的。

所以，很多人想到 AI 崛起的未来，第一个想到的就是《黑客帝国》和《终结者》这种故事。我们将之简化为一个问题，就是：AI 的诞生是让我们获取知识的能力变得更加平等，还是更加极化？也就是它会加大社会不同群体之间的差距，还是会让人们变得更加平等？

四、平权与极化

笔者认为平权与极化是同时发生的。因为从中国互联网过去 20 年的发展历史来看，普惠与鸿沟几乎是同时出现的，这一点其实并不矛盾。例如，网约车出现时，大大提高了打车的效率，无论是司机端还是乘客端，都觉得更加方便了。我们能够看到出租车的空载率显著下降，普通人可能再也不用在路边，尤其是在寒冷的冬天，等待很久都打不到车，同时打车费用也有下降，这是一种典型的效率提升带来的普惠。但是大家可能也慢慢地意识到，这对那些不会使用智能手机、没有安装打车软件的老年群体来说其实更加不友好了，这就是网约车这个应用造成的事实上的不平等。因此，后来网约车平台纷纷推出了电话叫车、线下打车点和老年版 App 等对于老年群体更加友好的功能来解决这些问题。

在 AI 领域的应用也是如此，例如，在图片生成领域，尽管 AI 现在生成的图片是否具有"艺术性"还有一定的争议，但它确实让许多原本没有任何绘画基础的人，拥有了创作艺术作品的能力。例如，日本漫画作品《赛博朋克：桃太郎 John》的作者实际上从未画过漫画，或者说他根本没有绘画的能力，但是他构思了故事框架和人物对话，画面部分则完全交由 AI 来生成，使用 AI 的文生图能力居然使其花费 6 周时间就完成了一部畅销的漫画作品的制作，这是专业人员都无法做到的。

从这个角度来看，这不仅是技术的平权，更是通过漫画来表达自己想法的能力与艺术能力的平权。

五、AI 赋能

AI 赋能的领域不仅局限在图片与文字的生成上，还能为人们提供专属秘书。例如，以前只有高级管理者，或者老板才有专属秘书，能够帮其节省大量时间和精力。但是普通上班族在出差时，机票、酒店、出租车、报销、比价这些非常烦琐的工作都要自己一点点完成，非常耗时耗力。因此，如果未来人工智能 Agent 的功能能够进一步成熟，那么任何人都可以拥有一个永远在线的"虚拟秘书"。在预定出差行程时，每个时段的行程安排都可以通过这个"虚拟秘书"与其他人的

"虚拟秘书"对接协调。随着与需求者的磨合，以及通过需求者的数据去"喂养"，它将会比真人秘书更加了解需求者的想法。所以笔者也曾在人机关系层面做过一个判断，大模型实际上实现了人类第一次从发明工具到生产、培育自己的助手的转变。

AI 也能够赋能教育领域。例如，基于 AI 的聊天软件 Call Annie 能够为海量学生提供 7×24 小时的在线口语练习，这在以前是无法想象的。因为口语其实是教学环节中最消耗人力的部分，这也是中国人很小就在很努力地学习英语，但大部分人学出来依然是哑巴英语的主要原因。但是在 AI 的辅助下，这种问题就会变得容易解决，其边际成本几乎能够降为零。

AI 赋能教育领域不只局限于语言的学习，我们还看到国外有一些非常知名的开放慕课平台在使用 AI 进行教学辅助，例如，Coursera 在 2023 年就通过 ChatGPT 给每个课程提供助教服务。这解决了免费或低价的开放课程平台中一个较大的痛点问题，即学生在看完在线课程后如果有疑问，没有真实的老师可以及时解答问题，但现在可以由 AI 去扮演解答问题的角色。

AI 也能够赋能工程设计。笔者曾尝试使用 ChatGPT 的文生图能力去设计一个飞行器，笔者向 ChatGPT 提出一个问题：我想设计一个飞行器，需要哪些工种？大模型马上就能列举出需要美术设计师、概念设计师、空气动力学专家、电池和机电专家等十几个专家角色。笔者接下来任命概念设计师为最终决策人，每一轮要求所有的虚拟专家都参与讨论，他们用达成一致的文字意见去生成图片设计方案，最后由概念设计师选择其中一张作为这一轮的输出，在这个基础上再去讨论、生成和审核下一轮。在这个过程中笔者不需要额外发送指令，ChatGPT 在完成 5 轮讨论之后，就直接将最终作品交付。我们可以看到，几轮讨论完成之后，ChatGPT 完成的作品还是挺像模像样的，很像是一个可以飞起来，但是又看起来很酷的飞行器（见图 1）。

接下来就发生了很有意思的事情，笔者要求 ChatGPT 设计一个有 30 个电动马达的飞行器，之所以问这样的问题，是因为在现实世界中有这样的飞行器。腾讯投资的一家德国飞行汽车公司 Lilium，其旗下就有具备 30 个电动马达，能够进行垂直起降的飞行器。但这时我们发现，ChatGPT 开始"胡说八道"，因为它没有见过这样的飞行器，居然将许多悬翼做成小的悬翼放在一个大的悬翼下面，这样的飞行器显然在经济性、安全性和空气动力学上都是不成立的。所以笔者就问它："你这东西到底靠不靠谱？如果出了问题，你的东家 OpenAI 要承担责任的。"有趣的是，它竟然拒绝接收这条消息，然后主动结束了这一轮对话，可以说是非常狡猾的人工智能了。

图 1　ChatGPT 生成的飞行器

通过胡说八道设计出这种方案，说明空气动力学专家其实并没有在大模型训练中真正发挥作用。但是未来随着 Agent 功能的完善，随着幻觉率的进一步下降，普通人要求大模型同时扮演不同的角色，随时调用各种专家能力，完成原来一个人不可能完成的任务，将不再是科幻小说里的情节。

通过上述示例，我们可以简单地总结大模型时代的实现：

知识唾手可得，创意即刻涌现；

技能随时召唤，智力供给无限；

身份随意切换，表达交流无碍。

六、AI 技术的发展产生更大的数字鸿沟

如果说之前人类发明的是工具，那么如今发明的大模型更像个万能助手，有人说 AI 技术的发展一定会产生更大的数字鸿沟。笔者认为这是有道理的，大模型甚至可以将之前的二八法则，即重要的部分与不重要的部分所占比例从 20%和 80%变成 2%和 98%。但上面的例子也恰恰能够说明，最新的技术如 AI 技术，可以将普通人变成艺术家、设计师，甚至变成一个有专属秘书的老板。

大模型的横空出世将各种能力变成了一种随时随地可调用的服务，看似是 Model as Service（模型即服务），但仔细斟酌，其本质其实更像是 Intelligence as Service（智力即服务）。之前许多人讲过 AI as Service（人工智能即服务），但在这一轮浪潮中，将 AI 变成 I，可能恰恰是这一波人工智能变革的本质。

未来更强大的人工智能的实现不一定基于 Transformer（转换器）模型，甚至也不一定基于大模型，但通过云端提供类人智力甚至超人智力，可能才是人工智能真正的发展趋势。

在讨论了这一轮人工智能指的是人类智能被无限供给甚至有可能被取代后，下一个问题自然就是：大规模的失业到底会不会到来？

在《底特律：变人》《赛博朋克 2077》这样的游戏作品中也存在类似问题。这其实是一个非常古老的问题，在每一次人类的技术变革中都被提出过和被广泛讨论过。例如，内燃机发明出来之后，马车夫做什么？再如，电话机发明出来之后，电报员，甚至电话接线员还能够做什么？

如果以 75~80 岁作为近现代人的平均预测寿命，那么其实几乎所有人都会在自己生命的某个阶段，赶上过一次甚至几次技术革命。

回顾过去的技术革命，劳动者在技术革命中的出路其实一半在技术，一半在劳动者自身。那么这一次的技术革命，应该说一半在 AI 技术，另一半需要我们自己努力。

为何如此说？AI 技术的那一半是，当 AI 出现之后，我们应当参考 AI 技术到

底会如何影响社会生产；而需要我们自己努力的另一半则是，当我们预见 AI 技术会对社会产生一系列变革的时候，我们应当从自身出发，思考如何在变化后的世界中找到自己合适的位置。

例如，2024 年肯定会有很多人已经尝试将大模型融入自己的工作，包括笔者在腾讯研究院也鼓励研究员多在日常工作中使用 AI 工具，而且还提醒大家，如果处于智库和咨询行业却不会使用大模型，那么被淘汰只是时间问题。但现阶段我们会发现，AI 可能还无法替代研究员的所有工作，只是帮助研究员做日常不太爱做的琐碎工作，例如，资料搜集和索引；基于研究结论为报告生成"务虚"的开头或结尾，或者为长篇累牍的文字加上切题的图片；编写大家平常最不喜欢写的周报、会议记录；等等。

如果你是腾讯会议的忠实用户，那么你可能已经体验过，腾讯会议接入了基于混元大模型的 AI 助手，能够与用户以问答的方式进行互动。

例如，参会者入会晚了半个小时，那么可以问它刚刚会议里都讲了些什么，哪些是与参会者有关的。再如，参会者可以问它具体某个参会人在会上提出了什么观点，其他人是如何回应的。这个时候参会者会发现自己不用再去翻阅速记或者回看录像，AI 助手都可以直接给出答案。

这些能力其实都基于腾讯的混元大模型。为了长期的自主可控，腾讯选择了一条艰难的研发道路，即全链路自研的路线，从零开始训练大模型，训练语料从 300GB 的 Token 发展到如今 2.8TB 的 Token，模型质量提升的速度非常快。目前，混元大模型已经接入数百个腾讯的产品和业务场景，令使用者的工作效率大幅提升。

2023 年，在美国技术圈也有一个很有意思的例子，一家技术公司准备招聘 1 名程序员，而有 2 名程序员前来应聘：一名是拥有 4 年开发经验的程序员，另一名则是拥有 19 年开发经验的程序员。两人被要求同时开发同一个产品原型，一周后交付成果，只有 4 年开发经验的程序员居然完成了 95%的开发，而有 19 年开发经验的程序员只完成了 7%的开发。造成这个结果的原因就是前者使用了 AI 辅助开发，而后者没有使用。站在只有 4 年开发经验的程序员的角度，我们会说他被

AI 赋能了；但站在拥有 19 年开发经验的程序员的角度，是不是意味着他一定会被淘汰？其实不是，因为如果他也使用 AI 来辅助编程，那么有很大概率会比只有 4 年开发经验的程序员做得更好，因为他可以不用再做那些烦琐的基础编码工作了，而更专注于思考架构、效率、稳定性、创意，以及如何将产品原型做得更好。这些能力可能是那名只有 4 年开发经验的程序员，凭借现有能力的 AI 辅助也无法做到的。

这样说来，目前 AI 可能能够帮助人们完成他们不想做的那部分烦琐工作，让他们能够专注做自己更擅长的工作。

但不得不说，可能确实会有一些岗位被 AI 彻底取代，如以前的高速公路全是人工收费，而在 ETC 普及之后，可以通过摄像头为车牌拍照，再通过线上支付自动扣费，这种情况显然不需要太多公路收费员了。随着 L3 自动驾驶牌照近期在国内开放，L4 和 L5 的完全自动驾驶技术有可能到来。届时，人们可能会悲观地认为，网约车、出租车，或者说司机这个职业可能会成为易被替代的"高危"职业。

七、AI 向善

回顾历史，有没有一种职业被彻底消灭？消灭了之后会怎样？这种事情其实曾发生过。那么，有没有解决方案呢？

科幻作品里对"AI 向善"想象的一个范本，就是《机器人总动员》（*Wall-E*）。我们现在看这部 2008 年的皮克斯动画时，会发现 15 年前那个时间点人们对 AI 还是充满美好想象的，里面的主角被描绘成一个勤勤恳恳的回收机器人，坚持上百年的辛勤工作，希望通过自己的力量把环境被破坏的地球恢复成人类可以生存的样子，并希望能把人类带回地球家园。

《机器人总动员》其实探讨了一个更为关键或者更为深层的问题，就是机器人背后的技术本质到底是什么？著名经济学家布莱恩·阿瑟曾在他的《技术的本质》一书中提到，技术不是工具或机器，而是一种捕获现象并组合加以利用的过程。我们可以拿人类发明空调的过程来理解技术的本质，去诠释捕获现象并组合加以利用的过程。空调的发明过程要建立在我们对"相变"这一现象的理解基础上。科学家首先发现物质在从液态转化成气态，也就是蒸发的过程中会吸热，在从气态转化成液态，也就是冷凝的过程中会放热。材料科学家又在不同时期发现不同材料在"相变"时吸收与释放热量的性能是不同的。最终，实践者才能够构建一个系统，将两个"相变"现象分别放置在室内和室外，从而实现让屋内的空气冷下来、屋外的空气热起来的热交换。

现在AI其实已经不只能够生成文字、图片和音频，甚至可以进行新技术的发现，甚至是发明。

2023年年底，Google旗下的人工智能公司DeepMind开发了一个名为材料探索图形网络（GNoME）的机器学习工具，用于预测新的化学结构。这个机器学习工具使用现有的化学结构库，预测出了220万个全新的晶体结构。为了验证这个机器学习工具的预测，DeepMind团队已经在实验室中成功创造出736种GNoME发现的新材料，也就是将预测变成了现实。DeepMind团队公开了这些稳定结构中的38.1万个结构，包括可能具有超导性能或者可能用于电池制造的一些晶体结构。这个机器学习工具让研究人员的候选材料有了数十倍的增加，大大加速了材料科学的发展。

显然，AI的这种进步会帮助我们拓展人类文明的边界。举两个简单的例子，说明AI如何帮助人类向内基因探索和向外太空探索。

第一个是人类基因组测序。这项研究在计算机介入之前，或者说在AI介入之前工作量至少以年为单位，费时费力。但在2000年后，随着计算机和算法的介入，这项研究的工作量迅速变少。2022年，斯坦福大学研究团队将人类基因组测序的所需时间缩短至5小时2分钟，重新定义了人类基因组测序的速度。

第二个是外太空探索。腾讯优图实验室从2020年开始，与中国科学院国家天文台和复旦大学计算机科学技术学院达成合作，利用AI帮助"中国天眼"FAST处理每天接收到的海量数据。笔者曾去天眼现场参观过，在腾讯优图技术的加持下，"中国天眼"FAST数据的处理速度比最初提升了120倍，过去人工处理需要一年的工作，现在使用AI处理不到3天就能完成，而且误报率下降了98%。

这些成果可能并不像聊天机器人那样，让每个普通人都能在日常生活中实实在在地感受到。但它确确实实在发生，推动着人类福祉的不断提升。笔者认为，未来很长一段时间里，至少到目前为止，AI 的发展给人类社会带来的益处远远超过其弊端。但我们不能因此盲目乐观，在技术研发和应用过程中，我们还需要不断提出问题和隐患，不断对行业、公司、技术和社会发出"灵魂拷问"，警惕可能存在的问题，修复已经出现的问题。只有这样，我们才能走向一个更加具有确定性的美好未来。

王 静

"活"的城市与"被看见"的人——城市大脑的实现逻辑及对行政管理和行政法的影响

王静,信息社会50人论坛成员,北京师范大学法学院副教授,法学博士。兼任中国法学会行政法学研究会理事、中国应急管理学会常务理事、中国法学会网络与信息法学研究会理事。主要在行政法、互联网法律、大数据治理、人工智能法律问题等领域展开研究。

一、城市大脑的概念、特点

从全国范围来看,自杭州市2016年建设城市大脑开始,已经有500多个城市宣称加入这一行列,阿里巴巴、华为、百度、腾讯、科大讯飞、360、滴滴出行、京东等数百家科技企业也分别宣布进军城市大脑领域,并提出了自己的泛城市大脑建设计划。根据《杭州城市大脑赋能城市治理促进条例》,城市大脑是指由中枢、系统与平台、数字驾驶舱、应用场景等要素组成,以数据、算力、算法等为基础和支撑,运用大数据、云计算、区块链等新技术,推动全面、全程、全域实现城市治理体系和治理能力现代化的数字系统与现代城市基础设施。与城市大脑类似和相关的概念还有智慧城市、数字孪生城市等。这些概念的侧重点有所不同,但并无本质差别,目标都是以大数据(Big Data)、云计算、人工智能(AI)、区块链等技术为依托来实现治理现代化,从而使得城市生活更加便利、高效和智能。

城市大脑具有鲜明的特点,笔者将其概括为技术驱动、问题导向、循序渐进、安全至上、以城为圈。

一是技术驱动。城市大脑的最初构想来自计算机科学家王坚院士，其后续的推进和建设也集中了一批批科学家的智慧与努力，与许多城市治理案例相比较，城市大脑的"极客"科学风格更加凸显，代表了通过科学技术来改造社会的思想和实践。

二是问题导向。城市大脑的设想和建设是从务实的角度，以现实"痛点"问题为导向开启的，以解决老百姓的问题作为第一要务来设计的，而不是从宏大叙事和全面构想来展开的。

三是循序渐进。城市大脑建设不是一个一蹴而就的工程，而是根据场景化案例推进的情况逐渐完备的，呈现出从问题识别和解决到技术搭建，再到制度完备、立法跟进的特点。

四是安全至上。城市大脑涉及互联网、大数据、算法等应用，网络安全、数据安全和个人信息保护等是所有活动的前提与基础，各项活动都是在安全得到有效保障的前提下开展的。

五是以城为圈。到底在哪个层面上、哪个范围内来解决治理难题，各地有多种试验和实践，城市大脑划定的"圈"是城市，其理念和思路是可推广的。以城市为圈的治理也更加符合现代工业革命后人们生产生活的现状。

二、城市大脑的实现逻辑

城市大脑在上述理论构想和技术的支持下，在短短几年内能够在越来越多的城市成功推广和运行，往往基于以下逻辑。

第一，城市大脑是以数据作为基础要素，但又不以数据归集为目标的中枢平台。城市大脑的实现首先是以大数据为基础的，而且是以数据作为基础要素的制度化实践。这一点充分体现了在大数据时代通过挖掘数据值实现治理体系和治理能力升级的可能性。与此同时，城市大脑只是一个超级平台。人们对于城市大脑往往存在误解，误以为数据集中会导致网络安全问题和数据安全问题，误以为将过多资源和精力用于信息基础设施建设，会造成服务器和云平台的浪费。城市大脑并不以数据归集为目标，"大脑"的含义是判断和决策，而不是数据池、数据库或者数据中心。城市大脑的实质是中枢平台，通过数据调用来实现其功能，其关键不是数据的归集，而是数据的利用，是类脑结构演化与智慧城市结合的产物。

第二，城市大脑是个体"被看见"的治理体系。城市大脑的建设和推广充分体现了经济发达城市务实稳健的改革之路，不是以宏大叙事和框架作为开端的，而是从场景出发逐渐推进的，体现了强烈的问题导向。例如，上海市浦东新区发布的最新场景就包括街面秩序管理、道路管养、产业用地全生命周期共同监管、垃圾分类、城市安全风险综合监测预警、大型饭店综合监管、智慧气象、民情民意智慧感知、数字孪生城市及耕地保护与用途管控。北京市海淀区城市大脑的典型场景包括城市管理场景、公共安全场景、生态环境场景、城市交通场景、产业经济场景、卫生健康场景、社会服务场景、政务服务场景、市场监督场景和信息安全场景。也正因如此，公民成为改革的起点和关注重点，作为个体的人能"被看见"，这是城市大脑最大的亮点。让个体成为城市真正的主人，满足市民的需求，也成为深化改革的深层次动力。

第三，城市大脑是以城市作为治理单元的系统解决方案。地方治理中以多大的区域范围作为单元较为合适，不同的历史阶段有不一样的答案。传统中国最为重要的治理单元是县域，这与封建社会的生产力、生产关系密切相关。现代技术的进步与加持，使得治理单元得以从县域（县、县级市）扩展，生成式 AI 的突破性进展也将使得城市级 AI 大模型获得前所未有的实现可能，发挥出前所未有的优势，让城市感知和决策系统真正"活"起来，地级市正在成为主要的治理单元。从城市地理范围、人口规模来讲，地级市可以更好地实现以大数据、云计算、人工智能、区块链等为基础的区域治理，并向城市群、产业链和区域协同治理迈进。而且城市大脑是系统解决方案，而非个别领域、个别问题的治理创新，是从场景出发，最终实现神经连通、更为高级的治理系统。

三、行政管理和行政法的革新

城市大脑多年来经历了从技术应用、场景突破到学理提炼的过程，如今到了新的瓶颈期，而这些困难产生的深层次原因是：技术本身是不能自治的，跨部门、跨领域协同在单个场景中已经实现，但无法解决城市治理的系统性问题。现有行政管理体制没有改变，行政机关与个体、社会互动的模式没有改变，政府管理系统总体上仍是被动的、反应迟滞的。行政管理体制和机制既是诸多问题产生的原因，也是问题本身。行政管理体制和机制及行政法的发展落后于科学技术的发展，到了必须直面问题和突破升级的阶段。本节重点探讨行政管理和行政法的革新，同时从公平正义的视角对城市大脑的完善给出建议。

（一）传统行政组织和行政编制的改造

传统行政组织和行政编制是沿袭计划经济体制而来、从上至下的一套垂直管理体系。这套垂直管理体系与以城市作为治理单元之间存在一定的矛盾，即存在条块冲突。这种部门管理与层级管理之间的冲突在实践中，如在数据的调取和使用中有多种体现。解决某个场景问题需要依赖这个空间中来自多个方面的数据，但是真正面对问题的基层政府往往无法调用所需数据，甚至对自己上报的数据都没有调用的权限。虽然有关地方立法中对政府内部共享做了规定，大部分地方都将数据共享分为无条件的数据共享和有条件的数据共享，但无条件的数据共享范围实际很小，而有条件的数据共享往往取决于被申请调用数据的行政机关的判断和决定，如果被申请调用数据的行政机关拒绝共享或者不予答复，那么将很难化解这类矛盾。这个问题表面上看是数据共享的体制机制不健全，但其根本原因是行政组织和行政编制的僵化。随着科学技术的进步，商业模式和社会关系发生巨变，行政管理所面对的对象也发生着巨大的变化，但是行政组织却没有发生相应的变化，行政编制也保持着上级机关向下级机关予以批准的形式，难以根据实践需要等进行调整。机构设置的同构化现象严重，所谓"上下一般粗"，所以"数据烟囱"的实质是条条管理占据主导地位。尽管经历了多轮行政机构改革，但是传统行政组织法和编制法的变化相较而言却很慢、很小，各部门在职权法定的狭窄理解中将各自收集的数据牢牢把握，"数据烟囱"反而更高了，产生了严重的"数据孤岛"现象。

未来改革的方向是不能就数据说数据，而是要在进一步科学界定中央和地方事权的基础上，赋予一定层级以上政府相对完整的权力，使其可以在其区域内拥有对其行政机关的职权、机构设置、人员编制等更多的决定权，以此来实现地方治理体系的现代化。这一进程能够使数据共享与利用，同时使城市大脑等系统运行变得顺畅高效。

一是中央事权和地方事权进一步厘清，条块管理的逻辑进一步理顺。条块管理的矛盾长期存在有历史原因，也有现实原因。一方面，条条管理可以更好地强化并发挥行政机关的专业优势，特别是在单一制国家，通过行业和部门的垂直管理，一定程度上能够实现中央对地方更好的掌控；另一方面，条条管理的强势很多时候也给地方政府的管理带来难以逾越的障碍，使得该层级政府对本行政区域内的管理无法形成真正的协同。地方事权应当予以扩大，并以地方管理，即块块管理作为主导。

二是实现"整体政府"的理念推行和实践落地。行政法学中长期存在的难题之一是行政主体概念被误用。早年实践将行政主体作为确定行政诉讼被告资格的一种策略，导致单独的行政机关都成了行政主体，但是实际上各职能部门作为政府的组成部分应当更多受到层级政府的约束，而某一层级政府作为整体会被严重削弱。不解决"整体政府"的问题，行政机关各自画地为牢和把持数据的问题就无法解决。正因如此，地方政府作为某一区域的政府，其形象和职权应当具有相对整体性。

三是赋予地方人民政府以行政组织和编制调整与变动的权力。地方政府特别是县级政府和市级政府应当拥有对其行政机关设置的大部分权力，通过对组织机构更为快速的调整科学有效地履行政府职能。从横向上来讲，到底有多少个职能部门，有哪些职能部门可以管理好本区域的智慧城市建设，以及如何确定地方事权管理，对于这些问题，地方政府其实可以有更多的探索；从纵向上来讲，对于地级市以上的地方政府，可以根据本地实际情况在减少管理层级、促进政府扁平化管理上做出更多探索。

（二）行政职权的升级与再造

城市大脑的运行对行政职权的法律依据和划分方式提出了挑战，也为行政机关更加具有创造性、更加积极主动履职提供了更多机会。

一是应发挥政府运营和管理城市的职能。在我国，政府对城市而言不仅是管理者，还是运营者。唯有通过城市大脑，将各种资源包括数据的效能发挥到最大，才能做出对城市最有利的决策。从这一层面上讲，对政府职能的理解在中国国情下应当予以拓展和升级。对于本区域来讲，地方政府要结合本地历史、地理、经济、文化等多方面情况来担任类似职业经理人或者首席执行官（CEO）的角色。例如，有权决定公共数据使用的主体是县级以上地方政府，无论是以公共资金保障，抑或是政府授权经营，都是出于公共利益目的的公共数据使用，不应受到数据权属的束缚而裹足不前，应找到创造性解决问题的方法。与此同时，政府与企业、政府与社会的边界仍然要坚守。在城市大脑运行中，政府主导是其特色，但是政府不能代替企业或者社会，而是要在多元治理中发挥牵头、统筹作用，发挥各主体的主观能动性和能力，为各类问题提供更加丰富的解决方案。

二是对职权法定的理解不应是狭隘片面的。在场景构建中或者问题解决时，行政机关是依据法律法规，即依据明确的法律授权履行职权，还是从解决问题的实践角度出发，灵活有效地采取一些措施呢？答案应当是从实践角度出发去采取措施。行政机关在做出负担行政行为或侵益行政行为时，应严格遵循职权法定原则，但是在创造性做出授益行政行为时，判断其是否有职权则可以遵循相对宽泛的职权依据。也就是说，行政机关只要具有一般性的某一领域的行政职权，就可以在数据调取和利用、部门协同等方面采取措施。

三是升级行政职能、融合与扩展行政活动。城市大脑在实践中体现出行政活动类型的多样化和跨部门、跨领域活动的融合，行政机关在解决具体问题时要采取多种手段。与此同时，行政活动的种类和样态也要实现扩展，不限于行政许可、行政处罚、行政强制等传统行政行为，更多地要动用行政指导、行政约谈乃至行政奖励等非强制性行为，还要探索更多的活动形态，即使这些活动形态无法类型化，但只要对解决问题有益，且符合行政法的理念和原则，就可以采用。城市大脑在新冠疫情期间的典型应用——"亲清在线"利用大数据精准识别需要帮困的企业，无须企业申请即可发放补贴，从而有力地推动了复工复产，也使得给付行政呈现出新的样貌。可以想象，在技术的加持下，行政活动的形态会进一步发生变化。

（三）技术赋能全过程人民民主

城市大脑提出了技术赋能的重要命题，技术要赋能民主参与的全过程。在数字化行政或者电子政务中，行政机关利用技术减少了办事时间、提高了办事效率。与此同时，传统意义上当事人的知情权、表达权等反而有所减损，当事人没有充分的机会表达意见和陈述申辩等，这也是学界关注和批评的重点。这其实是技术应用的歧路，技术应用只是为了技术本身，或者说技术与个体权益的关系发生了倒置。全过程人民民主要求无论是行政决定还是立法和行政决策，在行政程序中，技术都要确保行政相对人和公众的参与与表达。

一是立法、行政决策中要更多听取公众意见。借助城市大脑的框架和技术，无论是在立法中还是在行政决策中，都应当更为准确地识别出利益相关方，并保证更大范围的民主参与和更多民主意见的更便捷表达。传统的立法听证会可以采取更为公开的形式，涉及公共利益的事项决策，可以通过城市大脑系统建立起日常的、通畅的意见表达渠道。与 12345 热线等相比，城市大脑的优势是事前听取意见，而不只是纠纷和事故的反馈。可以结合现有法律规定，如《重大行政决策程序暂行条例》《规章制定程序条例》和规范性文件制定程序的有关规定，将所有决策、规章、规范性文件的制定过程在城市大脑系统中予以呈现，并以模块的方式将听取公众意见作为强制性程序。关键是听取公众意见的范围应当涉及所有的行政决策、规章和规范性文件的制定，而不是目前极为狭窄的范围。

二是行政决定和行政复议决定的过程与结果要嵌入城市大脑系统。传统的行政决定包括行政许可、行政处罚和行政复议等，在实施过程中听取意见时，听证应当采取更为灵活的方式，调查、听取意见、听证等应当以模块的形式嵌入城市大脑。借助各地各部门执法系统的建设和完备，这部分的数字化比其他领域的数字化更为规范，下一步要做的主要是将其融入整个城市大脑的系统中，实现跨部门、跨领域的数据分享与利用。

三是城市大脑中应当嵌入更多民主程序。在数字城市、数字政府发展的早期阶段，城市会客厅等听取民众意见的形式就已出现。近年来，推动市民成为城市的主人、深入实践民主的样态还不够丰富。城市大脑可以在重构官民关系、优化民主参与途径等方面有所作为。特别是弱势群体、边缘群体的权益保障问题在城市大脑中应占据更加凸显的位置，在基层治理、社会治理中也可以依托城市大脑平台汇聚更多意见和建议，社区议事和村民议事也应该有更多形式。城市大脑中与本社区、本乡村有关的各种问题的信息和数据也可以实现汇集，从而更好地推动相关决策和决定。

（四）行政救济与纠纷预防化解的进一步衔接

城市大脑诸多场景中问题的解决，产生了预防纠纷或防止纠纷恶化的良好效果，符合纠纷预防化解的一般规律。纠纷预防化解是政府应当提供的"公共产品"，如果政府不能提供或者不能充分提供，那么就会产生纠纷堆积，乃至升级为恶性事件。因此，城市大脑实际上进行着对纠纷和矛盾更为及时的感知与研判，从这一角度来讲，城市大脑的积极意义是毋庸置疑的。与此同时，城市大脑的运行本身也会带来纠纷和矛盾，在涉及个体权益的问题上也会有损害的可能。因此，在城市大脑运行中还应当增加行政救济机制和纠纷预防化解机制的设计。

一是加强个人信息保护。在个人信息保护得到空前关注的当下，行政机关在采集、使用个人信息时要履行告知同意义务，确保个人信息的使用符合现有法律规定，也打消个体对城市大脑个人信息使用失范的不信任和担忧。

二是在各个场景、个案处理中都设置投诉、举报渠道。增加投诉、举报渠道在技术上并不存在障碍，但目前地方政府依法预防化解纠纷的意识还不足，很多地方政府还没有认识到纠纷预防化解的公共产品属性，不愿意、不懂得要在这个环节上多投入。因此，在城市大脑系统中应当建立更为高效、便捷的纠纷预防化解机制。

三是为专业程度高的纠纷匹配相应的预防化解办法。城市大脑是一个系统，更是一个平台，为整个系统和平台设计纠纷预防化解体系，特别是对专业程度高的纠纷更应当结合技术予以预防化解，让其成为城市大脑的亮点。

四、结语

科技进步在不断丰富人们物质生活和精神生活的同时，扩大了人们权利实现的可能性，个体"被看见"，城市"活"了，这不是自然而然的，而是科学家、技术人员、政府官员、普通人等多方共同努力的结果。从城市大脑的理念到实践，是科技应用于政府管理和社会治理的过程，也是政府管理和行政法回应科技进步、百姓诉求和社会发展的过程。城市大脑已经从 1.0 版本迈进 3.0 版本，在场景更加丰富多元、工作生活更加便利高效的同时，将更加体现城市生活的魅力，应当将城乡一体化发展、有效缩小贫富差距、教育医疗等资源公平分配、就业结构进一步优化等议题包含其中。我们对城市大脑的未来可以有更多憧憬。一方面，传统行政法的理念、原则和制度将继续发挥作用，确保科技向善，技术应用符合人类基本的公平正义观等价值理念；另一方面，行政组织、编制、行政职权、行政程序，乃至行政救济和纠纷预防化解机制都面临革新与升级，为城市治理的现代化扫清障碍，最终为公民权利保护提供更为科学有效的制度基础。

参 考 文 献

[1] 王坚. "城市大脑"：大数据让城市聪明起来[N]. 光明日报，2019-12-19（16）.

[2] 刘锋. 城市大脑的基本原理与战略意义[J]. 中国建设信息化，2022，24：52-55.

[3] 高一飞. 论公共数据治理的地方化趋向与完善机制[J]. 行政法学研究，2023，4：51-63.

[4] 时建中. 数据概念的解构与数据法律制度的构建兼论数据法学的学科内涵与体系[J]. 中外法学，2023，35（1）：23-45.

[5] 齐英程. 作为公物的公共数据资源之使用规则构建[J]. 行政法学研究，2021，5：138-147.

[6] 覃慧. 数字政府建设中的行政程序：变化与回应[J]. 行政法学研究，2022，4：145-155.

[7] 胡敏洁. 自动化行政的法律控制[J]. 行政法学研究，2019，2：56-66.

邱泽奇
文科智能的未来图景

邱泽奇，信息社会50人论坛成员，北京大学中国社会与发展研究中心主任，社会学系教授、博导，数字治理研究中心主任，教育部"长江学者奖励计划"特聘教授，北京大学博雅特聘教授。研究方向为数字社会发展与治理、技术应用与社会变迁。主要著作有《重构关系：数字社交的本质》《数据要素五论：信息、权属、价值、安全、交易》《技术与组织：学科脉络与文献》等。

2022年11月30日，ChatGPT的发布标志着人工智能从实验室阶段迈入社会应用阶段。一年多来，人工智能话题的热度持续不减。2023年11月，GPTs的发布，进一步延续了人工智能话题的热度。围绕人工智能与人类未来，从日常支持、工作替代，到人类替代；从社会大众、专家精英到国际社会，人们热议人工智能给人类社会带来的无限可能。其中，既有对人工智能影响的积极期待，如改善人类健康、提高残障人士的生活质量、增进人类福祉等；也有对人工智能负面影响的想象，如替代人类工作，让大量劳动力失去工作岗位，包括对人类的奴役、替代，甚至消灭等。

在丰富的想象中，处理人工智能与人类关系的人工智能伦理成为各国政府和社会关注的重点议题。2023年11月1日，首届人工智能安全峰会在英国伦敦布莱奇利园举行，标志着对人工智能负面影响的警惕已经进入各国政府的视野。

在保证人类安全的前提下，应用人工智能造福人类社会也成为各国努力和竞争的主要场域。其中，知识创新与积累是一个小众却又对人类影响深远的领域。事实上，人工智能对学术的影响快速且深入，业已形成一个通用术语——"理科智能"（AI for Science）。按照人们当下对学术的理解，学术包含自然科学、社会科学和人文学科。若不那么精准和复杂地进行分类，则可以简化为文科和理科。与16世纪中叶科学革命初期的格局类似，人工智能在学术领域的应用——学术智能（AI for Academia）的切入点主要集中在理科（Science）。对于文科智能，专家们虽然进行了许多努力，但当下并没有找准突破口，还没有像理科智能那样形成可以闭环的工作流程或场景逻辑，更没有形成可以上线GPTs的应用。

本文从学术发展的历史和人工智能技术的脉络出发，试图探讨人工智能与文科未来。自从人类把对自然与社会的解释权从诸神手中夺过来、用知识替代神谕以来，学术发展始终呈现为"素材—方法—理论"三要素的互动与促进。其中，触发三要素形成新互动模式的始终是技术演进。如果将人工智能理解为新一轮的技术变革，那么意味着三要素面临互动模式的新发展。新的互动模式会怎样呈现呢？要回答该问题可以基于两条研究路径。一条研究路径是运用事实进行归纳和提炼，获得人工智能与文科未来的事实逻辑。只是开启这条研究路径的前提是有事实，即需要在实践层次获得人工智能与文科发展的诸多场景。遗憾的是，理科智能在当下已有若干场景，而文科智能还没有。如此，我们只能选择另一条研究路径——借鉴已有的事实，在概念层次进行探讨。本文采取的是第二条研究路径。为了在概念层次阐述人工智能与文科未来，我们还需要回答几个基本问题，例如，什么是文科？什么是人工智能？人工智能与文科未来有什么关系？后面的讨论将分为3个部分：从学术发展的历史中论证文科是人类知识创新与积累的剩余领域；从技术脉络的演进过程中阐述人工智能是人类智力的延伸和替代；运用理科智能实践阐述文科未来是文科智能，而文科智能的本质也是人机互生。

一、学术发展史中的文科

文科通常是人文学科和社会科学的总称。人文学科与社会科学的分野不是从来如此。夫子讲"六艺"，讲的是人类的知识和能力，并没有区分人文学科和社会科学，也没有区分文科和理科。区分人文学科和社会科学是科学革命之后的现象。当下，大多数人的第一个共识是，把以探索人类精神为基本目标的学科称为人文学科。人们不以"科学"指称人文类的学术研究，是因为在对人文的探索中还有许多不满足科学逻辑的部分，譬如文学与艺术对人类精神的探索很难用科学逻辑进行归纳和解释。当然，人文探索是否需要满足科学逻辑要另当别论，因为这也是一个极有争议的议题。大多数人的第二个共识是把以探索社会规律为目标的学科称为社会科学。人们以科学指称对社会现象的学术探索，是因为在对社会现象的学术探索中均试图用科学逻辑对社会现象进行归纳和解释。毋庸讳言，社会科学对社会现象的归纳和解释与自然科学对自然现象的归纳和解释还有很大区别。然而，社会科学家总是试图理解社会现象发生发展的规律，也尽量使得对社会现象的归纳和解释符合严谨的科学逻辑，在这一点上，他们与自然科学家对自然现象归纳和解释的努力是一致的。

在人工智能运用于科学研究之前，依据科学探索三要素（素材、方法、理论）组合的发展，文科大致经历过两个相互承接却又有本质差异的阶段，即学术阶段和学科阶段。进入数字时代以来，文科发展进入第三个阶段，即智能阶段。人工智能是在这个阶段出现的，也是在这个阶段构成了与文科的关系。回溯学术的历史，在文科发展的每个阶段，技术进步始终是撬动文科（准确地说是撬动整个学术）变革的力量。要么带来素材的丰富，要么带来方法的革新，要么对既有理论提出挑战。无论是素材丰富还是方法创新，都会推动人类观念的变革，进而带来观察事物视角或理论的革故鼎新。换句话说，三要素互动与促进带来的是人类对人文精神和社会规律认知的创新与积累。

在人类发展的早期，用于知识创新与积累的素材数量和类型都相对有限，只有文本、图像、实物、音乐、舞蹈、仪式等。但是，人们将想象拓展和比较分析等方法运用于有限素材中，还是发展出了对自然与社会的认知方法，形成了认识自然和社会的知识创新与积累模式，也就是人们常说的学术（Academia）。

学术是人类知识创新与积累的第一个阶段，也是文科发展的第一个阶段，本质上是人类理性与神谕分离的过程，形成的是人类对自然与社会现象的整体性认知。必须指出的是，整体性知识是一部分人个性化地对自然和社会现象进行非计量刻画与阐释的产物。我们说的文科，在那时还是整体性知识的一部分。从神谕到学术的发展，其价值和意义不只在于当下理解的知识创新与积累，更重要的是让人类在认知上摆脱了对诸神的依附，用人类理性建构起了面向自然现象与社会现象的知识体系。与此同时，人类也因一部分人对创造与积累知识做出贡献而将他们塑造成知识精英（传统中国人常说的"读书人"），将他们奉为圣贤，并将对自然现象与社会现象的解释权让渡给他们。古希腊的"三圣"、中国春秋战国时期的诸子百家莫不是如此。

在以整体性阐释为特征的学术发展中，人们逐渐发现，采用新的方法或技术工具可以获得同一个对象或现象的不同素材，改变对对象或现象的认知。例如，1543 年，安德烈·维萨里（Andreas Vesalius）出版了《人体构造》（*De Humani Corporis Fabrica*），他用解剖方法观察人体结构，获得了之前人们不曾了解的人体构成，让诸神子民身体的构造不再神秘。再如，哥白尼的"日心说"提出之后，第谷、伽利略、开普勒、牛顿等在其理论基础上不断取得新的突破，特别是伽利略的望远镜解决了哥白尼理论的不少困难。

事实上，将计量技术运用于对自然现象的观察，不仅能够获得新的素材，如观察数据、调查数据、统计数据等，也对以整体性知识呈现的学术提出了严峻挑战，带来了自人类树立理性以来的一场学术变革，这造成的直接后果是自然科学同整体性学术的分离。自然科学的独立不只是人类理性同诸神的决裂，还是人类理性内在的分化。计量不仅推动了分析方法的发展，形成了科学界共识的科学实验方法，还推动了以演绎逻辑为特征的理论发展，让知识的创新与积累从对自然现象总体性的把握转向对具体规律的追寻。

受自然科学影响，在面向社会现象时，人们同样试图运用计量技术开展研究，这便是文科发展的第二个阶段。随着统计思维发展为统计科学，对社会现象规律的追寻也成为分科学术的重要组成部分。在这一历史潮流中，社会科学各学科建立与发展。政治学、经济学、社会学、教育学、法学等莫不如是。新素材的出现推动了新方法的发展，比照自然科学的实验方法，社会科学发展出了思想实验。为了证明思想实验的现实性，社会科学又发展出了实证分析，用客观事实证明逻辑推理的现实性，对现实逻辑的归纳和检验则推动了对社会现象规律的检验。文科由此不再满足于对人类价值和意义的阐释，而希望通过对社会规律的发现和检验，减少人类面对的不确定性，进而增进人类的福祉。

紧随自然科学潮流，试图对社会规律进行探讨和对社会现象进行解释的分科学术也制造了一个理想与现实的悖论：学科化的规律探索与整体性人类生态的背离。与自然现象不同，社会现象原本具有整体性和生态性，学科化的确可以在给定条件下获得社会具体现象的规律，却忽略了社会现象之间的整体关联和生态关联。一系列来自严格给定条件的具体规律，在面向一般社会现象时，顷刻间变得离散化和碎片化，难以让人们建立面向日常社会现象的总体图景，也难以让人们在总体上把握社会规律，自然也无法复盘社会现象。这便是科尔曼著名的宏微观悖论。以此为依据，人们总认为社会科学是"软"的，与人们试图从现象中获得的对社会的认识还差一步。其实，这正是社会科学的"软肋"：难以形成对社会现象的拟合或重建。

随着社会科学同整体性学术的分立，整体性学术的剩余便形成了如今的人文学科。只是这些剩余中的少部分还在试图进入科学阵营，如计量史学、科技考古学、分析哲学等。这些剩余中的大部分则还保留了传统整体性学术的特征，用第一个阶段的方法分析第一个阶段的既有素材，阐述人类的价值和意义。

基于计量的对自然规律的探索给人类带来了具体且丰厚的回报。工业革命是以自然科学为基底的，人类物质生活的丰富又是以工业革命为前提的。自然科学与工业技术的互动，在带来人类物质生活极大丰富的同时，还大大地延展甚至替代了人类的体力劳动，将人类从繁重或无力承担的体力劳动中解放出来。与此同时，人类还希望分科学术对社会现象的探索可以与自然科学对自然现象的探索一样，为人类的社会生活带来更大的确定性。遗憾的是，从经济到政治、从心理到社会，社会科学并没有让人类得偿所愿，如今的人类依然面对着众多难以解决的社会难题，文科也依然是一个有待积极发展的学术领域。

归纳来说，在学术发展的历史中，与其说文科经历了三个阶段，不如说文科是科学革命的剩余。整体性知识创新与积累是学术的发端，在随后的发展中，对自然现象的学术探索随着科学探索三要素的计量化而分立出来，形成了被认为是"硬科学"的自然科学，即理科；剩下的部分被认为是"软"的，称之为文科。随着对社会现象的学术探索也开始遵循科学逻辑，再次剩下的部分便被称为人文学科。换句话说，不严格满足科学逻辑的学术（在许多自然科学家看来，社会科学也不满足科学逻辑），便是人们所说的文科。

二、技术脉络里的人工智能

人们热议的人工智能或许各有不同的所指。概略地说，至少有三类不同的指称，如作为能力的人工智能、作为机器的人工智能及作为学科的人工智能。笔者认为，机器是能力的载体，是学科的产出。因此，这三类指称的人工智能，在本质上其实属于一类，即机器智能。因此，笔者也更愿意用机器智能表述人工智能。

1956 年召开的达特茅斯暑期研讨会标志着人工智能作为一个学科的诞生。《关于举办达特茅斯人工智能暑期研讨会的提议》（*A Proposal for the Dartmouth Summer Research Project on Artificial Intelligence*）首次提出了"人工智能"（Artificial Intelligence）概念，认为人类学习能力的一切方面，以及智能的其他一切特性在原则上都可以被精确刻画，从而可以用机器作为载体进行模拟。机器可以模拟语言运用、概念抽象、问题求解、自我改进等人类能力。以此为基础，人工智能至少包括以下 7 个方面：①自动计算机，以程序模拟人脑的功能；②计算机对语言的使用，学习新词汇，并按照规则进行语句推断；③神经网络，假想神经元如何排列组合形成概念；④计算复杂度理论，建立衡量计算复杂度、改进计算效率的标准；⑤自我改进；⑥抽象能力，从各种感知数据中进行抽象；⑦随机性与创造性，通过有控制的随机性来模拟人类思维的创造性。可以认为，人工智能当下探讨的主要技术性议题在那次研讨会上均已涉及，但是尚未涉及后来极具争议的对"智能"的界定。

人们对智能的理解大致有两类。第一类认为，人类智能是理解和学习事物的思考能力，强调将智能与本能区别开来。例如，计算机科学家明斯基就将智能理解为"解决困难问题的能力"。第二类则认为，智能可被视为应用知识处理问题的能力或由目标准则衡量的抽象思考能力，强调人类如何适应环境并达成系统目标。例如，有人将智能定义为在给定一个输入集或给定条件下进行正确决策的能力。计算机科学家艾伦·纽厄尔（Allen Newell）和赫伯特·西蒙（Herbert Simon）则将涵盖了人类智能的"一般智能行动"定义为，发生在实际情境中，在一定的速度和复杂程度约束下，适合系统目标、适应环境需要的行为。如果跳出人工智能的技术逻辑观察人工智能，那么在笔者看来，两类能力都是智能，是智能的一体两面。学习能力是获取知识和积累技能的能力，处理问题和进行决策的能力则是运用知识与技能的能力。两类能力都是人类智能的重要组成部分。既然如此，人工智能和人类智能又有什么关系呢？人工智能是否为人类智能的孪生？

斯图尔特·罗素（Stuart Russell）和彼得·诺维格（Peter Norvig）指出，有些人根据对人类行为的复刻来定义智能，而另一些人则更喜欢用理性（Rationality）来抽象地定义智能。智能原本各不相同：一些人将智能视为内部思维过程和推理过程；而另一些人则关注智能的外部特征，即智能行为。事实上，对智能的既有探讨覆盖了 4 种可能的组合（见表 1）。

表 1　对智能的既有探讨覆盖的 4 种组合

	外部行为	内部思维
类人智能	类人行为	类人思考
理性主义	理性行为	理性思考

来源：*Artificial Intelligence-A Modern Approach, Fourth Edition*(2021)

一年多来，关于人工智能的热议中经常出现的图灵测试是用类人行为理解人工智能的典型例子。图灵曾提出，如果人类提问者在提出书面问题后无法分辨书面回答是来自人类还是来自计算机，那么这样的计算机便是"会思考的机器"。值得注意的是，类人行为有特定的指称，如需要智能才能完成的任务、需要发挥人类智能才能实现的功能等。这些理解如今被标准化为自然语言处理、知识表达、知识推理、计算机视觉等。

除了行为，强调思维的人认为，会思考的才是智能，主张使计算机像人类一样思考，甚至主张反推人类思维机制。持这类观点的学者认为，人工智能是使计算机能思考、具有智力的新尝试，是与人类思维、决策、问题求解和学习等有关的自动化，是模拟人脑从事推理、规划、设计、思考、学习等思维活动的技术。

同样，推崇理性主义的人也从行为与思维两个维度提出了自己的主张。关注思维的人认为，智能并不在于逼真地模拟人类，而在于正确的思维法则与无可辩驳的推理过程。传统逻辑主义追求用精确的逻辑符号系统刻画物体及其关系，并用程序求解一切可用逻辑符号刻画的问题。例如，用计算模型研究智力行为，用计算拟合理解、推理和行为，甚至有人极端地认为，智能与知识相关，即怎样表达知识、怎样获取知识及怎样使用知识。

关注行为的人则认为，智能在行动上是一种智能体（Agent，社会学中称其为能动的行动者），是在环境中、在与其他智能体共存时，能够持续自动运转的实体，它既是人工智能的初衷，也是人工智能的目标。还有一些观点，虽然没有使用智能体的概念，却明确地以理性行动为标准，如通过计算试图理解和模仿智能、探索智能，或建立自然智能实体。

虽然在技术层次对人工智能的理解十分复杂，但在与人类智能关联的意义上，笔者认为，第一，尽管观点各异，但机器智能始终是一类思维智能。其思维是否符合人类思维逻辑，是技术层次甚至理想层次的议题。第二，智能行动具有阶段性。类人智能是智能行动的初级阶段，理性主义则是智能行动的理想目标。

三、学术智能中的文科未来

在人工智能向一切渗透的历史潮流中，学术智能是一个无法阻挡的部分。面向人工智能，相比于文科，理科已经先行一步，形成了理科智能。或许我们可以从理科智能的努力中窥见文科未来。

有人对理科智能的既有发展进行了归纳。当下，人工智能在理科知识创新和积累中扮演的角色依然是工具性的。

第一，助力数据清理和提炼。在数据筛选中，实时识别并舍弃原始数据的背景噪声，保留富含信息的数据。例如，使用异常检测（Anomaly Detection）算法，能够将稀有事件作为异常数据进行识别并保存。在物理学、神经科学、地球科学、海洋学及天文学等领域，数据选择智能得到了广泛的应用。

在数据注释中，训练有监督的模型需要依赖带有标签的数据集，然而，对生物学、医学等实验性学科来说，生成大量拥有准确标签的数据集既耗时又耗力。伪标签法（Pseudo Labelling）和标签传播法（Label Propagation）便是更优的替代方案，它们允许在只有少量准确注释的大型无标签数据集中进行自动注释。此外，主动学习还可以帮助科学家确定最有必要进行实验标注的数据点，从而进一步降低成本。另外，还可以借助专业知识制定标签规则，从而实现数据注释。

在数据生成中，通过自动数据增强（Auto Augment）和深度生成模型（Deep Generative AI）生成额外的合成数据点、扩充训练数据集，是创建更好模型的有效方法。例如，生成式对抗网络（Generative Adversarial Network）可以在多个领域生成逼真且有用的数据。

在数据提炼中，人工智能则能进一步提高测量分辨率、减少噪声，并减小测量精度的误差。

第二，学习有意义的数据表达。在数据表达中，几何先验、几何深度学习、自监督学习、语言模式化、转接架构（Transformer Architectures）、神经算子等均能够在多层次数据中提取有意义的表达方式，优化表达，以指导研究。

第三，支撑科学假设建构。科学家在实践中体会到，人工智能在假设建构的多个阶段都可以发挥重要的支撑作用。例如，可以在噪声观测中识别候选符号表达式，进而生成假设、帮助设计，或设想可以推翻数学猜想的反例。此外，人工智能可以学习假设的贝叶斯后验分布，利用统计分布生成与科学数据和知识相吻合的假设。实践策略包括黑箱预测、引导组合假设空间、优化可微假设空间等。

第四，驱动实验与仿真。实验成本高昂、操作复杂是理科始终面对的实践难题，计算机仿真一直是替代方案，人工智能为计算机仿真提供了更为有效和灵活的实验手段。科学家可以通过人工智能识别和优化假设进行测试，还可以运用计算机仿真进行假设检验。例如，对科学假设进行有效性评估，运用仿真对假设进行推演观察等。

也有人认为，理科智能是自然科学的新范式。科学家系统地考察了用于量子、原子和连续体系统的人工智能应用，认为从亚原子（波函数和电子密度）、原子（分子、蛋白质、材料和相互作用）到宏观（流体、气候和地下）尺度，通过深度学习捕获自然系统的物理第一性原理，尤其是对称性，是具有挑战性的人工智能应用领域，其中，可解释性、分布外泛化、使用基础语言模型和大型语言模型进行知识转移及不确定性量化，都是人工智能的重要应用场景。还有科学家考察了人工智能在基础科学中的应用，如在信息科学、数学、医学、材料科学、地球科学、生命科学、物理和化学等学科的应用。

对20余位数据科学家进行的半结构式访谈发现，人工智能还运用于自动化数据科学家的工作实践中，如Auto AI系统或Auto ML系统能自主获取和预处理数据、设置新特征，并根据目标（如准确性或运行效率）创建模型、给模型打分等。科学家认为，人工智能一方面加快了构建数据科学的进程；另一方面还可能过度降低数据科学从业人员的技术门槛。

还有科学家在设想一个能够在生物医学领域进行重大科学发现的人工智能，如能够生成并验证大量假设、开展实时的随机推断、开展多策略的适应性学习、保持无限的数据记忆容量、执行大量并行异质处理等。在这些进程中，人工智能可以克服人类在信息处理能力、知识表达能力、表型能力（Phenotyping）等方面的认知局限，推动生物医学研究方法的迭代升级，使科学发现变为高效实践成为可能。

科学家认为，理论上，人工智能系统可以检验所有可能的假设，重新定义科学直觉的本质与科学发现的过程。应用于科学发现的人工智能将超越现有的人工智能，与专家组合，成为顶级研究机构的基础设施，甚至有望居于其他人工智能系统和人类智能体网络的中心，协调大规模的人机智力活动。例如，实现对数据的自动化分析和发现，系统、准确地搜索假设空间以确保最优结果，自主地发现数据中的复杂模式，实现小规模科学过程应用的可靠性、一致性、透明性和可复制性，如在处理大数据、发现长尾的暗数据等方面做出贡献，并通过工作流程系统实现科学发现过程的自动化。

纵观理科智能的实践和科学家对理科智能的洞见，我们可以做出如下归纳。

第一，数据是理科智能的前提，没有数据便没有理科智能。理科数据有两类来源，第一类是科学活动产生的数据，如实验数据、观测数据、传感数据、调查数据等，在人工智能可以运用于理科之前，理科就已经在依据数据做研究了；第二类是人工智能生成的数据，在给定事物之间关系的前提下，人工智能有能力产生可用于研究活动的数据，即生成式数据。

第二，人工智能有助于标记数据、清理数据、筛选数据、分析数据、表达数据。理科数据的规模和类型多元且复杂。清理数据曾经是工作量巨大且劳动密集型的科学活动，无论是实验或观测产生的数据，还是人工智能生成的数据，人工智能都可以用于标记数据、清理数据、筛选数据、分析数据、表达数据，让数据以科学家希望的形式精准地呈现。

第三，人工智能有助于检验或发现事物之间的关系模式。运用数据检验科学假设是科学研究最重要的活动之一，人类计算能力的局限性一度导致可以运用于假设检验的数据量非常有限，人工智能则有能力在假设检验中纳入更多数据和参数，如生成式大模型的参数量已经逼近万亿级，完全达到了人力不可及的量级。不仅如此，计算能力和模式发现（如机器学习）能力的增长，使得人工智能所具备的从数据中发现事物之间关系模式的能力早已超越人类，人工智能可以实现从数据中发现模式，使得创新和积累知识不只是理科智能的应用场景，甚至开始应用于生产实践，如药物筛选、材料发现等。

第四，人机互生，科学家与机器智能相互促进。过去，对理科智能的众多讨论只是刻画了科研实践，即使提及理科的新范式，也语焉不详。其实，科研实践已经揭示了理科智能的应用场景，这也是在之前的理科中不曾出现的部分。例如，人机之间相互启发与互动，一方面，机器给人类带来灵感，启发人类进行创新；另一方面，人类也为机器提出难题，挑战机器综合人类知识和从知识中发现新知识的能力，促进机器智能能力的迭代创新。

除此以外，笔者认为，关于理科智能的讨论还有一个重要缺失，即对知识创新与积累路径缺乏讨论。截至目前，几乎所有讨论都还是以既有分科学术为默认前提的讨论，没有触及类似科学革命带来的分科学术的路径讨论，或者尚未提及知识创新与积累的新形态或新范式。

即使如此，文科智能可以从理科智能中看到怎样的未来呢？对此，笔者简要提出一些观点。

第一，与理科智能一样，文科智能的前提也是数据。在一定程度上可以说，理科在科学革命之后就完成了以数据为支撑的科学逻辑建构，而文科还没有完成以数据为基底的知识创新与逻辑建构。可只要缺乏数据，就难以让人工智能进入文科智能。因此，文科未来第一个阶段的工作就是素材的数据化，将对社会现象的刻画从文字、形象的转变为数据的，从碎片化、离散化的数据转变为汇聚化、可以彼此关联的数据，进而为运用算法、回到整体视角提供条件，且可以让人工智能支持甚至支撑数据化，如一切非数据素材的数据化。不仅如此，人工智能同样可以针对社会现象生成数据。简言之，"一切皆可数据化"的逻辑同样适用于文科素材。

第二，文科与理科的后续场景是一致的。例如，标记数据、清理数据、筛选数据、分析数据、表达数据，让数据以文科学者希望的形式精准呈现。再如，需要使用这些数据进行检验假设、发现规律等。需要特别说明的是，素材的数据化将改变人文学科与社会科学分立的现象，使得对人类精神的探索与对社会规律的探索殊途同归。直到当下，人类精神现象是否存在规律还是一个悬而未决的议题，对精神分析的争议便是明证。文科智能至少可以让文科学者证明人类的精神世界是否有规律可循。同样，文科智能也遵循人机互生的模式。

第三，文科智能的知识创新与积累更有机会突破科学革命之后文科的悖论，迈向新的综合，以可靠的、可检验的整体性知识造福人类。与理科智能不同，除了运用数据检验假设、发现规律、形成给定条件下的具体规律，文科智能还需要将具体场景的规律整合起来，形成彼此关联、有助于人们理解和解释日常现象的知识动态。换句话说，由文科智能带来的知识不再是严格约束条件下、面向社会现象的规律，而是以日常为条件、面向日常社会现象的理解与解释。文科智能带来的文科知识创新与积累，在外显形态上理应成为每个人触手可及的知识源。

要实践文科智能，除了要面对理科智能的挑战，还要面对文科特定的挑战。在学术智能中，无论是理科还是文科，当下的实践路径都是建立在科学革命之后分科学术路径基础上的，人们已经养成了对专门问题进行深入挖掘的习惯，如何重新回到"深入浅出"的路径上，在专门知识之间建立联系，让专门知识成为日常知识池，还没有一条明确的可以实践的路径。算法创新或许是路径探索的关键。在海量数据环境下，不要说深入浅出，即使只是深入，没有算法也寸步难行。

更大的难题还在于，当下学术界似乎还没有充分认识到人工智能对学术的影响力，更缺乏相关能力的积累。从数据化、模型化、算法化到知识化，每个环节之间相互关联，文科未来的起点似乎要从培养跨学科的人才开始。

四、结论

之所以在概念层次探讨文科未来，诚如读者所见，文科智能的发展还没有进入理科智能的阶段，还没有可以讨论的实践和细节。尽管如此，文科未来的方向是明确的，那就是与理科智能一样，推动人工智能与人类智能彼此互生，通过知识积累和创新，形成人类知识的新形态，也形成知识服务于人类的新格局，促进人类对自身的理解与解释，进而增进人类福祉。

陈 禹
从博弈论的改进切入，反思经济学

陈禹，信息社会 50 人论坛理事，中国人民大学信息学院教授、中国信息经济学会前理事长。主要研究方向为信息管理、管理信息系统、信息经济、系统科学。

近年来，经济学再次成为社会关注的热点领域。客观地说，这是新时代发展的必然。经济的全球化、信息技术的迅速发展和普及、人工智能和空间技术的迅速兴起，都使得传统的经济学理论和政策研究显得十分苍白，难以应对现实的社会需求，处于十分被动的局面。经济学乃至整个社会科学的理论落后于社会实际，已经是社会各界的共识。

对此，笔者对于经济学的理论和历史进行了一些梳理与思考，形成了一些初步的想法和探索的思路，在此提出，供同行参考切磋。

一、经济学历史的简要回顾

经济学，从广义来说应该是"经国济世"或者"经世济民"的道理和方法，在中国，这可以追溯到春秋战国时期；按照西方的历史陈述，则可以追溯到古希腊时期。当然，我们现在所说的经济学，实际上是从亚当·斯密发表《国富论》以来的这 200 多年形成的，广泛传播并深刻影响了世界的、近代意义上的经济科学。这又可以进一步细分为广义的经济科学和狭义的理论经济学，后者指专门研究经济学基础理论的宏观经济学和微观经济学，前者则囊括相关的管理科学、财政金融学、货币银行学、市场营销学等。本文讨论的主要是后者——理论经济学，因为它是广义的经济科学的理论基础。

按照经典的表述和公认的理解，经济学所表述的问题应该是：人类社会是如何分工合作，进而形成社会分工，并形成现代社会的。近代的经济学起始于亚当·斯密的《国富论》。200多年来，由此引申出来的学派不计其数。人们对人类社会，特别是对其基础——经济体系进行了截然不同的解读和剖析，并由此对实际的经济活动和政策提出了各种建议与解决方案。对于这200多年来的历史和争论，没有必要在这里重复叙述，《国富论》《资本论》，以及保罗·安东尼·萨缪尔孙的《经济学》都早已是众所周知的经典著作。

需要坦率承认的实际情况是：现行的经济学，包括理论研究和政策制定，几乎受到社会各方的普遍诟病。一方面，各种理论层出不穷，以至于人们说：10个经济学家就有11种经济理论。另一方面，政策建议脱离实际，难以长期奏效。笔者认为，这种状况的出现并不是偶然的，也不是个别学派或学者的失误，而是源于人类对于社会这个系统（或经济体系）的复杂性认识严重不足。人们总是企图将过于简单化、单纯定量的方案套用到生动复杂的现实之中，这就是当今经济学和经济政策研究的困境根源所在。换句话说，就是经济学的出路在于从根本上摒弃简单化、绝对化的思维定式，客观、具体地研究现实的经济系统的复杂状况和运行规律。简单地说，需要的是"摒弃绝对化、正视复杂性"。

二、半途而废的博弈论革命

说到"摒弃绝对化、正视复杂性"，不得不提20世纪兴起的博弈论革命。从冯·诺伊曼到约翰·纳什，博弈论的横空出世给经济学界带来了希望和新风。客观地说，在此之前，人们总是希望找到一个简单且一劳永逸的解决方案，一种能够解释一切经济现象的模型，以及一个放之四海皆准的解决方案。找到这种解决方案或模型的基础在于对经济体系的统一、简单化，以及对定量的模型和理论框架的构建。从马克思、凯恩斯到形形色色的经济学专家，都希望找到这样的模型或解决方案，尽管它们彼此冲突。

博弈论的出现打破了这种虚幻的理想境界，直截了当地指出：不同主体的利益冲突是根本性的，并不存在纯粹客观、一致公认的效益函数和比较尺度。正是博弈论的出现，使人们开始正视现实，即认识到真实且客观存在的事实是：普遍存在着的是不同的利益主体、不同的价值取向、永恒存在的利益冲突，以及折衷和妥协的必要性与必然性。这就是博弈论革命的意义所在，是一场真实且深刻的思想解放，是一片新的天地。人们为此兴奋、为此欢呼是有充分道理的。关于博弈论革命的深刻意义不必在此赘述，读者可以从冯·诺伊曼、约翰·纳什等的经典著作中充分感受到，如可以从冯·诺伊曼的《博弈论》中充分感受到。

近二三十年来，博弈论革命的热度逐步褪去，期望中的革命性变革并没有出现。经济理论和经济政策研究的窘境依然如故。随着亚洲金融危机、互联网泡沫的破灭等一系列"意外"事件的发生，经济政策的研究者继续着捉襟见肘的左右摇摆。新冠疫情的冲击更是将这种状况推到了极致，规范失效，意外变成常态。

问题究竟出在哪里？笔者认为，问题出在博弈论革命的思想解放只进行了一半。当现有的博弈论打破了绝对化的是非标准和统一的价值判断指标时，仍然保留了对于系统结构的简单化理解，保留了对层次间质的差别的忽视，从而在相当程度上继续了传统观念对于简单化、同质化的依恋，而对于质的差别和飞跃视而不见，继续追求统一的量化指标和度量方法。这样做就使得理论探索和政策研究有意无意地回到了传统思维的窠臼之中，这就是我们所说的博弈论革命的"半途而废"。如果我们浏览近年来的博弈论文献，恐怕这样的指责并非完全没有道理。作为博弈论的追随者和研究者，我们对此感受到的是一种"哀其不力，怒其不争"的复杂心情。

然而，幸运的是新的希望正在出现。复杂性研究作为一股新起的思潮，正在从地平线上升，给我们带来希望，值得经济学界同仁关注。下面我们将简单地介绍复杂性研究（Complexity Study），并对这个新思潮进行简单介绍。

三、复杂性研究：西蒙和霍兰的启示

复杂性研究（Complexity Study）并不是一种特定的理论或一个具体的研究领域，它是一种思潮，一种同时在不同学科中涌现出来的思想和观念。它的基本理念就是：彻底摒弃绝对化、简单化的传统思维方式，真正承认质先于量、质重于量，切实重视质的差别，将新的质、新的主体、新的层次的涌现看作发展和进步的关键与实质。当然，作为一股新起的思潮，今天我们还不可能给出其确切的概念和完整的表述。但是基于已有的进展，我们已经可以从若干领军人物的代表作中，梳理出一些要点。

我们在这里简要地介绍一下赫伯特·西蒙（Harbert Simen）和约翰·霍兰（John Holland）的主要思想。赫伯特·西蒙的重要贡献在于其提出了准可分解的层次结构的概念。在《人工科学》（*The Science of the Artificial*）一书中，他指出了复杂系统中普遍存在的一类典型结构——Quasi-Decomposible Hierarchy。传统观念就是总想把高层次的现象和规律，完全归结于低层次的所谓基本规律，即还原论的基本思路；而复杂系统通常都是有层次结构的，而且更重要的是，这种层次结构并不可以完全分解。详细来说，这就揭示了世界的复杂性恰恰在于层次之间的不可规约性，或者说在于层次之间的质的差别。这就是复杂性研究的基本理念所在。这对于我们认识和分析复杂系统至关重要，可以说是一个总的思考提纲。关于打破对于终极真理的追求，霍金曾经有过精辟的论述，这可见于他的文章——"哥德尔与物理学的终结"（Godel and the End of Physics）。他在这篇文章中提到，"如果不存在一种可从有限条数原理推导出来的终极理论，那么一些人将非常失望。我过去就属于这个阵营，但是我已改变了我的看法。现在我很高兴我们寻求知识的努力永远都不会到达终点，我们始终都有获得新发现的挑战。没有这种挑战，我们就会停滞。哥德尔定理保证了数学家总有事情要做，我想 M 理论也将会为物理学家做同样的事情。"遗憾的是，似乎许多经济学家还没有认识到这一点。另一位学者侯世达在他的两本著作《哥德尔 艾舍尔 巴赫：集异璧之大成》和《我是个怪圈》中，也曾以他自己的方式对于层次之超越和终极真理之存在提出了反思与质疑。这些学者的观点可以说是殊途同归的，然而笔者认为，最具启发性的还是赫伯特·西蒙的表述。此外，赫伯特·西蒙不仅是一位杰出的思想家，还是一位身体力行的实践家，他的《基于实践的微观经济学》一书（包括孙涤教授的导读），非常具体地为年轻人指出了努力的方向和途径。

如果说赫伯特·西蒙是构思这座新建的科学大厦的伟大设计师，那么约翰·霍兰则是为建设这座大厦添砖加瓦、辛勤一生的杰出工程师，他一生涉猎广泛、著作颇丰，始终围绕着复杂性研究这个中心议题。用他的话来说，赫伯特·西蒙构建了大厦的结构,他则为之添砖加瓦、补充细节。早在20世纪末期,参与美国圣塔菲研究所创建的约翰·霍兰教授就在《隐秩序》和《涌现》这两本影响广泛的著作中,为复杂性研究的进展做出重要贡献,他对于复杂适应系统(Complex Adaptive System)的深刻分析,以及对于涌现现象(Emergency)的创造性归纳,为复杂性研究提供了有力的佐证。约翰·霍兰的研究特点在于广阔的视野、丰富的联想、跨学科的巧妙隐喻,他的文字妙趣横生,使人们读起来拍案叫绝。从热带雨林的生态系统,到福建山村的方言土语,他都能够毫不牵强地点出内在的、逻辑上的交汇点。他直到去世前不久,还发表了两本重要著作,分别为 *Complexity Study* 和 *A Very Shout Introduction*,前者对于复杂性研究的进展和现状进行了非常精炼的综述与展望,值得我们认真研读;后者则是对于层次连接中的两个关键概念,即信号和边界的诠释。

我们对于复杂性研究的关注和研究还远远不够,这不得不说是一大憾事。笔者在此呼吁更多的朋友,特别是年轻朋友,关注这方面的文献和研究进展,从中汲取营养、寻找灵感,在科学探索的征途中做出贡献。

四、关于跨层次博弈研究的若干切入点

回到本文的议题中来,我们的目的是从对于跨层次的博弈问题的研究入手,开辟经济学研究的新局面。简单地说,该研究的指导思想是复杂性研究的理念,突破口是跨层次的博弈问题,目标是对社会经济这个系统提供更加符合实际的理解和认识,最终推进人类社会的和谐和福祉。在经济和社会中,处处存在着各种各样的博弈格局,其中包括持有相同的收益函数、完全同质的主体之间的博弈,即广义的"种内斗争",如我们熟知的"囚徒博弈""同行相争"等。对于这样的博弈问题,传统的博弈论已经有了比较完美的解决方案。

然而,如前所述,在现实中大量存在着的,恰恰是不同类型的主体之间的博弈,它们的收益函数是不同的,其情况之复杂,远非简单的"分蛋糕"所能概括的。很多时候,它们既有利益一致的一面,又有利益冲突的一面,更面临信息不对称导致的种种不平衡。这样的例子实在太多了,如工人和雇主之间的博弈、买家和卖家之间的博弈、政府和企业之间的博弈、实体企业与金融业之间的博弈等。

在所有这些问题中，都存在着相互对立、追求不同目标、持有完全不同收益函数的主体。问题的复杂性在于，这些对立的主体往往相互依存。

除层次和主体的不同外，长远利益和眼前利益的冲突与矛盾又纠缠其中，使得问题更加复杂。当然，还有一个老问题，那就是信息不对称的问题，人们对于自己的利益，特别是长远利益，并不总是清楚和了解的，这又涉及信息经济学讨论的古老议题。最后，当出现更高层次时，"祖父"和"孙子"在一定条件下利益一致，就会出现他们联合起来对付"父辈"的所谓"隔代联合"的奇妙现象。

我们实在无法想象，沿着"准可分解的层次结构"的思路还可以走多远。令人惊异的是，我们多次发现，这个方向上出现的一些现象往往正是我们在现实社会中遇到的似乎不可理解的事情，这似乎暗示我们，层次概念有着丰富的内涵和探索空间。这对于探索真理的人们来说，无疑是件好事。

五、结束语：柳暗花明之前

本文并不能算是一篇严谨的论文，而是一次天马行空的思想漫游。因为它没有很明确的论点和论证过程，而是一种感受的表达和随想的记录。

近年来，世界上发生的事情真的非常多，包括许多出乎意料的事情。我们且不论它们是好事还是坏事，是利大还是弊大，也不必深究对谁有利、对谁有弊。只是在社会和人类面临的大变革面前，我们要尽量保持一个平静的心态。

回到经济学研究上来，如果说现在已经到了"山穷水尽"的地步，那么也就意味着离"柳暗花明"不远了。这时我们至少应该保持一个比较好的心态，思考一下博弈论，读一读赫伯特·西蒙和约翰·霍兰的经典著作，也许是有好处的。

参 考 文 献

[1] 约翰·冯·诺依曼. 博弈论[M]. 刘霞, 译. 沈阳: 沈阳出版社, 2020.

[2] 库恩. 博弈论经典[M]. 韩松, 译. 北京: 中国人民大学出版社, 2000.

[3] 朱·弗登博格, 让·梯若尔. 博弈论[M]. 黄涛, 姚洋, 译. 北京: 中国人民大学出版社, 2010.

[4] 罗伯特·吉本斯. 博弈论基础[M]. 高峰, 译. 北京: 中国社会科学出版社, 2022.

[5] 赫伯特·西蒙. 人工科学: 复杂性面面观[M]. 武夷山, 译. 上海: 上海科技教育出版社, 2004.

[6] 侯世达. 哥德尔 艾舍尔 巴赫: 集异壁之大成[M]. 北京: 商务印书馆, 1997.

[7] 侯世达. 我是个怪圈[M]. 北京: 中信出版集团, 2019.

[8] 赫伯特·西蒙. 基于实践的微观经济学[M]. 孙涤, 译. 上海: 上海人民出版社, 2009.

[9] 约翰·霍兰. 隐秩序: 适应性造就复杂性[M]. 周晓牧, 韩晖, 译. 上海: 上海科技教育出版社, 2000.

[10] 约翰·霍兰. 涌现[M]. 陈禹, 译. 上海: 上海科学技术出版社, 2006.

[11] JOHN H. Holland.Complexity: A very short introduction[M]. London: Oxford University Press, 2014.

[12] JOHN H. Holland. Signals and Boundaries[M]. Cambridge: The MIT Press, 2012.

| 张国华 |

中国式城市化的未来：准确认知人业、城乡、住行、政企是关键

张国华，信息社会50人论坛成员，国家发展改革委城市中心总工程师，国土产业交通规划院院长；中国城市交通协会副理事长；浙江省城市治理研究中心客座研究员。研究方向包括新空间经济理论和新制度经济理论、"产业·空间·交通"的新型协同规划技术体系、城市群和国家中心城市规划、国土空间规划体系、综合交通枢纽规划、多层次轨道交通体系规划、TOD综合发展、智慧城市规划和智慧交通规划、基础设施投融资等新型城镇化领域。

无论是塑造一二三产业深度融合的现代化产业体系，还是构建国内国际双循环相互促进的新格局，无论是城市群和都市圈建设，还是乡村振兴和城乡融合，无论是基本公共服务均等化还是实现共同富裕，发展模式亟须从"有没有"转型为"好不好"，从"单打独斗"走向"合作协作"，这正是推进中国式现代化和以人为中心的城市化的关键所在。

这需要探索推进中国式现代化和城市化的深层逻辑，在新发展阶段，探索和构建新发展的深层逻辑，关键在于解决4组关系的新认知：①现代化经济体系构建中产业转型升级、打造中高端产业集群、实现全体人民共同富裕的"业和人"关系的新认知；②城市化高质量发展、乡村振兴和城乡融合的"城和乡"关系的新认知；③解决城市群和都市圈的发展需要的高品质居住环境和高效率出行方式的"住和行"关系的新认知；④在体制机制保障方面，使得政府更好发挥作用和

使得市场发挥决定性作用的"政府和市场"关系的新认知。

一、"业和人"的新认知

对外开放和"虚实融合"是产业转型升级的关键，不同类型的就业人口各美其美、美美与共是共同富裕的根本出路。

首先，对于产业转型升级的基本规律，随着经济全球化进程的日益加快，各种要素的流动速率加快、融合程度加深、关联效应加大。在产业升级方面，只有将劳动力从农业部门转移到生产效率更高的制造业和服务业部门，才能带来劳动生产率的根本提升，产业结构数量级效应成为基本特征。在产业转型方面，产业间协同的逆向带动作用日益重要，农业现代化越来越依赖非农产业部门提供的肥料、农业机械、物流配送、仓储设备乃至金融服务；制造业的高端化和竞争力提升一定程度上取决于能否获得低成本、高质量的生产性服务业的赋能，而生产性服务业是从制造业产业细分中逐渐剥离出来的。没有高度发达的生产性服务业，就没有高度发达的工业，更没有可持续发展的农业。

我们在产业发展中不能"走脱实向虚的路子"，需要摒弃经济"虚实"分立的有关传统观念，需要"虚实结合"、一二三产业深度融合、产业链上下游相互赋能，最终形成大中小企业共生共赢的发展格局。

其次，从我国产业全球化现实历程来看，在20世纪90年代，以信息技术（IT）和汽车为代表的中高端产业由美国、日本、欧洲"三分天下"，那时候中国还相对落后；在21世纪的第一个10年，我们看到的是"中国出口8亿件衬衫换一架波音飞机"；但在第二个10年，我国在全球贸易体系中正从以"服装鞋帽"为主导的中低端产业向以"信息技术、汽车和机电"为主导的中高端产业转型，在加入世界贸易组织后，特别是进入移动互联网时代，我国手机品牌2020年以来已经占据全球份额的40%以上，我国于2024年上半年已超越日本成为全球最大的汽车出口国，这是中国过去二三十年整个产业发展的脉络，因此，不断扩大对外开放的深度和广度、高度参与全球产业链和价值链的分工协作、产业升级沿着供应链从下端向上端持续转型，才是我国产业转型升级的根本动力所在。

落实好"中国式现代化是全体人民共同富裕的现代化",这需要从抽象的"人民"回归到具象的"人"的新认知,亟须结合现代化进程中一二三产业就业人口的变化态势来分析和认知具象的"人",解决好就业人口的科学认知。

现代化国家的农业现代化普遍呈现以下规律:农业生产总值占国内生产总值(GDP)的比重为1%～3%,农业就业人口少、生产率高,1%的农业就业人口实现1%的农业生产总值,这是农业现代化的一个基本特征;而这些国家的农业现代化发展历程都呈现出农业生产总值占比、农业就业人口占比双下降。我国在过去40年以"经济建设"为中心的发展中虽然也出现过农业生产总值占比和农业就业人口占比双下降的情况,但当前我国农业生产总值占比为6%,农业就业人口占比则接近30%,30%的农业就业人口仅完成了6%的农业生产总值,因此经济效率较低,在这样的状态下难以完成农业生产和农业就业人口的现代化。

现代化国家的制造业就业人口比例也呈现出下降态势。例如,美国制造业劳动人口比例在1953年达到30%的顶峰,到2015年,这一比例已下降到10%,英国则降至12%,作为制造业强国的德国,制造业就业人口居现代化国家之首,达到21%。世界上工业体系最健全的中国的一些地区也在发生类似的变化,如第七次全国人口普查和第六次全国人口普查相比,广州市制造业岗位比例已经从38%降低至20%,成都市制造业岗位比例已经从31%降低至28%。在特别强调以实体经济为支撑的现代化产业体系建设和稳就业的大形势下,我们更需要清醒地认识到,要想使得我国的制造业从中低端转向中高端,需要营造高度重视制造业的生态氛围,建立特有的支持独角兽或者隐形冠军企业发展的区域金融体制、双元职业教育体系,以及劳资共商共治的合作机制。这些方面是有机统一的整体,不能分开来看。寄希望于吸收其中一项特点,而不顾及其他方面,都会导致扭曲的政策效果,这是塑造中高端制造业岗位的"牛鼻子"所在。

在服务业就业人口变化方面,以纽约、伦敦、巴黎和东京为代表的城市主导的都市圈与城市群呈现出以"科技、金融及专业化服务等高端生产性服务业"就业人口和以"保姆、清洁、门卫和餐饮服务等基础性服务业"就业人口"双快速"持续增长的格局,可以说,服务业就业人口是这些地区过去20～30年就业人口快速增长的主体。我国在现代化城市治理体系的构建中,对这两类服务业就业人口存在一定的认知偏差，比如，一些主要地区围绕科技创新和现代化经济体系的发展目标提出了吸引"高端人才"的策略，还有个别城市在城市治理过程中出现了疏解所谓"低端人口"的声音，"高端人才"应该对应于"高端生产性服务业"人口，而所谓"低端人口"则对应于基础性服务业人口，针对"高端人才"与"低端人口"的政策制定无疑是我国城市化进程中需要重点认知的关键问题。

从产业来看，消费性服务业（或基础性服务业）和生产性服务业的关系是相辅相成的，产业的发展来源于市场的发达，发达的市场则意味着市场中有高层次的消费需求，而这些消费需求往往来自从事高端服务业的人群，这些人群不仅产生了消费需求，还为基础性服务业的发展提供了人才和智慧，同时也提高了基础性服务业的职业能力和收入保障，形成闭环。

此外，对于从事中高端服务业的人群，他们的成就很多时候并不只取决于工作的 8 小时之内，而取决于 8 小时之外。对他们来说，"闲暇出智慧，自由出智慧"，这才是城市作为经济引擎和创新之源的所在。在城市发展的过程中，"高端产业"的发展和"高端人才"的使用，不仅不会打压所谓"低端产业"，反而会内生出对所谓"低端就业"的旺盛需求。如同在一个生机勃勃的鱼塘中，对各种层次的鱼进行混养，上层鱼吃浮游生物，中层鱼吃水藻，下层鱼吃上中层鱼的粪便，各层次的鱼因各得其所而相安无事。这种结构能很好地保持水体的净化作用，水塘会产生自洁能力。如此看来，一个充满活力、烟火气满满的大城市应该是一个海纳百川的城市。

需要强调的是，服务业是解决就业的关键所在，同等重视高端生产性服务业人口和基础性服务业人口的发展，是实现中国式现代化与共同富裕的关键抓手。

二、"城和乡"的新认知

乡村振兴的基本规律是把乡村做小、把城市做大，城市是乡村振兴的动力，路径在于城乡融合。

欧洲特别是西欧国家在城市化、工业化、乡村振兴、城乡融合方面走出了一条值得我们学习的道路，瑞士苏黎世乡村振兴道路是：设计一个高效、便捷的交通系统，从而实现乡镇区域与中心城区服务和文化区域的高效连接，这也是改善贫困地区状况和提升乡村振兴整体生产率最简单、最便宜的方式。

瑞士苏黎世乡村振兴经验背后的深层逻辑是：①应该通过城市更新行动，在城市中心区域发展出乡村振兴所需的高端生产性服务业乃至文化产业；②通过高效的交通系统建设，为乡村振兴地区和城市中心区域建立高效的连接；③通过乡村振兴行动将乡村经济空间做好，使"城和乡"双向社会经济文化要素自由流动。这3项工作相辅相成、互相成就。

城市作为乡村振兴的引擎和动力所在，是乡村振兴和城乡融合的根本，城市和乡村如何从封闭、对立走向开放、协作？制约瓶颈何在？这些问题无疑是中国式现代化道路上的挑战，这需要在城乡融合的改革中破局。

在"城和乡"的关系方面，需要从封闭、对立走向开放、协作，城乡融合的关键是一二三产业深度融合。在"城和乡"的空间协同方面，要尽快实现以土地为代表的经济要素流动改革。按照"把城做大，把乡做小；城市才是创造GDP、创造财富的地方"的新认知，持续深化城乡融合建设，纵深推进农村产权制度和要素市场化配置改革，通过现代化的基础设施将城市的高端需求与乡村高效连接起来，带动乡村地区的发展，并且产生新的消费空间。

三、"住和行"的新认知

大众在对传统城市的认知中，通常在"职住平衡"的目标下诉求城市的"小而美"，希望城市通勤距离短，比如，国内超大城市的通勤距离通常在10千米左右，其中北京的平均通勤距离达到了11.7千米，平均通勤时间达到47分钟。那么该如何评价这样的时空距离呢？我们需要基于都市圈、城市群和现代城市的新认知来看。

英国最新的国家调查表明，1972年，伦敦的人均出行时耗为58分钟，日均出行距离为19.7千米；到2019年，伦敦的人均出行时耗为60.8分钟，较1972年仅增长了约4.8%，但日均出行距离达到了28.7千米，较1972年增加了约45.7%；东京都市圈的通勤半径从1978年的30千米扩展到了2018年的50千米，平均通勤时间从 41 分钟增加到了 47 分钟。这样的时空指标变化反映了什么样的现代经济体系态势呢？英国经济学家辛普森研究证明了高技能劳动力通常会在更大范围内寻找与自己相匹配的就业岗位，虽然这会带来了更长的通勤距离和通勤时间，但其回报是更高的工资水平。

《智慧社会》一书针对现代城市发展态势做出了进一步阐述，那就是随着数字经济社会的到来，城市由商品交换主导转向思想交流主导，一个城市创新的效率和能力、经济发展的程度、创新创意的业态发展，主要取决于创新创业者在这个城市中可以探索的距离和频率。所以，在城市群和都市圈的现代化进程中，出行距离长不是问题，我们应思考如何提高出行效率，如何减少出行时间，构建好"长距离+高效率"的交通出行服务体系，这才是都市圈和城市群一体化的关键所在。

谈"行"就不能离开"住"，居住问题的根本是用地问题，因此需要解决好人们对于城乡居住用地的新认知。

根据第三次全国国土调查，首先在城乡建设用地方面，乡村建设用地占比过高，乡村人口持续减少，乡村建设用地持续增加，全国农村人口占总人口的比例刚刚超过 1/3，但乡村建设用地占到了城乡建设用地的 2/3；农村人口大量转移到城镇。

2020 年，全国乡村常住人口有 5.10 亿人，比 2010 年减少了 1.64 亿人。但 2009—2019 年，村庄用地面积净增加 346 万公顷以上，增幅达到 18.8%，占同一时期全国建设用地净增加面积的 40% 以上。村庄用地不仅基数大，而且成为新增建设用地第一大户。显然，就居住用地而言，真正的浪费在乡村，而不是在城市。

在城市建设中，工业用地和居住用地的配置关系是关键，2017 年，我国城镇用地中居住用地占比 31.4%，明显低于美国的 46.9%、日本的 61.3%；工业用地占比 18.5%，明显高于日本的 7.7%、韩国的 10.1%。纽约、伦敦、巴黎、东京这些城市的居住用地通常占整个城市建设用地的 50% 以上。我国主要大城市的居住用地在城市建设用地中的占比鲜有超过 30% 的，深圳最近提出了提高居住用地在建设用地中的占比，北京则进一步明确了到 2035 年这一占比提高到 39%～40% 的目标。

中共中央财经领导小组办公室原副主任曾强调，城市居住用地的严重失衡是导致职住不平衡的重要原因之一，职住失衡是交通拥堵的根本原因，因此解决交通拥堵等大城市病的根本政策是调整空间结构、促进职住平衡。

所以，就大城市、都市圈和城市群而言，以通勤距离为代表的"行"不是太远，而是不够远，以居住用地为代表的"住"不是多了，而是少了。以中心城市和城市群为主要承载的优势空间已经凸显，要围绕这个优势空间去构建高质量的动力系统。这意味着绝对不能仅仅从技术、学术的角度出发，而应该从国家如何构建现代经济体系的角度来思考，通过多层次轨道所代表的现代化高效率出行服务和高品质居住空间在都市圈和城市群中的重新配置，探索轨道上都市圈和城市群的发展新逻辑，将以优质中小学教育和医院为代表的公共服务业建设，以市域、市郊铁路为代表的区域轨道交通建设和高品质生态环境治理作为外围新城新区的发展杠杆与投资机遇，将优质的生态产品、公共服务和生活环境作为新城新区发展的前提。

把优质的公共服务搞好了，把高效率的长距离交通出行服务建好了，就抓住了"产业资本跟着人才走，人才跟着公共服务走，哪里更宜居，知识分子就选择在哪里居住，人类的智慧就在哪里集聚"这一数字经济时代城市化的底层逻辑。

按照"住和行"关系的新认知，高品质的居住用地主要由外围的新城新区提供，新城新区持续推进轨道交通，以及现代化交通基础设施TOD与公共服务，随着外围新城新区业态的发展逐渐丰富和完善，"单向交通"将从根本上转变为"双向交通"，这也是治理大城市病、提高交通基础设施运营效率的"妙招"。

至此，也就真正建设起轨道上的都市圈和城市群了，这会促进都市圈和城市群层面优质创新要素的集聚，从更大空间配置上创新资源，充分发挥创新要素集聚和辐射效应。

四、"政府和市场关系"的新认知

无论是现代化经济体系建设，还是一二三产业的深度融合，无论是区域协同，还是城乡融合，无论是在都市圈和城市群发展方面，还是在推进各项改革的关联性、系统性、整体性、协同性方面，都需要从单打独斗到深度协作。那么政府该怎么做？市场和企业该怎么干？

从推动京津冀协同发展战略以来，习近平总书记曾多次强调，"要自觉打破自家'一亩三分地'的思维定式。"目前，政府协作之间的"一亩三分地"现象、各政府部门合作之间的"争权夺利、推卸责任"现象都是客观存在的。

对于企业和市场发展来说，一家有国际影响力的企业不能只考虑给所在的城市这"一亩三分地"提供好的产品和服务，还要给全国提供服务，甚至要考虑给全球提供更好的服务。如今，企业和产业大量的创新都来自跨界，来自对既有规则的颠覆，企业家寻找区域协同、产业协作中各种产业、产品、服务之间的痛点、断裂带，建立新的连接、新的协同，从而实现产品和服务的创新，这才是创新的起源。

对政府来讲，恪守市场经济原理，在现代化进程和城市发展过程中因势利导地提供市场经济所需的公共服务与社会管理，有所为有所不为，这才是破局"一亩三分地"、实现"从分到合"的基本逻辑。解决好"政府和市场关系"的新认知，需要各级政府、各个部门都要强化自我革新的意识，突破思维惯性。

探索中国式现代化和城市化在新发展阶段的新发展逻辑，需要解决好"业和人""城和乡""住和行""政府和市场"这4组关系的新认知。因为认知的边界就是人生的边界，一个人一生的成长过程，就是认知的持续提升过程，财富也是对认知的标定，人如此，城市也是如此。

未来，具备全球影响力的城市是靠思想而不是"实物"繁荣起来的，而使它获得成功的是从面对面接触和在人际网络中产生的创业精神，将人的大脑与其他大脑集中起来，激发思想、艺术和社会变革，人才能演化为一个完全的城市化物种。这才是实现中国式现代化最重要的创新生态，也是我国城市化未来最大的发展空间。

中国信息通信研究院政策与经济研究所

全球自动驾驶战略与政策观察（2024年）

当前，全球汽车产业正处于转型升级的关键期，在能源革命、功能革新的双重驱动下，汽车正逐步从传统的出行和运输工具，转变为集移动空间、共享工具等多元化应用功能于一体的产品形态。随着汽车与信息通信、人工智能等技术的深度融合，自动驾驶已经成为展现国家技术实力、创新能力、产业活力和社会价值的新名片。中国、美国、欧洲、德国、日本、韩国等多个国家和地区正在加速构建支持自动驾驶产业创新发展的政策环境，推动自动驾驶的测试范围持续拓展，应用场景日趋丰富，商业运营模式也在加速探索。近年来，政策法规在 L4 级自动驾驶产业的创新应用中发挥了巨大的促进作用，不仅有效地提振了产业发展信心，更为自动驾驶在更多场景、更大范围的推广与应用，树立了示范标杆效应。

一、主要国家和地区加速聚焦自动驾驶政策法规布局

近年来，主要国家和地区在自动驾驶的政策法规领域，开展了积极且富有成效的探索，以适应自动驾驶技术发展与产业落地的强劲需求，并取得了良好进展。整体来看，主要国家和地区通过更迭现有监管框架下的车辆政策体系，逐步构建与自动驾驶产业发展进程相契合的规则制度，在加速推进路线图计划落实的同时，实现以制度创新促进自动驾驶健康有序发展。但是，在此期间，各国依据自身的产业基础和优势，在政策法规体系的突破方向上呈现出显著的差异化特征。

（一）中国：加速构建符合产业进程的自动驾驶政策法规体系

国家战略文件持续引导自动驾驶产业创新发展。2019 年 9 月，《交通强国建设纲要》明确提出了"加强智能网联汽车（智能汽车、自动驾驶、车路协同）研发，形成自主可控完整的产业链"等目标。2020 年 2 月，《智能汽车创新发展战略》提出"到 2025 年，中国标准智能汽车的技术创新、产业生态、基础设施、法规标准、产品监管、网络安全体系基本形成"的战略愿景，系统阐述了国家发展

自动驾驶的基本原则和战略部署，为全面促进自动驾驶产业发展指明了方向。

自动驾驶发展迈入道路测试与应用试点并重推进的新阶段。随着《智能网联汽车道路测试管理规范（试行）》《智能网联汽车道路测试与示范应用管理规范（试行）》等政策文件的落实，自动驾驶加速了从实验室走向公共道路验证的步伐，这些政策为其商业化探索奠定了基础。为了进一步推动自动驾驶技术的成熟与普及，工业和信息化部等部门强化了准入管理、应用试点等机制，助力自动驾驶开展更大规模的验证与应用。《工业和信息化部关于加强智能网联汽车生产企业及产品准入管理的意见》《工业和信息化部　公安部　住房和城乡建设部　交通运输部关于开展智能网联汽车准入和上路通行试点工作的通知》《工业和信息化部　公安部　自然资源部　住房和城乡建设部　交通运输部关于开展智能网联汽车"车路云一体化"应用试点工作的通知》等政策的密集发布，为高级别自动驾驶的产业化推进提供了明确的政策方向和实施路径，也开启了自动驾驶技术全面落地应用的新篇章。

促进自动驾驶行业应用的政策文件陆续出台，为场景应用落地提供了顶层指导。适应产业发展的政策法规、标准规范和安全保障体系初步建立，开放融合、创新发展的产业生态基本形成，满足人民群众多样化、个性化、不断升级的消费需求。2023 年 12 月，《自动驾驶汽车运输安全服务指南（试行）》发布，提出使用自动驾驶汽车在城市道路、公路等用于社会机动车通行的各类道路上，从事城市公共汽电车客运、出租汽车客运、道路旅客运输经营、道路货物运输经营活动的，适用本指南。

持续强化标准体系建设，规范自动驾驶技术、产品与应用等的进步。2021 年 10 月，《国家标准化发展纲要》提出要加强关键技术领域标准研究。研究制定智能网联汽车和机器人等领域关键技术标准，推动产业变革。2018 版和 2023 版的《国家车联网产业标准体系建设指南（智能网联汽车）》，依据自动驾驶产业发展的新需求和趋势，适时制修订智能网联汽车标准体系，为保障产业有序、高质量发展提供基本指导。2021 年 8 月，国家标准《汽车驾驶自动化分级》发布，规定了汽车驾驶自动化分级遵循的原则、分级要素、各级别定义和技术要求框架，旨在解决我国汽车驾驶自动化分级的规范性问题。

加大自动驾驶立法探索力度，推动自动驾驶法规逐步完善。2021年4月，《道路交通安全法（修订建议稿）》发布，从法律上对具有自动驾驶功能的汽车在道路测试、道路通行、违法行为和事故责任等方面做出规定。2022年7月，《深圳经济特区智能网联汽车管理条例》率先提出无人驾驶汽车标准建立、驾驶安全、合规运营等方面的明确要求，填补了国内智能网联汽车法律的空白。截至目前，上海浦东新区、无锡、苏州等地区已经出台了地方性法规，北京、合肥、广州、武汉等地区也在抓紧制定自动驾驶法规。

（二）美国：加快凝聚共识以完善自动驾驶立法框架

美国从联邦与州政府两个层面协同推进自动驾驶的创新发展，通过持续完善政策与法律的监管框架，促进并规范自动驾驶产业的健康发展。在联邦层面，以美国交通部（Department of Transportation，DOT）为主导，聚焦机动车监管的多个关键环节，包括解释权、豁免权的授予，法规制定的意见征求及针对潜在缺陷的监管权力执行等方面。在州政府层面，依托自身技术和产业资源优势，通过探索车辆许可与登记、交通法规适应性调整、执法程序优化，以及机动车辆保险与责任管理机制等方面的革新，为自动驾驶的测试、部署及商业化运营探索提供了坚实的政策和法律基础。

美国交通部致力于构建灵活高效的自动驾驶监管框架，与行业伙伴一起，共同推动制定一系列自动驾驶政策指南，旨在营造一个既适应技术快速发展需求，又保持高度灵活监管的行业共治环境，在激发创新活力的同时，确保自动驾驶车辆安全、可靠、高效地融入现有交通系统，促进自动驾驶行业迈向更加繁荣与可持续的未来。从2016年起，美国交通部、美国自动驾驶行业协会（Autonomous Vehicle Industry Association，AVIA）、美国国家科学技术委员会（National Science and Technology Council，NSTC）等部门通过滚动发布自动驾驶政策，对汽车制造商和其他研发机构提供具备指导意义的前期规章制度框架与最佳范例，以便在自动驾驶的安全设计、开发、测试和应用等环节提供指导（见表1）。这些政策作为指南而非规章制度提供给利益攸关方，且每年的政策文件均会参考美国国家公路交通安全管理局（National Highway Traffic Safety Administration，NHTSA）、车辆厂商、供应商、消费者等的建议，反映出政策随科技创新不断更新变化的情况。

表1 美国发布的自动驾驶相关政策文件

时　间	文　件　名　称	发　布　单　位
2016年9月	Federal Automated Vehicles Policy: Accelerating the Next Revolution in Roadway Safety	DOT; NHTSA
2017年11月	Automated Driving Systems 2.0: A Vision for Safety	DOT NHTSA
2018年10月	Automated Vehicle 3.0: Preparing for the Future of Transportation	DOT
2020年1月	Automated Vehicles 4.0: Ensuring American Leadership in Automated Vehicle Technologies	NSTC; DOT
2021年1月	Automated Vehicles Comprehensive Plan	DOT
2022年3月	Occupant Protection Safety Standards for Vehicles Without Driving Controls	NHTSA
2023年3月	Federal Policy Framework for Our AV Future	AVIA
2023年6月	Report to Congress: Automated Vehicles	NHTSA

然而，美国的自动驾驶立法进展颇为滞缓。从第115届美国国会的众议院提出《汽车自动驾驶法》（*Self Drive Act*；H.R.3388号文件）和参议院提出《自动驾驶法案》（*AV Start Act*；S.1885号文件）开始，美国国会的部分议员对推动自动驾驶立法抱有高度热情。但是在关键问题，如美国国会改变美国联邦和州政府对传统车辆的监管分工程度、NHTSA对自动驾驶的豁免数量、各方获得自动驾驶数据的权利等方面存在分歧。美国国会的自动驾驶立法行动虽然以失败告终，但是H.R.3388号文件和S.1885号文件还是为全球开展自动驾驶立法活动提供了宝贵的经验。自动驾驶立法虽然未在第117届美国国会的立法计划中，但是美国国会可能会在重新授权的地面交通项目立法中试图解决自动驾驶上路运行的问题。2023年7月，美国国会再次就"是否应该允许汽车制造商销售数十万辆无人驾驶汽车"这一议题及停滞不前的美国联邦自动驾驶立法展开讨论。

截至目前，美国已有40多个州和哥伦比亚特区颁布了与自动驾驶汽车相关的立法及州长行政命令。其中，加利福尼亚州（以下简称加州）是自动驾驶测试和商业应用的"领头羊"，也是自动驾驶政策法规制修订的区域高地，仅2023年以来就制修订10余项政策法案。其中，加州机动车辆管理局（Department of Motor Vehicle，DMV）负责颁发自动驾驶上路许可证，加州公共事业委员会（California

Public Utilities Commission，CPUC）负责授权商业运营，它们共同为推动自动驾驶企业在加州开展测试和商用运营探索提供保障。截至 2024 年 3 月，共有 43 家公司获得了在加州公共道路上测试自动驾驶车辆的路测牌照，其中有 7 家公司取得不带安全员的测试许可，Waymo、Cruise、Nuro 共 3 家公司取得商业化部署许可。

（三）德国：通过立法形成自动驾驶先发优势

德国是自动驾驶领域法规修订最积极的国家之一。2016 年 3 月，随着联合国《维也纳道路交通公约》的补充条款生效，德国允许自动驾驶系统在符合要求且驾驶人能够随时接管车辆的情况下控制车辆行驶，促进了德国车企开启自动驾驶系统的本土化测试。德国通过率先修订《道路交通法》，正式赋予 L3 级自动驾驶系统在有驾驶员监管下的合法地位。近年来，德国自动驾驶法律及配套制度建设进程加快，2021 年 7 月发布的《自动驾驶法》通过补充现有的《道路交通法》和《强制保险法》，允许可随时远程接管的 L4 级自动驾驶汽车在公共道路或规定区域开展商业试运行。2021 年 12 月，德国联邦汽车运输管理局（Kraftfahrt-Bundesamt，KBA）依据型式认证法规（UN-R157 法规），允许奔驰 L3 级自动驾驶汽车在德国高速公路上行驶，但要求时速不高于 60km/h，可解放驾驶员双手但不允许睡觉，必要时驾驶员须接管车辆。截至目前，奔驰已获准在德国和美国内华达州、加州等地区部署具备"Drive Pilot"自动驾驶系统的车辆。2022 年 3 月，德国联邦数字和交通部向联邦内阁提交了关于规范自动驾驶和无人驾驶功能的机动车运营条例及《道路交通法》条款修订草案，规定了无人驾驶汽车运营许可证的申请和审查程序、公共运营区域的要求和审批程序，并增加了机动车行驶证的补充规定等。2022 年 5 月，联邦参议院批准了《自动驾驶功能汽车运营及交通法修改条例》，进一步细化了 L4 级自动驾驶车辆认证、公共道路上运行技术和程序要求，以及对生产商、车主、技术监督义务等的规定。此外，德国还于 2017 年 6 月发布了第一部针对自动驾驶的伦理准则——《自动化和网联化车辆交通伦理准则》，明确了自动驾驶系统要永远保证比人类驾驶员造成的事故少、人类的安全必须始终优先于动物或其他财产等 20 条准则，为自动驾驶系统设计、伦理道德研究提供有力的支撑。

（四）英国：以政策法规推动自动驾驶创新与商用

英国的自动驾驶政策法规体系建设进程可以分为 4 个阶段。一是自动驾驶早期布局阶段（2014—2016 年）。英国政府通过划拨 2 亿英镑的专项基金，用 3 年时间在 4 个城市推进了 3 个自动驾驶示范项目，探索了自动驾驶的技术、商业模式、法律、保险及产业化应用等问题。二是自动驾驶初步规制试用阶段（2017—2018 年）。2018 年 7 月，《英国自动与电动汽车法案》将车辆强制保险范围扩大至自动驾驶汽车，明确对于在自动驾驶状态下发生的交通事故，保险人或车辆所有人应当承担首要责任。2017 年 8 月，《联网与自动驾驶汽车网络安全主要原则》明确了联网与自动驾驶汽车的上路通行必须遵循的基本原则。三是深化自动驾驶战略阶段（2019—2022 年）。2019 年，英国交通部发布《移动未来：城市战略》，提出要加大试验力度，鼓励数据共享利用，打造在零排放汽车、车联网、自动驾驶汽车等领域的创新优势。此外，2020 年 10 月，《2030 年英国互联与自动驾驶移动路图》（*UK Connected and Automated Mobility Roadmap to 2030*）在总结了全球自动驾驶进展的基础上，提出了深化推进路线图计划的愿景。2022 年 8 月，《负责任的自动驾驶车辆创新》研究并分析了影响自动驾驶车辆负责任地创新发展的 7 个关键因素，提出支持英国在 2025 年实现自动驾驶车辆商用的路线图计划，并率先提出以自动驾驶对经济社会的"系统性收益"为目标，统筹推进应用的普及。2022 年 8 月，《互联与自动驾驶 2025：实现自动驾驶汽车的优势》提出制定新的自动驾驶立法框架，实现保障道路安全与更好地连接社区等目标，明确了 2025 年之前实现更广泛的自动驾驶车辆任务。四是完善自动驾驶政策法规体系阶段（2023 年至今）。2024 年 5 月，《自动驾驶汽车法案》通过资助和技术支持，旨在为自动驾驶汽车构建全球领先的法律框架，推动自动驾驶的安全发展与应用；规范自动驾驶汽车的市场术语与符号，防止误导消费者对功能的正确认知；明确企业责任以保护公众利益。

（五）日本：持续完善自动驾驶政策法规体系，促进自动驾驶应用

日本经过多年的持续部署，逐步完成了自动驾驶政策法规体系的初步构建。一是通过多年布局，基本完成现有机动车监管框架下政策法规的制修订。2016 年 9 月，《自动驾驶系统道路实证测试指南》从制度建设上率先指导自动驾驶开展道

路测试工作。2017年6月,《远程自动驾驶系统道路测试许可处理基准》通过将远程监控员定位为远程存在、承担现行道路交通法规上规定义务和责任的驾驶人,推动了远程控制自动驾驶技术的研发,允许自动驾驶汽车在驾驶座位没有人的状态下进行道路测试。2018年3月,《自动驾驶相关制度整备大纲》明确了自动驾驶汽车发生事故时的责任界定,原则上事故赔偿责任由车辆所有者承担,企业的责任仅限于汽车系统存在明显缺陷。2018年9月,《自动驾驶汽车安全技术指南》明确了L3级或L4级自动驾驶汽车(包括乘用车、卡车及巴士)必须满足的安全要素和安全对策,并考虑在适当的安全性前提下,促进自动驾驶汽车的开发与实用化。2020年4月,《道路运输车辆法》修正案获得通过,重点采取将"自动运行装置"纳入法律监管体系、引入汽车电子检查信息管理机制、将智能传感器纳入车辆定期检验与维护范畴、创建OTA升级改造许可制度、增设整车检查纠错指令系统等措施,保障日本自动驾驶技术的安全应用。2023年4月,《道路交通法(修正案)》允许高度自动驾驶车辆上路,并明确了实施方式,采用都道府县公安委员会批准的方式实施L4级自动驾驶出行服务,规定"远程操作型小型车"的最高时速限制在6km/h。此外,日本经济产业省与国土交通省组建了自动驾驶研究工作组,通过定期开展研讨会,滚动发布《日本自动驾驶政策方针》,研究制定日本自动驾驶技术路线图,讨论自动驾驶测试验证方式,推动相关国际标准协调工作。日本还通过滚动召开"自动驾驶商务研讨会",打造自动驾驶合作交流平台,发布《面向实现和普及自动驾驶的措施报告与方针》,促进自动驾驶测试、商业运营等方面进展,助推自动驾驶商业化。

(六)韩国:持续完善自动驾驶政策法规体系,促进自动驾驶应用

近年来,韩国始终坚持推进自动驾驶路线图计划,全方位构建了促进并规范产业发展的政策法规体系。2019年10月,《2030未来汽车产业发展战略》提出,到2024年,在全球最先构建完成无人驾驶体系及公路,完成全国主要道路自动驾驶所需的通信设施、高精度地图、道路建筑等基础设施建设。为此,韩国密集出台促进自动驾驶商业化落地的政策法规,如《促进和支持自动驾驶汽车商业化法》《促进和支持自动驾驶汽车商业化法施行规则》《促进和支持自动驾驶汽车商业化法施行令》,这些政策通过建立豁免制度,设立自动驾驶汽车商业化示范区,允许在该区域内运行的自动驾驶汽车可豁免安全标准和部分法律，以便开展测试和有偿载客载货服务；通过制定商业化示范区的管理流程，强化示范区内自动驾驶车辆的安全风险管理；强调加大自动驾驶汽车商业化配套措施的保障能力，如技术创新、人才培养、国际合作等。2020 年 1 月，《自动驾驶汽车安全标准》制定了 L3 级自动驾驶汽车的自动车道保持标准，明确了汽车行驶过程中驾驶员面对突发情况的状态监控，以及未及时做出人工反应时自动减速、启动紧急警告信号、消减危险等辅助功能等内容，促使韩国成为全球首个为 L3 级自动驾驶制定安全标准与商用标准的国家。2022 年 9 月，《移动创新路线图》明确自动驾驶推广应用的"三步走"计划，即 2022 年年底，允许 L3 级自动驾驶汽车上路；到 2025 年，实现 L4 级自动驾驶巴士、接驳车商业化；到 2027 年，推出 L4 级乘用车；到 2035 年，韩国市场推出的一半新车将为 L4 级自动驾驶车辆。2022 年 9 月，《第三期汽车政策基本规划案》进一步细化了自动驾驶的发展任务，目标是到 2027 年，实现自动驾驶汽车的商业化落地，到 2030 年，实现 450 万辆电动汽车、氢燃料电池汽车等的普及。

综上所述，主要国家和地区正在加速更新自动驾驶领域的政策法规，并将这些政策法规作为促进技术创新和商业应用的关键驱动力。这些关键驱动力不仅体现在针对区域化应用的政策灵活性上，更蕴含于长远的产业发展战略规划之中，共同彰显了各个国家和地区抢抓科技革命与产业转型浪潮中自动驾驶发展先机的坚定决心。当前，自动驾驶的政策法规体系建设与产业应用呈现出一种相互促进、交织前行的状态：政策法规根据技术和产业进程适时调整，旨在打破传统监管框架的束缚，为自动驾驶技术的广泛应用开辟道路；同时，产业应用实践中的反馈又不断揭示政策法规的潜在限制，进而激发自动驾驶的技术创新与能力提升，促进政策法规体系的优化与突破，形成良性循环。

二、自动驾驶产业化进程中面临的政策法规体系建设挑战

经过 10 多年的技术研发和商业化推广，自动驾驶在出行服务、无人递送、港口、矿山等特定场景下的应用已经获得全社会的广泛认可。虽然整个产业呈现出蓬勃发展的态势，但是我们还需要认识到，自动驾驶技术的部署并非一蹴而就的，

它需要通过研发、技术提升、实际应用的正向循环，不断提升安全可靠性，需要构建支持自动驾驶发展的基础设施以促进技术的演进迭代，更需要一个拥有良好社会氛围的产业环境，才能最终实现商业化落地。社会各界需要给予自动驾驶产业足够的信心和长期的支持，才能在政策支持与法规完善的过程中，推动自动驾驶技术创新与产业应用的不断进步。在全球自动驾驶蓬勃发展的当下，政策法规体系中的以下几个方面将成为影响自动驾驶发展的关键。

（一）法律法规存在滞后性

自动驾驶是一个融合了人工智能、汽车等诸多技术的新兴领域，其涉及的技术细节、应用场景和潜在风险都在不断变化。立法机构需要时间来收集数据、评估风险、制定相应的法规及做好监管保障等，因此，当前自动驾驶技术的发展速度远超过现有法律法规的制定和更新速度。从全球看，现阶段出台的自动驾驶法规主要集中在道路测试、部分行业标准方面，同时依据现有监管职责划分制修订了部分法律条款，以放宽对自动驾驶的监管束缚。但是，全面覆盖自动驾驶汽车上路、事故责任划分、数据隐私保护、运营等方面的法规尚不健全，且不同国家和地区的法律体系、监管制度等存在差异，因此制定统一的国际标准也将是一个复杂而漫长的过程。

（二）事故责任划分难以确定

自动驾驶汽车的决策过程由复杂的算法和传感器系统控制，与传统汽车的人为驾驶模式存在根本差异，这种差异使得传统的事故责任划分原则（如基于驾驶员过失的归责原则）难以直接应用于自动驾驶汽车。因此，现有的法律法规因缺乏对自动驾驶运行的监管能力，无法对自动驾驶事故责任进行明确认定和划分。当自动驾驶汽车发生事故时，如何确定责任归属是一个亟待解决的问题。

（三）数据隐私与安全风险挑战日益增加

道路交通数据是自动驾驶汽车运行的命脉。自动驾驶汽车进行海量的数据处理和分析是确保其正常运行和性能优化的关键。但是，自动驾驶汽车在运行过程中产生的大量数据包括车辆传感器数据、地理位置信息数据和乘客隐私数据等，其中既涉及用户或其他道路交通参与者的个人隐私，又涉及国家敏感信息等，存在数据应用合规性的监管挑战。另外，随着自动驾驶汽车的网联化程度日益增强，黑客攻击等情况时有发生，自动驾驶汽车产生的数据也面临着被非法获取、滥用或泄露的风险，这对车辆网络安全能力提出了更高要求，也使得网络安全成为全行业面临的共同风险点。

（四）社会接受度与伦理道德尚处于缓慢推进过程中

自动驾驶汽车的技术复杂性和潜在风险使得公众对其安全性与可靠性产生疑虑，尤其是自动驾驶汽车在面临"电车难题"等紧急情况时需要进行道德抉择的问题，也引发了社会各界广泛的讨论和争议。但迄今为止，企业只能依据行业自治准则，对自动驾驶系统进行设计研发，尚未形成更具确定性的指导方案，还需要政府、产业界、学术界和民众的共同参与，共同推动形成自动驾驶伦理道德应对模式的共识。因此，提高消费者和道路参与者对自动驾驶汽车普及的信任度与接受度，将成为产业化的重要难题之一。

（五）道路基础设施与标准存在不统一等问题

自动驾驶汽车需要依赖准确的道路标志、交通信号和道路状况等信息来进行决策与导航。一方面，现阶段的基础设施服务的是人类驾驶员，不具备数字化信息，且道路基础设施的标志标牌在实际应用中存在不统一、遮挡等问题，识别这些信息对于自动驾驶汽车来说将是一个重大挑战。另一方面，目前的道路基础设施并未普遍具备支持自动驾驶的技术和设备，还缺乏统一的设备技术、安装、运营等标准，只有将自动驾驶与部署的车联网等先进基础设施相结合，才能更快地促进自动驾驶汽车融入到社会交通中。

三、自动驾驶政策法规体系建设的发展展望

（一）解决自动驾驶与经济社会长期磨合过程的保障工作

一是突破单车智能局限，增强复杂环境的应对能力。通过加大技术攻关，增强摄像头、雷达等环境传感器能力，全面提升自动驾驶汽车的环境感知技术。紧盯 AI 等前沿技术的革新方向，加大资金和资源的投入力度，持续提升算法和算力

的支持能力，确保在复杂道路环境下实现精准决策与控制。二是提升技术产品的社会交通适应性。通过持续的技术产品创新迭代，提升自动驾驶车辆对道路交通环境的适应能力，包括对不同天气、路况、交通规则的应对。三是强化自动驾驶多层安全保障体系建设。通过增强传感器、控制器等硬件冗余设计，制定严格的软件安全标准与策略，提高自动驾驶系统的容错率与可靠性，确保自动驾驶软件在开发、测试、部署等环节的安全性。通过建立远程监控中心，实时掌控自动驾驶车辆的运行状态，制定应急响应预案，快速处理突发情况。四是强化信息安全与网络安全防护能力建设。强化技术保护自动驾驶数据的能力，严格遵守数据隐私保护的法律法规，确保数据安全性。建立网络安全防护体系，加大行业交流频次，及时发现并抵御网络攻击，保障自动驾驶系统的稳定运行。

（二）提升基础设施能力以支撑自动驾驶规模化应用

一是拓展区域，为自动驾驶构建大规模测试验证环境。一方面，扩大自动驾驶车辆的测试运行区域，覆盖更多复杂多变的交通场景，以支持技术的规模化应用与研发测试的良性循环。另一方面，扩大自动驾驶技术的运营规模，促进技术研发和商业应用的深度融合与相互促进，加速自动驾驶技术的成熟与迭代。

二是加强协同，增强自动驾驶与道路交通信息的互动能力。一方面，加快对现有道路基础设施的智能化改造，包括优化交通信号灯、提升路面标识标牌的清晰度与可见性，从而减少自动驾驶系统的识别障碍。另一方面，加快推动路侧设施的数字化、智能化和网联化改造，构建符合自动驾驶运行要求的数据空间。此外，还需要加快 V2X 技术的研发与部署，确保车辆与道路管控设备之间的实时信息交换，提高自动驾驶系统的决策精度与行驶安全性。

（三）持续推动自动驾驶政策法规的制定与完善

一是要紧跟自动驾驶技术的发展步伐，动态调整产业政策。通过密切关注自动驾驶技术的最新发展动态，根据自动驾驶技术不同发展阶段的核心需求，及时制修订相关政策，确保政策制修订与技术进步保持同步。二是要强化监管模式与监管措施能力建设的创新。通过引进人工智能、大数据等先进技术在监管中的应用，在提升监管精准度和效率的同时，建立适应自动驾驶特点的监管机制，如远程监控实时监管、风险评估分级监管等,确保监管措施的有效性和针对性。三是要持续推进自动驾驶政策法规体系的革新。根据自动驾驶汽车的特点,修订和完善机动车安全、性能等方面的标准,确保自动驾驶汽车符合安全要求;调整和优化交通法规,明确自动驾驶汽车在道路交通中的权利和义务,保障其合法运行;推动运营管理模式创新,为自动驾驶汽车的商业化落地提供政策支持,促进产业的健康发展。

(四)构建社会环境能力促进自动驾驶商业应用

一是要逐步提升公众对自动驾驶的认知与接受度。通过开展其技术原理、安全性能及潜在优势等自动驾驶知识普及行动,加强公众对自动驾驶技术的了解和正确认知,消除误解与疑虑;通过试驾体验、成功案例分享等方式,增强消费者对自动驾驶汽车的信心与购买意愿;引导公众正确看待人机混驾交通事故,理解其过渡阶段的特殊性,建立基于事实的看待事故的理性客观态度。二是积极出台政策举措,应对自动驾驶带来的劳动力结构变化。一方面,为受自动驾驶技术冲击的传统汽车行业劳动力提供职业培训与转型指导,帮助他们顺利过渡到新兴岗位。另一方面,鼓励自动驾驶产业链上下游企业创新业务模式,创造更多与自动驾驶相关的就业机会。此外,还需要加强自动驾驶领域的人才培养与引进,构建多层次、多领域的人才梯队,为产业转型提供有力支撑。

(执笔人:刘杰,博士,中国信息通信研究院政策与经济研究所工程师,主要从事自动驾驶、车联网、智能网联汽车等产业相关的政策法规研究。)

| 腾讯研究院 |

AIGC 激发企业组织和管理范式转变

生成式人工智能拉开了通用人工智能的序幕，它对社会生产和生活的变革也将从劳动力市场、生产组织方式、底层理论等方面对企业组织管理产生深远影响，如何与硅基劳动力协作、如何适应生产效率的跃迁等问题也将成为对未来企业管理的重大考验。

2023 年年底，我们就 AIGC 对行业的变革、价值及对企业的影响，共访谈了来自 13 个行业的企业 CXO、技术专家、高校学者等近 90 位代表，并总结出如下行业趋势。

一、AIGC 推动下的生产力跃进

（一）与 AIGC 工具相伴将成为产品研发设计的常态

随着 AIGC 在文生文、文生图等领域的演进，其在产品研发、设计领域的应用越来越广泛。以时尚行业为例，根据麦肯锡的调查，尽管 AIGC 仍是一项新兴技术，但超过一半的时尚行业高管表示，他们的公司正在利用这项新技术。在时尚行业，AIGC 在产品研发、设计阶段的应用占比为 28%。在这一趋势的推动下，知衣科技和西湖心辰合作推出了"Fashion Diffusion"服装行业模型，旨在推出服装行业的 Midjourney，提高服装设计师在款式寻找、款式修改、款式设计等方面的效率。

此外，在生物科技领域，图灵量子近期推出了一种蛋白质设计生成模型。这种模型被视为蛋白质设计领域的 ChatGPT，能够高效地定制蛋白产品，并将其应用于抗体诊断、疫苗设计和新材料研发等多个领域。在制造业领域，英伟达公司近期发布了一款自研的大语言模型——ChipNeMo。这个模型有高达 430 亿个参数，主要用于辅助芯片设计，以提高其芯片设计团队的工作效率。英伟达首席科学家比尔·达利（Bill Dally）表示，他们的目标是使芯片设计师的工作更加高效，即使 ChipNeMo 只能提高几个百分点的生产率也是值得的。

（二）AIGC 将助力企业生产

在当前企业的生产过程中，AIGC 不仅可以简化传统生产过程，还在推动新的工作模式和生产方法的发展，正在成为提升企业生产效率、创新能力和灵活性的关键因素。

在通用的代码编程领域，市场上已有超过 300 种基于 AIGC 的代码产品，这些产品不仅能够减少项目的开发时间，还能提高整体的开发效率，已经在全球范围内被广泛使用。例如，程序员使用 GitHub Copilot 可提升 50%的编程效率，大幅缩短项目开发时间；咨询公司埃森哲在引入 Amazon CodeWhisperer 后减少了约 30%的开发工作量；西门子和微软合作开发的可编程逻辑控制器（PLC）代码生成工具，能够简化复杂的编程任务，这种自动化不仅提高了代码编写的效率，还使得非专业人士更容易参与到编程工作中。

在工业生产制造领域，Authentise 利用 12000 篇增材制造论文对通用大语言模型进行精调，推出 3D-GPT 用于增材制造技术问答。用户可以获得如"在使用粉末不锈钢时如何减小产生缺陷的可能性"等专业问题的答案，这种应用可以减少工业生产制造过程中的试错成本。

SprutCAM X 结合 ChatGPT API 构建了 CAM 虚拟助手，能够支持工程师操作机床加工，例如，工程师提出"在点（100, 25）处钻一个直径 10 毫米的孔"的需求，AI 助手就会生成相应的 CAM 执行代码。C3 IoT 公司基于大语言模型构建了面向多个行业和多个领域的生成式人工智能服务，并且为某大型制造企业基于生成式人工智能提供设备运维服务，借助 C3 Generative AI，操作员可以利用简化的工作流程来诊断设备故障原因。当操作员发现生产问题时，可以直接进入 C3 Generative AI 搜索故障排除指南，以找出发生生产问题的潜在原因。

在游戏和影视动漫行业，AIGC 正在显著提升生产效率和创意表达能力。例如，Midjourney 在游戏、影视动漫行业的应用，已经提高了 20%~30%的生产效率,并且缩短了角色设计所需的时间,预计能够减少超过50%的成本。在影视制作方面,美国AI初创公司Pika Labs发布的Pika 1.0产品不仅能够提高影视制作的效率和质量,还能显著降低影视制作成本,使更多的创意和故事得以实现。在游戏美术插画的创作过程中,美术人员可以首先根据线稿图生成蒙版图和语义图,然后利用ControlNet等AIGC工具进行精细化控制,通过多次迭代和风格迁移,最终得到满意的插画。原本一幅插画需要1名美术人员耗时5天才能完成,现在只需要1天,大幅缩短了插画制作周期。

(三)AIGC将通过智能交互推动客户体验升级

AIGC在改善客户体验方面展现出巨大潜力,这一点在IDC(国际数据公司)的调研报告中得到了体现。调研报告显示,63%的企业将改善客户体验视为AIGC应用于企业中的主要目标。这种技术应用不仅能够提高客户服务的效率,而且通过智能生成拟人化的答案,使得智能客服能够应对更加复杂的需求。例如,腾讯新一代企点智能客服在对话交互中,有效融合大模型、向量数据库和海量搜索引擎知识,能够基于上下文和企业知识库进行高效的问答推理。这种能力在处理"操作步骤讲解"这类复杂问题时表现得尤为突出,能够将问题解决率提高30%。此外,AIGC的应用还极大地改善了用户体验,使智能客服更加接近"真人客服"。新一代智能客服能够准确识别用户情绪,针对不同类型(如任务型、知识型、闲聊型)的对话采用合适的聊天语气和方式。过去,用户若在业务办理中插入"闲聊式"话题,则可能导致任务中断和服务流程重启。如今,由大模型加持的智能客服拥有更强大的意图理解能力,能够以"聊天"的形式流畅提供服务,显著提升办理业务的成功率。

此外,在智能硬件领域,国光电器推出的智能音箱Vifa ChatMini也在借助AIGC来改善用户体验。这款音箱内置了ChatGPT和文心一言双模型,在保持专业声学标准的同时,其自然语言生成能力和情感表达能力都具备较高水准。Vifa ChatMini特别适合老年人和儿童等特定用户群体,可以用于情感支持和智能学习陪伴,同时也能作为智能助手应用于用户的日常工作和生活规划中。这些进展表明,AIGC在改善用户体验方面具有巨大潜力和实际应用价值。

二、期待企业组织管理进入新情境

AIGC 代表新一轮范式转移的开始，其对企业组织管理的影响也在悄然发生，组织资源、组织形态和管理本质都将发生变化，企业组织管理进入新情境。

（一）硅基劳动力成为新的组织资源

IT 咨询公司高德纳（Gartner）在 2023 年 10 月发布报告表示，预计到 2026 年，80%的企业都将使用人工智能。凭借更高效率、更低成本、更高智力等优势，生成式人工智能将被越来越多地引入组织中，与人共同成为企业中最核心的资产与生产要素。人工智能既是员工的生产力工具，也越来越成为"新员工"本身。

根据研究与咨询公司弗雷斯特（Forrester）的估计，到 2030 年，生成式人工智能虽然会使一些工作实现自动化，但它也将改变 1100 万种工作的完成方式。例如，编辑、作词家和专栏作家等与生成式人工智能协同工作，可提高资料搜集和文稿处理效率。再如，在生成式智能平台 Wordsmith 的帮助下，美国联合通讯社（美联社）实现了超过 50000 篇文章的自动化撰写。这种自动化并没有取代任何记者，而是释放了每个季度制作收益报告所花费的约 20%的时间，相当于把原本处理这项枯燥工作的 3 名全职员工解放了出来。

这意味着企业人才部署将迎来重大变化。除了调整用人规模，也需要对人才重新分类，进而开展后续的培养。例如，2023 年 5 月，IBM 宣布，暂停招聘未来几年将会被 AI 替代的工作岗位，还计划在 5 年内用 AI 替代近 8000 个工作岗位。另外，由于硅基员工并非纯粹意义上的劳动力，因此这意味着劳动关系的行为主体将更加复杂。

（二）超级个体成为新的组织形态

伴随人、机、物的高度融合互动，人机协作共生共创的组织新生态和新工作场景将逐步形成。在此情景下，几个人、十几个人的小型组织将成为未来组织形式的新范例。例如，Midjourney 公司的团队成员仅有 11 人，其中 80%是研发人员，完全没有产品经理、市场销售人员。生成式人工智能可以提高生产效率，减少人力成本，使得企业在某些领域能够以更小的规模运作。例如，自动化的内容创作和数据分析可以减少对大量人力资源的依赖。小型化创业组织快速崛起，赋予团队更多的自治权，从而激发创意和加速决策。例如，Spotify 模型已经成为创新的典范。

这些超级个体的出现也意味着生成式人工智能的演进不仅仅是技术赋能，更有可能是行业话语权的转移。善用生成式人工智能的"超级个体"，已经相继在设计、游戏等领域崭露头角，并对大企业的优势地位发起挑战。例如，由两位哈佛大学辍学生创立的 Etched.ai 公司，计划于 2024 年三季度交付一款推理性能可达英伟达同类产品 10 倍的 AI 芯片，用于为大语言模型加速。

（三）人机混合决策须探索新管理范式

微软董事会主席兼 CEO 萨提亚·纳德拉（Satya Nadella）在 Copilot 发布会上提出，希望通过与计算机互动方式的演变，从根本上改变人们的工作方式，同时将促进新一轮的生产率提升。在管理实践中，AIGC 的增益效果是毋庸置疑的。德勤在一份研究报告中指出，采用大语言模型的企业在快速响应市场变化方面的能力将比同行提高 30%；领英（LinkedIn）的人才洞察工具可以预测行业技能趋势和人才流动趋势，帮助企业提前 6 个月识别关键岗位的潜在空缺，从而制定更有效的人才战略。诺贝尔经济学奖得主赫伯特·西蒙（Herbert Simon）认为，管理的核心在于决策。然而，生成式人工智能可在海量、庞杂的信息中提供超越人类能力范围的洞察和见解，从而帮助管理者做出更好的决策。虽然由人做最终决策的方式并没有发生变化，但 AIGC 会广泛介入决策流程，人机混合决策应运而生。这意味着企业经营管理要进行认知与思维革命，管理者要有基于人机协同的管理新技能。

AIGC 正在赋能管理实践，但也将对当下的管理思想和管理方法产生巨大冲击。试想一下，当未来越来越多的 AI 成为人类的同事时，如何协同碳基员工和硅基员工的关系将对管理者提出挑战。我们都知道，认定"人是社会人"是现代管理学的基础，"社会人"不仅在意经济利益，也在意工作中与周围人的关系。但 AI 同事既不是"经济人"，更不是"社会人"，以"社会人"为中心的管理理念和管理手段的适用性势必降低，需要探索新的管理范式。

三、未来已来

AIGC 的发展正处于初级阶段,对未来产生的影响有些已经初见端倪,而更多的变化尚未可知。但 AIGC 技术的演变让我们对未来的生产和生活充满期待。

一方面,多模态能力将不断提升,极大地拓展 AIGC 的应用空间。多模态是人类世界的本来样貌,通用人工智能(AGI)的发展趋势一定是朝向多模态的。AIGC 将从文本、图像、视频(2D 和 3D)此类基础模态,转向声、光、电,甚至分子、原子等各类模态,而且具备跨模态迁移的特性。例如,目前谷歌发布的 Gemini 主打原生大模型,无缝跨文本、图像、视频、音频和代码。谷歌表示,Gemini 是第一个在大规模多任务语言理解(Massive Multitask Language Understanding,MMLU)方面优于人类专家的模型,准确率达到 90%(人类专家的准确率为 89.8%)。

另一方面,对人工智能体(AI Agent)的探索将持续增多,人工智能体将会无处不在。比尔·盖茨表示,人工智能体将是下一个平台,它会彻底改变人们使用计算机的方式并颠覆软件行业。在不久的将来,任何上网的人都将拥有由人工智能驱动的个人助手。人工智能体由 4 个主要部分组成,包括多模态大模型(Large Multimodal Model,LMM)、记忆(Memory)、规划(Planning)和工具使用(Tool Use)。如今人工智能体越来越多,如微软的 AutoGen 在发布短短两周时间内,星标量就从 390 个增加到 10000 个,并在 Discord 上吸引了 5000 多名成员。它允许多个人工智能体扮演各种角色,如程序员、设计师,或是各种角色的组合,仅通过对话就可以完成编程任务。

未来已来,一个充满韧性与变革的全新时代正式开启。让我们拥抱变革,共同谱写人类与科技和谐共生的新篇章!

(执笔人:李南,腾讯研究院高级研究员;刘琼,腾讯研究院产业研究中心主任)

信息社会共识

人类正在迈入一个潜力巨大的时代——信息社会的新时代。"在这个新兴社会中，信息和知识可以通过世界上所有的网络存在、交流、共享和传播"（联合国信息社会原则宣言，2003年）。中国《2006—2020年国家信息化发展战略》也提出了"为迈向信息社会奠定坚实基础"的战略目标。今天，我们相聚在这里，共同表达对这个时代的认知与期待。

我们看到，一个新的时代已经来临。正如农业革命诞生了农业社会、工业革命缔造了工业社会，信息革命正在推动人类进入信息社会。在信息社会建设的过程中，经济与社会发展的模式发生了重大变化，信息技术的广泛普及与深化应用不仅让城市生活更美好，也大大改变了农村居民的生存与发展环境，使人民生活品质得到全面提升。

我们看到，信息社会不是工业社会的简单延伸。以通信、计算机、互联网等为代表的现代信息技术飞速发展、广泛渗透，不仅改变了人类社会原有的生产力结构，还深刻改变着人们的生产生活方式；知识型经济、网络化社会、服务型政府、数字化生活是信息社会的基本特征；以人为本、开放包容、全面协调与可持续发展是信息社会的基本要求。

我们看到，世界各国都在努力为信息社会做准备。发达国家希望保持领先优势，新兴经济体力争寻求新的突破，发展中国家致力于发挥后发优势实现跨越式发展，世界各国纷纷制定了一系列信息化发展战略，都希望在信息革命中成为最大受益者。

我们认为，信息社会是人类需求变化与信息革命发展相耦合的必然结果。工业社会后期，在生产极度扩张的同时，出现了环境破坏、生态恶化、资源紧张、贫富分化等一系列问题，迫使人类转而寻求新的发展方式，信息革命适应了这种需求，成为引领变革的世界性潮流。

我们认为，信息社会建设对所有国家来讲都既是机遇又是挑战。信息革命为打造新产业、培育新业态、重塑动力机制、转变发展方式提供了难得的历史机遇，尤其对于经济发展相对落后的国家和地区而言，如能抓住机遇，应对得当，完全有可能发挥后发优势实现跨越式发展。但世界各国都会面临全球性生产力布局调整、信息安全隐患凸显、数字鸿沟扩大等方面的挑战，丧失发展机遇将成为其中最大的风险。

我们认为，从工业社会到信息社会必然会经历"转型期阵痛"。在转型过程中，三类基本矛盾不可回避：一是经济增长内在冲动与资源环境支撑能力不足之间的矛盾；二是经济快速增长与社会发展滞后之间的矛盾；三是传统生产关系不适应信息生产力发展的矛盾。工业社会的经济基础、体制机制、手段方法、思维惯性与信息社会发展的要求不相适应。

我们认为，信息化是化解各类现实矛盾、推动社会转型的关键。必须充分发挥信息化在助力经济成长、转变发展方式、解决现实问题、促进社会和谐、创新竞争优势方面的作用，在信息基础设施建设、信息产业发展、信息技术深化应用、信息资源开发利用、信息人才培养、信息化环境完善和社会转型等方面不断取得新的突破。

我们希望，人人成为信息社会建设的实践者、受益者。

我们希望，诚信、负责、合作、共赢成为信息社会企业生存与发展的基本守则。

我们希望，科学决策、公开透明、高效治理、广泛参与的服务型政府在信息社会建设中发挥更好的作用。

我们希望，一个"以人为本、开放包容、全面协调与可持续发展"的信息社会的来临，能够促进智慧中国的崛起，为人类创造更美好的未来。

我们希望，我们的后代将因我们现在的选择而受益，为我们现在的行动而自豪。

延伸阅读

1.《狂飙：智能社会的来临》

本书探讨了智能时代的冲击与变革。聚焦于AI狂飙、数据洪流、全球格局、中国航道四个关键维度，以深度研究和思考，勾勒出一个引人深思的智能社会图谱。深刻分析了人工智能的迅速发展，呈现了其对科技、产业、社会的颠覆性影响。通过对数据洪流的解构，揭示了信息时代背后的浩瀚潮流，以及大数据对社会各个层面的重塑。聚焦全球格局，通过研究智能社会对国际关系和全球经济格局的塑造，展现未来世界的发展轨迹。本书不仅是一部科技专著，更体现了对未来趋势的深刻洞察。

2.《寻路：信息社会新格局下的选择》

信息经济不断发展，社会格局不断变换，人类正在迈入一个潜力巨大的时代——信息社会的新时代。在这样的时代大背景下，信息社会50人论坛多位顶级专家学者，从直面新格局、寻路元宇宙、五化大协同（五化，指老龄化、绿色化、数字化、普惠化、共享化）、治理新境界四个角度，以各自长年深入的研究梳理出真知灼见，期望籍以此书与各界朋友笔谈、交流、碰撞，为这个时代理出寻路的方向，为更好的选择提供有价值的参考和建议。

3.《预见：中国信息社会的下一个十年》

信息经济高速发展，数字化转型如火如荼，在这样的时代大背景下，本书从变轨（数字化加速与数据生产力）、重建（碳中和、老龄化与城市更新）、治理（数据、隐私保护）及预见（信息社会下一个十年）四个维度出发，通过专家多年深入研究梳理出真知灼见，借由此书与读者思想交流、碰撞，为这个时代留下记录、思考、探索等，并使读者从专家对未来的分析、描绘中找到自己想要的知识，形成一个关于下一个十年数字化转型的拼图。

4.《变革与重建：数智化加速下的产业与社会》

本书试图从产业、社会和治理等多个角度，以危机时刻、产业之变和社会重建三个板块，抽丝剥茧地分析当下情势，并以实践中涌现的数据和案例来展现数智化加速下的产业和社会，带给人们启迪和希望。

5.《数字化转型中的中国》

本书是在信息经济不断发展、"智能+"和数字化转型已被当下各界极为关注的大背景下，信息社会50人论坛多位权威专家深入研究和集智的呈现，分别从智能科技、工业互联网、数字化转型、智慧城市和科技向善方面汇集了年度相关成果，希望能为社会各界分享不同角度的思考和研究成果，推动更多的思想碰撞和前沿实践。

6.《信息经济：智能化与社会化》

本书是信息社会 50 人论坛多位重量级专家的成果，他们尝试从复杂经济学、信息经济的智能化与社会化，以及互联网治理等不同视角探讨经济学中的新理念、现实经济中的新事物、社会生活中的新现象、社会管理中的新课题，期望从中探索出以往没有认识到的切入点、新规律，寻找解决问题的新方法和新思路。

7.《互联网经济治理手册》

本书围绕产权归属、责任归属、实践与法规的次序、线上与线下的标准这四个互联网治理的核心问题展开讨论，共分四个部分。第一部分指出互联网治理的四个核心问题；第二部分从各平台，如淘宝、滴滴、考拉、微信等的治理实践中汲取经验；第三部分讨论了各平台面临的共同问题，包括市场准入、消费者保护、数据安全、知识产权、竞争政策、食药安全和税收政策等问题；第四部分展望了互联网经济治理的前景。

8.《重新定义一切：如何看待信息革命的影响》

本书从信息社会与理念创新、分享经济与模式创新、科技进步与实践创新、互联网治理与制度创新四个维度研判了信息革命对经济社会发展理念、模式、技术与制度创新的深远影响。

9.《拥抱未来：新经济的成长与烦恼》

自 2016 年 3 月"新经济"首次被写入《政府工作报告》之后，新经济焕发出勃勃生机，也逐渐释放出经济发展的新动能，越来越朝着经济主旋律的道路前行。因此，从一定意义上说，新经济代表着未来经济，而本书的主题正是新经济。本书从理论认识、经济测量、平台治理、互联网发展等多个维度进行阐述，试图为新经济的成长指明方向。

10.《未来已来："互联网+"的重构与创新》

本书集中反映了信息社会 50 人论坛专家关于信息社会的新思考。他们就信息社会发展过程中涌现出来的表层问题和深层问题，做了深入而创新的分析与研究，对"就在身边，就在当下"的未来，分别展示了自己描绘的图景。

11.《读懂未来：信息社会北大讲堂》

2015 年，信息社会 50 人论坛与北京大学合作，联合主办了"信息社会·北大讲堂"，并邀请了 8 位信息领域的著名专家、学者及实践者，以凝练的主题、细腻的感知，将各自领域中细微的变化、宏大的前景带给听众，使听众及早感受未来席卷世界的风潮。本书"原汁原味"地呈现了"信息社会·北大讲堂"的全部内容。

12.《信用经济:中国转型新愿景》

本书汇集了北京、上海未来研究会行业内信用经济研究所设专家以不同角度审视我国信用经济发展现状与未来的发展,为读者描绘出了一幅关于我国未来信用经济发展的立体蓝图。

13.《沿着书香 2.0:中国信用社会发展报告》

信用社会 50 人论坛专家推荐自己的著作与推荐,据各自本书,助推书本推荐成为一个关于信用社会的新窗口,"窗口"、未来书中的每篇文章都可以看作打开中国信用社会某些领域及发展变化的视角,揭示了中国信用社会发展的新的方向、历程与新变化!

反盗版声明

电子工业出版社依法对本作品享有专有出版权。任何未经权利人书面许可，复制、销售或通过信息网络传播本作品的行为，歪曲、篡改、剽窃本作品的行为，均违反《中华人民共和国著作权法》，其行为人应承担相应的民事责任和行政责任，构成犯罪的，将被依法追究刑事责任。

为了维护市场秩序，保护权利人的合法权益，我社将依法查处和打击侵权盗版的单位和个人。欢迎社会各界人士积极举报侵权盗版行为，本社将奖励举报有功人员，并保证举报人的信息不被泄露。

举报电话：（010）88254396；（010）88258888
传　真：（010）88254397
E-mail: dbqq@phei.com.cn
通信地址：北京市万寿路173信箱
　　　　　电子工业出版社总编办公室
邮　编：100036